思想 REFLEXION 5

轉型正義與記憶政治

編輯委員會

總編輯：錢永祥

編輯委員：江宜樺、沈松僑、汪宏倫
　　　　　林載爵、陳宜中、單德興

聯絡信箱：reflexion.linking@gmail.com

網址：www.linkingbooks.com.tw/reflexion/

目次

回應與討論

回應蕭高彥、高全喜對《全球化時代的文化認同》的兩篇書評

文化主體性的辯證法與歷史決定

本書並不鼓吹用「特殊」去代替「普遍」，或取消普遍性的概念，而是旨在提出特殊與普遍的辯證法，把它確立在文化最根本的自我意識的展開過程中。

是文化也是政治

觀察雙方立場的不同，正是在對於普遍性認定的問題上，雙方存在根本分歧。雖然對民主的呼籲是相同的，但是對於民主的具體實現形式的構想有差異。

思想采風

張藝謀與賈樟柯的背後：當代中國文化生產的第三隻手

巴柏教授來台演講

法國思想家布希亞去世

培里安德森論俄國的民主

致讀者

文革的政治思想根源：

史華慈論盧梭、孟子與毛澤東

蕭延中

　　1968年秋季，史華慈發表了〈德性統治：「文革」中的領袖與黨〉一文，1978年夏季，他再添思緒，發表了〈盧梭在當代世界的迴響〉一文[1]。這兩篇相隔10年的重要論文，對當代中國政治思想的基本架構與核心流派，做出了至今發人深省的分析。史華慈試圖證明：毛澤東發動「文革」運動的直接動因，雖不能排除政治上層權力再分配的因素，但在深層理論的角度上，更應當被看作是自法國啟蒙運動以來，以盧梭為代表的「道德主義取向」和以百科全書派為代表的「工程主義取向」之間理論衝突的持續反映。同時，在比較思想史的框架下，史華慈又認為，盧梭思想的某一方面與中國孟子思想的某一方面，也發生了普遍的共鳴。1978年至今過了近30年，事實證明，史華慈對此一問題所做的基本結論準確而深刻，顯示出了長久的學術生命力。這裡，我把〈德性統治：「文革」中的領袖與黨〉和〈盧梭在當代世界的迴響〉理解為一篇統一的長文，試圖在文本閱讀的過程中，揭示史華慈之詮釋邏輯和深刻睿智的效能。

1　史華慈所著"The Reign of Virtue: Leader and Party in the Cultural Revolution"由我本人翻譯；"The Rousseau Strain in the Contemporary World"由中國人民大學國際關係學院政治學系談火生博士翻譯。以上兩譯均由林同奇先生校閱，不僅避免了原譯文中的錯誤和不準確的地方，而且對理解史氏思想更有極大幫助。在此，我們要向林同奇先生致以深深的謝意。當然，譯文中仍然存在的錯誤，當由譯者負責。以上兩文英文收在史著*China and Other Matters*(Cambridge, Mass.: Harvard University Press, 1996)之中。下文中引用兩文，均直接註明該書頁碼，不再另註。中譯則收錄於許紀霖、宋宏編，《史華慈論中國》(北京：新星出版社，2006)，頁94-110，140-157。

一、史華慈的睿智、關懷和透視路徑

在論文的整體結構上，史華慈〈德性統治：「文革」中的領袖與黨〉一文大體可以分為兩個部分。第一部分是對中國「文革」混亂局面的一種性質上的梳理；第二部分則是對「文革」這一「特有現象」（idiom）作比較文化方面的深層透視。在論文的思想脈絡上，該文起碼同時貫穿了三條來自不同淵源的思想線索，它們是：第一、中共黨內政治思想關係的思想線索；第二、歐洲啟蒙運動以來的思想線索；第三、中國傳統文化的思想線索。

在後面的論述中我們會看到，史華慈還在另外一個角度上明確地把所謂「思想」劃分為「普遍概括的觀念」（the general notions）和「特殊具體的意識型態」（the specific ideologies）兩個不完全相同的層次。前者具有更加廣泛的普遍影響力，而後者則是被包含在前者之中的具體表現型態。顯然，史華慈的意思是說，由於這兩種思想型態並不處於同一個層次，因此二者不可同日而語，甚至在思想發展系譜的角度上，它們之間似乎也呈現出某種「普遍性」影響乃至規定「特殊性」的層級關係。據我的理解，這裡，史華慈至少又劃分出了三個思想層面：一是毛澤東主義的思想層面；二是馬克思—列寧主義的思想層面；三是歐洲近代思想啟蒙運動的思想層面。在史華慈看來，雖然按時間的順序講，這三個層面的思想越往前推，就越具有更加普遍的思想意義，反過來說，越往後走就越呈現具體的表現形式，但是在所有的這三個層面之中，卻都包含著某些共同關切的普遍問題，而正是這些「普遍問題」，使不同時代、不同地域、不同語言和不同目標的思想體系，有可能被內在地連接在一起。

　　最後我們要說，在以上所有的這些思想線索和研究層面中，都貫徹著一個一以貫之的「問題意識」。無論是從盧梭和孟子到毛澤東，還是從毛澤東返回到孟子和盧梭，史華慈都把一個歷史事件和一個具體人物的思想安置到一個宏大的思想發展的背景中去，在思想史之「問題意識」的脈絡下討論問題。正如林毓生教授在概括史華慈史學研究方法的精髓時所說：「史氏卻認為『人類具有共同問題與共同條件的世界』是存在的，這個世界超越了特定的歷史與特定的文化，在某一範圍之內，如果我們要討論歷史中的因果關係，如果這種討論將『普遍的』（超越特定『時』『空』的）與『特殊的』相互作用與影響的『無法獲得確解的問題』（problematique）作為範疇的話，那麼，這樣的討論將會更有成果。」[2]

　　實際上，史華慈正是試圖在這「三條線索和三個層面」的交叉作用的複雜因素中，把握中國「文革」事件的歷史和思想性質。毋庸贅言，如何抽象出這種隱藏在不同型態之思想表象背後、但又貫穿於不同層次之思想體系之中的共同的思想要素，就成為考量思想家素質的核心要點。如上所述，正是在這些思想史探索的關節點上，史華慈讓我們知道了「誰是史華慈」。

二、中國「文革」之歷史性質的現象詮釋

　　〈德性〉一文開篇就說：「無產階級文化大革命最引人注目

　　2　林毓生，〈史華慈思想史學的意義〉，載《世界漢學》第二輯「史華慈專輯」，頁33。該文另收錄於許紀霖、宋宏編，《史華慈論中國》（北京：新星出版社，2006)，頁237-246。

的方面之一，是毛澤東（或毛主義集團）與中國共產黨的對抗。……現在，可以毫無疑問地說，在人員構成方面，毛主義者已從正面對黨的組織的上層、中層，甚至基層都展開了攻擊，至少在城市是如此。也有相當多的證據表明，黨的結構和機制處於混亂之中，即使有些組織機構倖存下來，像殘缺不全的中央委員會和軍隊中黨的組織，也都已經失去了決策工具的重要作用。」（p.169）由中國共產黨的主席來發動粉碎中國共產黨組織的運動——如何詮釋這一悖謬的現象呢？

眾所周知，「文革」的突然發動，曾使全世界大多數觀察家措手不及。就連中共中央副主席、中國國家主席劉少奇都說理解不了毛澤東的真實意圖，而自認為是「老革命遇到了新問題」[3]。到了1968年，西方學術界關於中國「文革」起因和性質的研究，一般都把焦點鎖定在中共高層政治權力之重新分配的層面上，研究文獻可謂汗牛充棟[4]。對於這種方式的政治史研究，史華慈則既沒有予以否定，但他也不滿足於這種表層的判斷和描述，而是把論題轉向了「列寧主義式政黨的基本特徵」這種政治理論分析的角度上。

史華慈指出，一個列寧主義式政黨應當包括「成員」、「制度」和「信仰」三重要素。其一、黨是其實際成員的總合，由全體成員所構成；其二、黨也是一套組織結構，由「其章程、規則

3　參見首都紅代會中國人民大學三紅主辦《工農兵》，第五期，出版日期不詳，頁19。另見《劉少奇傳》（下）（中央文獻出版社，1998，頁1059）。

4　關於這一專題的研究綜述，參見徐友漁，《二十一世紀》，總第31期（1995年10月）；金鵬，《符號化政治：並以文革時期符號象徵秩序為例》，復旦大學博士論文，2002，頁7-13。

以及運行機制」所構成；其三、黨還是一種大於它的基層組織和各組成部分的「一種大於其部分之總和的形而上意義上的有機體。這個集體本質的『靈魂』是馬克思賦予工業無產階級的全部智力上與道德上的能力。」(p. 169)史華慈敏銳地指出，這一「無產階級的全部知識和美德」，雖然是上述三重要素中最具有形而上特徵的、屬於「本體論範疇」的，且「煙霧瀰漫」的領域(the miasmic area of the party as an ontological category)，但是，它卻體現出了列寧主義式政黨最為核心的本質屬性。因為，黨的成員可以替換，黨的規則也可能更改，但黨的形而上精神本質，即史華慈所說的「靈魂」，則須臾不可空置。所以，「文革」中所謂「踢開黨委鬧革命」，其意義只能是破碎黨的組織結構，不可能是拋棄黨的「靈魂」。正如林同奇先生所概括的那樣：「史華慈斷言在這種意義上的黨，毛與毛派並沒有捐棄，也絕不會捐棄。因此，重建這種意義上的黨是在所必行，問題在於如何重建。訴諸『德性統治』(the reign of virtue)正是在這個歷史脈絡中終於完全浮現出來的理念。它成為重建中國共產黨和中國社會的重要思想導向。」[5]

　　基於這樣的一種理解，史華慈相當肯定地指出，雖然「文革」事態的發展的確存在許多疑團，並且與嚴酷的權力鬥爭糾纏在一起，但毋庸置疑的則是：問題不在於「黨」這一詞是否會繼續使用，更不在於「黨」應否在激進派的政治世界中扮演一個中心的

5　林同奇，〈他給我們留下了什麼？——史華慈史學思想與人文精神初探〉，載於氏著《人文尋求錄：當代中美著名學者思想辨析》(北京：新星出版社，2006)，頁60。另見《史華慈論中國》，頁252-296，以及《中國的共產主義與毛澤東的崛起》(陳瑋譯，北京：中國人民大學出版社，2006)之〈中文版代序〉，頁1-58。

角色，因爲「中國共產黨的合法性來源於毛澤東本人，而不是反過來。……毛澤東本人就是合法性的源泉，只要毛派集團多少還在掌舵，他就能使任何結構具有合法性。」(pp. 172-173)所以，「黨的主席反黨」其實只是問題的虛幻表像，在它的背後，必另有深意。

　　史華慈認爲，「文革」的爆發，不能說與1959年毛澤東退居權力的「第二線」無關，但「注重思想和思想譜系這一點，並沒有暗示文化大革命或者黨與領袖之間的衝突完全只是毛澤東頭腦裡的各種想法(ideas)占據了統治地位的結果，也沒有否定權力鬥爭、心理動機或『客觀因素』所起的作用」，但問題的關鍵是：「事實上，毛澤東認爲，黨的『第一線』的領導人在前進的方向上是根本錯誤的。這種錯誤不僅僅觸犯了毛澤東本人對於中國未來的願景(vision)，而且也觸犯了他那大大膨脹了的個人自尊與自傲，而這後者則已和其思想願景難解難分了。毛澤東的這種思想願景可能只是所有複雜原因中的一個組成部分，但它卻是關鍵的組成部分。」(pp. 175-176)史華慈判斷，毛澤東發動「文革」的深層動機，不能排除其某種理論角度上的明顯焦慮：毛澤東已經發現，中國共產黨無論是在人員構成上還是在組織結構上，至少在一段時間中已不能體現「無產階級專政」的各種品質了。「無產階級專政」這個詞曾被設定爲具有某些社會美德和能力的「社會承擔者」(social—bearer)。但在毛澤東主義者當下的用法中，「無產階級專政」這個詞則似乎經常不是這些美德和能力的承擔者，而是指諸如全心全意爲人民服務、無私奉獻、艱苦樸素、目標遠大和嫉惡如仇等這些美德和能力之集合體本身。誰是這一「公意」(general will)的現實承擔者，已經成了「文化大革命」至關重要的問題。(p. 176)

在這裡，史華慈十分明確地使用了盧梭的政治概念和範疇，將「無產階級專政」的「社會承擔者」以及他的政治功能——「公意」的表達——提到政治理論的高度。這就意味著史華慈試圖透過紛繁複雜的歷史表象，把現實的歷史現象引向一個比較抽象的論說層面，他要在這些層面中去探究「文革」終將爆發的奧秘。這就必然要涉及到對近代政治思想史之基礎理念和發展脈絡的梳理。

如上所述，史華慈發現，在毛澤東發動「文革」的深層動因中，隱藏著一個馬克思主義—列寧主義政黨理論的預設，那就是：一個無產階級政黨，無論其形式和組織多麼完備和高效，都不能作為這個黨就一定能擁有並保持其歷史之神聖性的充分證明。因此，挖掘和分析這種「集體本質之『靈魂』」的思想性質和建構淵源，就成為史華慈重點論述的突破口。這樣，史華慈就不再把問題的論域僅僅限制在「眼下的中國」這一框架下，甚至要超出「馬克思—列寧主義」的思想範式，進一步從「隱藏在馬克思主義背後的更加普遍概括的看法」中去尋求「文革」思想的源頭。他說：「事實證明，這些普遍概括的觀念確實比那些被包含於自身之中的特殊具體的意識型態，具有更加長久的生命力。這樣，這些特殊具體的意識型態，就找到了其更加普遍概括的思想源頭。這裡，我們這種特有的探討，將把我們引向盧梭學說以及那力求將這位內涵豐富但曖昧之思想家的學說加以運用的雅克賓黨。」（p. 176）

這樣，史華慈按照由「普遍」到「特殊」的研究思路，就把政治思想史探索的深層起點鎖定在西方18世紀歐洲思想啟蒙運動的源頭上。

三、西方啓蒙運動以來的思想發展系譜

按史華慈的分析，歐洲的思想啓蒙運動，就其內部的宏觀劃分而言，可以區別爲以伏爾泰、狄德羅等百科全書派爲代表的「工程主義取向」（the engineering orientation）和以盧梭爲代表的「道德主義取向」（the moral orientation）兩大流派。在後來的〈盧梭在當代世界的迴響〉一文中，史華慈對這兩種思想取向的性質，做出了透徹的闡釋和縝密的分析。

首先看「工程主義取向」。這派思想家相信，人類的關鍵問題大部分可以通過科技控制和精心設計的政治、經濟秩序或社會制度最終得到解決。這派思想家的理路架構是，「人們不僅高度自覺地採用工程—技術取向，而且將其置於核心地位。人們越來越相信，只有那些眞正屬於人的問題，才正好適於按照工程—技術方法來加以處理。」（p. 208）用笛卡兒模式的話語表達就是：「技術專家就是理智即『我思』（the intellect—the "cogito"）的體現，廣袤的物質世界爲其提供原料，⋯⋯在這一模式中，人是一個消極的個體，其最基本的需求完全是由其所處的物質環境和社會環境來型塑。就像工程師要求基本的原材料，使這些原材料具有適於工程師之目的的、一些簡單的可欲求的性質一樣，工程—技術取向在處理複雜的問題時，人類社會也要求一個粗糙的被高度簡化、又可預知的關於人的模式（或者說是大多數人的模式）。這種模式所強調的是人對其軀體上的（physical）安全和滿足，即最大限度的快樂和最小限度的痛苦。」（p. 209）

史華慈指出，雖然我們不能絕對化地指責「工程主義取向」思想一脈「缺乏道德關懷的觀點」，因爲這些「社會工程師們」

的全部目的不過是爲了促進人類的福祉，但是，一旦要追究這種「人類福祉」的思想性質時，則至少有兩種突出的道德本質必須予以澄清。

其一是工具主義的目的論性質。史華慈說，他們達成這一目標的手段是對社會進行良好的設計。一個設計良好的政治制度自然會帶來和平與安全，以及物質的極大豐富。以此爲基礎，不難達致商品與服務的平等分配，個人也有可能按照自己的方式去追求幸福。無論如何，作爲強調功利主義倫理的產物，工程—技術取向可以完全繞過將「人應成德」（being good）作爲主要關注的動機倫理觀（morality of motivation）。它用以實現自由、平等目標的手段是技術科學，他們用以討論的語言也是冷靜、超然、沾沾自喜的技術話語（technical discourse）。（p. 212）

其二是非歷史的整體主義傾向。史華慈又說，工程—技術取向常常無法掩飾其對人類過去歷史的惱怒，認爲愚蠢地曲解了人類社會中輕重緩急的應有次序。在他們（社會工程師們）看來，如果人類將其注意力放在物質技術和社會技術上，人類早已追求到了自己想要的幸福，至少也比現在強。可是在過去的歲月中，人類卻將其精力浪費在各種蠢事之中，諸如宗教、神話和迷信之鋪張虛飾和徒勞無益的哲學玄思上。他們明確地指出，人類歷史之光明的一面在於科學和藝術的緩慢但持續的進步，而這一點在盧梭看來正是邪惡的根源。在他們對未來的展望中，隨著科學與藝術的進步，並逐步成爲歷史發展的主流，一個最終告別淚水和憤怒的歷史進程將會到來。（p. 212）

歸納以上兩點，史華慈在一個更高和更深的層次上，把「工程主義傾向」的本質特徵和社會後果概括成：那種關於「人是一種在其『應然』與其『實然』之間徘徊掙扎的受造物」（p. 209）的

警醒沉思與憂患領悟，被樂觀主義的消費欲望給消解了。總之，在「社會工程師」看來，人只要依靠自己之「思」（cogito），就可能為所欲為地設計和編織出一幅人類生活永久幸福的美妙遠景，並在「科學」的計算下成功地實現人類所有的欲望。所有這些，就成了「工程主義取向」思想一脈的核心要旨。

其次再看「道德主義取向」。盧梭強調，人類的問題，最終得靠個人和整個社會的內在道德質量和人際關係的改善才能解決。他認為，制度安排和科技進步必須從屬於道德的完善，工程主義取向那種企圖繞過人的動機問題去建立功利主義倫理觀的做法，必須受到嚴屬的批判。史華慈把這一思想脈絡的特徵概括為「渴望與義憤交織、猶疑與興奮並存的倫理話語。」（p.211）他至少兩次引用柏克（Edmund Burke）對盧梭的評價，「盧梭是一個徹頭徹尾的道德主義者」（Rousseau is nothing if not a moralist），但這不是指盧梭的私人生活。相反地，正是盧梭在自己「道德很糟糕」的現實生活中，他才真實地體驗到作為個人乃至絕大多數人會因為外在環境惡劣而墮落沉淪的境況。這樣一種全神貫注的體悟，才使他對包括自身在內的所謂「人的理性」的無限可能性持有高度的警覺。在論及盧梭思想這一特徵時，史華慈對他給予了「就其對道德面向之全神貫注而論，在某種程度上，盧梭比他的對手們顯得更加傳統」的評價，（pp. 213, 216）進而史華慈略顯激動地寫道：「當我們轉向盧梭時，柏克對盧梭的準確觀察立即就會變得令人矚目：盧梭是一個徹頭徹尾的道德主義者。這一點對柏克而言是顯而易見的，儘管他與撒母耳·詹森（Samuel Johnson）一樣堅信盧梭根本就是一個很糟糕的人，堅信盧梭的道德完全是有悖常理的道德。我們將盧梭視為道德主義者，是指他的道德與那些被他攻擊為工程—技術取向之代表的功

利主義倫理觀有著根本性質上的區別。道德首先不是指那些由自身呈現道德中立狀態之技術手段所帶來的可欲的社會後果，而是指人之直接切身的道德質量（the immediate moral quality），以及存在於這些人之中的人際關係的質量。『品行端正』的動機（"virtuous" motives）是其關鍵，這不僅因爲善（good）的社會後果最終只能在由品行端正之人所組成的社會中實現，而且也由於實現社會幸福之最爲關鍵的要素，取決於人們直接切身的道德質量（就盧梭的情感道德觀而言，這種美德質量是在直接切身的人際關係中，通過純粹而『透明』的人類情感把自身展現出來）。在盧梭的情感道德觀看來，自由和平等其自身都不是目的而是手段，而其目的則是創造出一個建立於美德基礎之上的社會，而這種美德又由情感的凝結所構成。人們通常認爲，盧梭並未完全否認科學和藝術，而且希望將它們納入道德社會的範圍之內，並使科學和藝術與道德協調起來。最後，不管怎麼說，人類境況的核心問題，就是由個人和其社會所構成的道德質量。」（pp. 212-213）

在我個人看來，在理論推衍的邏輯上，一旦把社會的本質歸結爲人類的「道德質量」，那麼，當把盧梭的情感道德觀平移進政治領域時，就會展現出對「公意」概念以及「公意承擔者」的必然需求。因爲任何一種「個別意志」（Particular Will）或者用盧梭的術語「眾意」（Will of All），所表達的只能是來自於人們的自然的私利要求，而所有私利要求的總合，並沒有改變私利的性質，數量迭加的結果仍然是私利。但被盧梭所指涉的「公意」，則是指某種超越個體私利之上的、純粹的「道德實體」，因而才可稱爲「普遍意志」。「公意」所代表的是一種抽象的整體原則，甚至在一定程度上具有形而上特徵的精神意含。這樣，「公意」就不可能是「眾意」相加的總合，因爲「所有個別意志的總合」

仍然無法擺脫人之自然需求的框架。那麼由什麼實體代表「公意」本身呢？盧梭給出的則是同樣具有抽象性質的概念——一個超越所有個人之合的「整體的人民」。只有這個抽象的「整體的人民」，才有望成為普遍「公意」的擔當者。所以，在盧梭的思想體系中，這種抽象的「整體的人民」，就被賦予了相當明顯的超人要素，並且具備了純粹、絕對和真、善、美等公共道德的全部能量與內涵。我甚至有一種強烈的感覺，在盧梭的思想語境裡，「人民」實際上似乎就是「上帝」的替代物，或者說是「上帝」絕對意志的世俗政治哲學表達。所以，史華慈概括說：盧梭不相信以個人之力量可能實現美德的可能性，他在自己的私人生活中看到，在一個敗壞的社會裡，想要實現一個人的道德潛在性是多麼的不可能。所以在他看來，「個人想要實現其道德潛在性，只能通過把自己浸泡在那個巨大的『道德實體』（moral entity），即人民之中。『人民』作為一個集合體不僅僅是所有主權的淵源，而且也是所有美德的淵源。只有當個人的意志透過某種途徑融入『公意』時，個人自己的道德潛能才能獲得實現。」史華慈認為，「用具體的政治語言表達就是，怎樣實現個人意志向『公意』轉化的問題，是盧梭政治思想的核心迷津之一。」

但是，當把抽象的「公意」落實到具體的政治過程中的時候，「公意」的承擔者必須要得到具體的定位。由是就再進一步邏輯地產生了關於「大立法者」的需要。正是由這個既超越又實在的、半神半人的角色承擔起傳承美德、創設制度的絕對功能。換言之，所謂「大立法者」，就是一個由「人」來承擔「神」之使命的「準超越性」的重要角色，他的任務和功能則是把具體、自私的「眾意」提升到抽象、無私的「公意」的高度。毋庸置疑，「大立法者」自身所必備的條件、他之所以存在的理由以及他必應達

成的目的，就都與一個政治共同體之整體性美德發生了必然的、直接的和內在的不可或缺性關聯。眾所周知，後來的羅伯斯庇爾專政的精神支柱，就是這種盧梭式由「大立法者」聯結「公意」與「眾意」的「人民主權觀」。但史華慈的慧眼在於：他不僅不像常人那樣，滿眼所見都是雅各賓專政的血跡斑斑，反而是透視出在這一切歷史悲劇背後起著核心支撐的「美德」要素。羅伯斯庇爾專政失敗了，但滲透在其中的美德精神並沒有死亡。那種「作為一種把人民組織起來粉碎一切自私自利、結黨營私的圖謀，建立一個使每個社會成員都充滿公共美德的社會概念」，已被融入後來政治思想的血液之中。

緊接著，史華慈就勾勒出了一幅「工程主義取向」和「道德主義取向」交叉影響的思想史簡圖：法國大革命後，一種不以人的意志為轉移的歷史進步觀念噴湧而出，工程主義一脈和盧梭主義一脈在現代思想中「都被『歷史化』（historisize）了」。工程－技術取向被轉化成「技術發展過程」、「工業化」和「經濟力量」等主要範疇，史華慈將其稱之為「人類進步的技術經濟視野」；而盧梭一脈在轉型後則主要將歷史視為一部倫理劇（ethical drama）。再往後，「不管黑格爾對盧梭有多少保留，他將人類歷史看做一曲他所理解的自由的進行曲，這在本質上是將歷史視為一部精神－倫理劇。」最後是馬克思晚年在其著作中對這兩股潮流做出了出色的綜合。

一方面，馬克思和盧梭一樣，認為從技術經濟史的宏觀角度觀察了藝術與科學的進步所帶來的大量的不公正和剝削現象；另一方面，他也認為這一過程在客觀上仍然是進步的（objectively progressive）。據此，馬克思既像盧梭那樣對工業化的發展表示憤慨和哀歎，同時，又像那些工程－技術論者一樣對人類的技術天

賦表示驚歎，並毫不掩飾自己的自鳴得意之情。他使我們相信，即便是撒旦也可以勝任上帝的工作。當然，馬克思所謂的美好社會並不是盧梭的斯巴達式的烏托邦，在這一社會中，個體不僅享受著藝術與科學帶來的豐碩成果，而且在他們的身上還體現著盧梭夢寐以求的社會美德，但這些社會美德並不需要依賴於熱愛祖國之宗教（religion of *la patrie*）予以催生。

在政治思想的直接層面上，馬克思也繼承了盧梭社會「公意」的政治承擔者的思想，只是把「整體的人民」換成了「工業無產階級」。史華慈論證說：「當然，在馬克思的階級概念中隱含著與盧梭主義關於階級『公意』概念類似的東西。但他並不想陷入無產階級『公意』是如何實現的一類問題之中。因爲，與盧梭不同，馬克思可以訴諸一種充滿活力的新原理，即歷史的非人格力量。資本主義生產方式之機制的展現過程，導致了它完成了其實現道德目標和實現技術經濟這兩方面的雙重歷史使命。正是以這種方式，晚年馬克思迴避了把階級組織起來這一屬於政治自身的問題。」

既然如此，那麼，思想史轉折的關鍵就交給了「虔誠地接受了馬克思關於無產階級歷史使命觀點的列寧，政治問題則又回到了論題的中心。如何實現『無產階級的公意』，已經成爲一個政治行動的緊迫問題。」正是列寧把「公意」的承擔者由「人民—民族」（people-nation）眞正地改換成了政治意義而不是哲學意義上的「階級」。當作爲「無產階級先鋒隊精英」的領袖與「西方法規條文主義」（Western legalism）的形式結合在一起的時候，列寧就把俄國布爾什維克黨塑造成了「一部巨大的社會民主主義機器」，而作爲每個個體的工人階級就變成了這部機器上的「齒輪和螺絲釘。」「對列寧來講，黨的秘密並不僅在於其成員的美德，

而且也在於其組織的效率。現在，當人們仔細閱讀列寧關於黨的組織的著作時，會被他為捍衛黨組織之形式和規則的完整性，反對各種『形式主義』的破壞者，而做出激烈辯護所震驚。……然而，當列寧集中創立一個自身具有其制度魅力（institutional Charisma）的黨時，在他的有生之年裡，事實上不是黨，而正是他本人體現了無產階級的共同意志。列寧不斷地批評他自己的黨，發現它的缺陷。黨的機構已經很難再替代領袖的位置了。」

　　史達林不能說是一個列寧的好學生，他是藉由操縱黨的行政機構而獲得權力的，因此，看起來他倒像提供了一個「制度產生領袖」的實例。「史達林事實上使黨的組織降格了，不僅僅由於他自己對權力的貪婪和對別人的不信任，同時也因為黨不能完成史達林認為時代所要求的任務。十分強調專家統治能力的『社會主義建設』，自然而然地把史達林引向了強調黨在『社會功能』方面的作用，而不是它在道德方面的作用。」史達林所強調的共產黨所獨有的那種「特殊材料人格說」，其實在羅伯斯庇爾施政綱要中早有體現，「他的公眾安全委員會之所以享有自己的權威性，是因為這個委員會的成員純潔和不受腐蝕，而不是因為這個委員會本身作為一個有組織的統一整體本身具有這些美德。」所以，史華慈最後概括說：「在這裡我們察覺到了，盧梭思想之原本意圖與運用這一學說所產生的意外結果之間，製造出了巨大的矛盾。這使盧梭的學說已經走向了它的反面。」正是在這裡，史華慈把史達林與毛澤東區分開來了，這就是他那句有名的格言：「如果說毛澤東發覺黨不夠『紅』，那麼史達林則認為黨不夠『專』。」

　　最後，歷史和邏輯的歸結點都落實到了馬克思─列寧主義的東方繼承人毛澤東身上。

四、中國文化傳統的思想線索

按說在對西方啓蒙運動以來的思想脈絡進行了宏觀梳理之後，歷史和邏輯地引出毛澤東，史華慈的任務就該完成了，但是「單線式」演繹，從來就不是他的思想史風格。在梳理從盧梭到毛澤東的思想線索的同時，史華慈又引進了中國歷史文化的要素，把讀者帶進了另一個紛繁複雜的「古代中國的思想世界」。說實在話，這種兩條線索同時並進的研究方式，的確不是什麼人都能信手拈來的獨特硬功夫。

涉及道德問題及其道德哲學，中國文化傳統自然是另外一系的思想脈絡。史華慈在閱讀日本明治時期和中國20世紀初期的文獻時，敏銳地發現人們在「引用孟子與盧梭的方面經常呈現出許多類似之處」。或許這一發現刺激了他對於中國「文革」中隨處可見的毛澤東式道德箴言的敏感，從中他看到或「讀」出了孟子的影子。史華慈曾設問：「『文革』的許多主流觀念，似乎支持那種認爲中國傳統文化發揮著比西方思想更爲有力之作用的看法(儘管毛派表面上採取了明顯的反傳統的姿態)。假若我們選擇把思想加以人格化的做法，那麼，難道不可以說孟子是不是要比盧梭所發揮的作用更大呢？」由此可見，在此一問題上史華慈雖然極其謹慎，但中國文化傳統中明顯的倫理意涵則使他看到，中國文化傳統不能不是毛澤東式道德意識最重要的來源之一。中國古代聖賢之以「德性」救「小人」的文化框架，無疑已深深滲透進毛澤東本人的深層意識，並在長期的政治實踐中發揮了長久的作用。但是，我個人認爲，史華慈的眞正貢獻卻還不僅在於此，而是把中國古代聖賢「德性」的傳播機制，納入到了盧梭「大立

法者」之政治話語的脈絡之中。史華慈說：「當我們轉到孟子所描繪的著名聖王堯、舜、禹之時，我們發現在『立法者』與『君主』之間根本沒有區別。在創造或昭示神聖社會制度之架構的意義上，這些神話人物是『立法者』，但他們同時又是高居於其所創立的制度之上的積極的政治統治者。這裡的制度架構，只不過是他們擴展其『精神—道德』（spiritual-ethical）影響的唯一途徑而已。即使按照孟子的詮釋，儒家傳統也很難說具有反形式主義的性質。甚至在孟子看來，聖王和君子的德性必須憑藉制度架構才能得以傳播，只有在禮治的框架中才能實現其客觀的表達。這樣，在孟子那裡並不是制度鑄造了聖王和人們的德性，而是聖王和君子透過制度彰顯出他們道德力量的光輝。」

這樣，史華慈就在跨文化比較的視野下，既凸顯了盧梭思想的特色，又放大了孟子思想的意義，從而使二者相得益彰。緊跟著他又對孟子和盧梭的道德理念進行了比較：「與盧梭一樣，在孟子的心目中，大多數人都存有『善端』（他們仍存有『善端』的根基），但這些『善端』似乎不能透過他們自己的努力而得到實現。盧梭和孟子都認為，不利的社會環境會否定實現這種『善端』的可能性，並認為人民的『善端』只能透過政治仲介才能獲得實現。但孟子卻得以避免盧梭圍繞人民『公意』這一抽象概念所產生的許多難題。很明顯，孟子的社會道德力量是一群道德精英，這群精英的優勢就在於能夠透過自己的努力以實現自身的『善端』。與庶民大眾不同，這些『君子』可以透過『從其大體』來實現其自身的潛在性。他們可以超越自身的環境，透過榜樣的力量、實施教化和正確的政策以轉化在下的人民。這樣，孟子就毫不猶豫地欣然接受了等級制度的律令。」

在這個「第三層」的討論中，雖然史華慈著墨不多，但卻非

常重要，它絕不是一種修辭上的「綴語」，而是一個不可或缺的面向。特別值得注意的是，史華慈細膩地區分了中國文化傳統中「正統文化」與「民俗文化」的關係，指出類似《三國》、《水滸》和《西遊記》這樣的通俗小說，對毛主義的形成可能具有更大的影響。史華慈非常敏銳地指出：「人們也可以由此進一步設想，甚至晚年毛澤東的反形式主義和反制度主義，可能在中國遊俠傳統的異端姿態中有其土生土長的根源，而這些姿態在史詩性小說中曾被活靈活現地表達出來，而這些傳統小說正是毛澤東兒時最為喜愛的讀本。這裡我們發現，一幫結拜兄弟的雲遊俠客們，在其公認的具有天生領導才能之領袖人物的帶領下，為了自己的權益而鬥爭。這裡發揮組織紐帶作用的，並不是腐敗傳統所建立的那些體制架構，而是一種感情上生死相依、榮辱與共的道德黏合劑。這些文學形象一定很容易與湖南、江西和延安的現實經驗一起，被融會在這位領導人的腦海之中。」

毋庸贅言，在1968年的語境下，無論對中國人來說還是對西方學術界來說，史華慈這種對毛澤東主義道德來源的「解讀」，把它稱之為「睿智的先見」（這是套用史華慈對盧梭的評論），那恐怕是再恰當不過的了。

五、「文革」性質：現代中國政治思想內部 的深層分歧

解釋中國「文革」運動的起源、性質以及它在思想史中的位置，是史華慈寫作兩篇論文的主要動機之一。如前所述，1966年至1969年中共「九大」以前，中國共產黨的組織結構遭到了極大的損壞，從中央到地方的政治領導人也受到了大面積的衝擊。

換言之，黨的組織機體和其人員構成方面，都不同程度地面臨著危機。但史華慈當時就指出，這只是問題的一個方面，甚至是問題的一個表層現象。史華慈似乎認為，毛澤東之所以覺得有必要發動這場所謂「史無前例」政治冒險，固然與他本人希望保持住手中的權力有關，但同時也是他試圖進一步推進其政治理想的重要步驟。換言之，毛澤東發動「文革」的一個非常重要的動機，是要藉著粉碎黨的組織，替換黨的領導人，最終更新黨的「靈魂」。毛澤東在《紅旗》雜誌1967年第1期姚文元的一篇長文所加的批語中說：「無產階級文化大革命是觸及人們靈魂的大革命。它觸動到人們的根本的政治立場，觸動到人們世界觀的最深處，觸動到每一個人走過的道路和將要走的道路，觸動到整個中國革命的歷史。這是人類從未經歷過的最偉大的革命變革，它將鍛煉出整整一代堅強的共產主義者」，這段話所要表達的，正是這個意思。無疑，在毛澤東觀念中，這個黨的「靈魂」包含著濃重的倫理訴求。史華慈極其深刻地指出：「當我們轉回到毛澤東思想本身時，社會倫理在其中所占的絕對優勢則給人們留下了極其深刻的印象。」倘若我們要把握毛澤東晚年政治行為背後的某種動力根源的話，那麼，或許可以說它是對「被組織起來的德性自身所迸發出的活力（energy）」的強烈依賴。而在這個意義上，可以說「毛澤東主義者的德性將去扮演一種集體主義的新教倫理的角色」。不過，史華慈緊跟著就解釋說，「正如我們不能認為韋伯心目中的喀爾文主義者把自己的倫理觀僅僅看成是達到經濟目的手段一樣，我們也沒有理由相信，毛澤東的這種倫理觀，無論在大躍進時期還是在現在，僅僅是實現現代化的一種手段而已。」

在「盧梭式問題意識」的架構之下，毛澤東之政治「公意」

的社會承擔者，不是「黨的先鋒隊精英」，而是「廣大的人民大眾」。這一點正是中、蘇兩個共產黨集團的重要區別。如果說毛澤東在理論上並沒有放棄馬克思主義學說「無產階級」性質的一面，也就是說，他並不相信真實的「群眾」是一種絕對純潔無瑕的受造物，那麼，由誰來實施「黨的先鋒隊精英」應當發揮的意識型態引導功能呢？對此問題，史華慈給出了果斷和清晰的回答。他說：眼下中國共產黨不厭其煩地強調，那種神聖的「無產階級的品質」，可以被「廣大人民群眾」和黨外機構團體所擁有，但其基本前提則是：毛澤東本人和他的思想才是這一「神聖品質」的本質源泉。所以，「一旦背離了毛澤東和其思想，就可能會完全墮落，成為盧梭主義意義上的『部分人的利益』。共產主義的未來前途，不是由於黨的存在而是由於有『毛澤東思想』，才能得到；不是由於黨的存在而正是使毛澤東的思想得到內化，才能使公共德性（general virtue）得以實現。……無論群眾無產階級化的能力有多麼大，也無論對於『無產階級革命者』來說聯繫群眾有多麼必要，無產階級德性的源泉也不會坐落於群眾之內和群眾之下，而是在其之外、之上。……『無產階級』一詞也仍然是指那些不確定的、跨民族的和超驗的歷史能量。毛澤東正是以這種歷史能量之化身的姿態面對著中國人民和整個世界。」所以，說毛澤東反「黨」，其實所反的只是那一套社會機器的組織機制，而從這種破壞中想要恢復的，則是「黨的核心的神聖性質。」而要想喚醒和召回黨的神聖性質，其路徑就是「在思想上整黨整風」並「在靈魂深處爆發革命」。這樣，「『無產階級專政』與『資產階級專政』的戰鬥就發生在每個人的靈魂深處」，必須藉助外在的力量才能使黨「再次無產階級化」，而這種「自我淨化和自我更新」的動力，「就其上面而言，站著毛澤東本人，就其下面

而言，則站著『革命群眾』。」

　　毋庸贅言，「文革」中那個「毛主席與廣大群眾心連心」的著名口號，真實地反映出了毛澤東「德性統治」的全部內涵。很明顯，在這個「毛澤東—群眾」(M-Ms)的新結構中，毛澤東以一種道德領袖的身分替代了作為組織機器的黨，那麼「群眾」的性質難道就沒有新變化嗎？正是在對「群眾」性質的詮釋方面，再次顯現出了史華慈那獨到的過人敏感：「作為整個政治進程，積極而活躍地和全面參與者之『群眾』這個概念（且不論其實際情況如何），自然已經成為『毛澤東思想』之本質的一部分。與盧梭的情況一樣，毛澤東的『群眾』未必是現實中『實然』的群眾，而是一種『應然』的群眾。這類『群眾』毫無疑問是領袖心目中所渴望把他們塑造成的那種『應然』的樣子。這種『應然』的『群眾』將被賦予大公無私的精神(public-spirited)，他們的美德絕不是被動和消極的，而是積極而充滿活力的。他們將在為民族事業的獻身中，變成一種持久堅固的道德力量。這種道德能量將在一場反對一切惡勢力的、積極的、敢做敢為的戰鬥之中被統一起來。在這裡，盧梭的民族主義基調與馬克思列寧主義跨民族的形象被統一在一起了。」

　　由是，就產生了當代中國政治思想中十分值得研究的某種「期望循環」現象：一方面，在領袖的觀念中，「群眾」被神聖化了，另一方面，在群眾的觀念中，「領袖」也被神聖化了；一方面，領袖被想像成群眾預期中那個「應當所是」的領袖，而另一方面，群眾也實際上是領袖意識中那些「應當所是」的群眾。伴隨著一陣陣「毛主席萬歲」狂歡曲的則是那「人民萬歲」的偉大回應。如果我們要對這種「相互神聖化期許的共鳴能量」的政治統攝威力做出若干評估的話，那麼，我想只要對史華慈的原有

命題稍加改動就可以辦到，那就是：它是一種「領袖—群眾『核』能量的釋放」。在毛澤東的觀念中，這種政治狀態的呈現就是盧梭意義上「公意」的全面實現，也就是接近了馬克思所規劃的那個「共產主義」人間天國的最終來臨。眾所週知，在韋伯的意義上，所謂「新教倫理」的基礎是典型的「個人主義式」的，換言之，這種信仰建基於信徒個人「因信稱義」而直接面對上帝的價值投入之中；而毛澤東所渴望建構的信仰體系，則是一種「群眾性的集體倫理」。我個人甚至認為，在當代中國的政治意識中，其實存在著兩個性質不同的「太陽」（在最簡化的意義上，相當於西方信仰中的「上帝」），一個是毛澤東心目中作為「歷史發展動力」的「群眾」，另一個則是人民心目中那個代表他們整體祈望的「毛主席」。這兩個「太陽」交相輝映，他們之間的互動和感應，可能蘊藏著當代中國一系列政治理論問題的強勁動能。

顯而易見，在這樣一種「道德—政治」的框架中，具有約束機制的「法律」、「制度」和「條條框框」都邏輯地失去了正當性和存在的意義，只要一位超大聖人勇於將他自身那超越的「偉大智慧和寶貴道德」（用盧梭的語言叫「公共精神」（Public Spirit）貢獻出來，並恰當地、適時地灌輸給億萬個「其實所是」的廣大群眾，那麼，人們就將看到那幅「六億神州盡舜堯」的壯美圖景。所以，毛澤東似乎又重複了盧梭的政治思想，同時也複製了羅伯斯庇爾的政治實踐。在很強烈的意義上，毛澤東可謂是現代中國的「大立法者」，是兼「領袖」（權力）和「導師」（精神）於一體的、且不受限制的角色。在一定意義上說，後者對於前者來說不僅不可或缺，甚至更加實質和重要。

以盧梭思想和孟子思想這一交叉鏡像為參照系，則能更加透徹清晰地凸顯出「文革」混亂背後之毛澤東主義的思想願景

（vision）。史華把這一思想願景概括爲「德性統治」。這在中國「文革」之中就表現爲「狠鬥私心一閃念」、「興無滅資」、「大公無私」，以至於達到「六億神州盡舜堯」的理想社會。胡喬木曾說過一句很有意思的話：「文化大革命」是毛澤東的宗教和陷阱。我則認爲，把德性品質提高到一個準宗教的信仰層次，則是「文革」之謎的核心要素之一。在一個特定思想史脈絡的意義上，我們似乎不應簡單否定毛澤東主義的這種盧梭—孟子綜合之後的道德取向，因爲在一定意義上，它本質上所體現的則是：在當代中國制度架構和列寧主義式政黨思想的約束下，對於「眾意」可能僭越「公意」的恐懼。歷史證明，毛澤東的這一深度憂慮，已遠遠超出了他本人所構想的意圖和範圍，而已演化爲了一個當代中國所面臨的深層次、普遍性政治困惑。

　　與毛澤東這一「德性統治」思路不一致的另外一種思路，則被稱之爲「修正主義路線」，其人格象徵則是「黨內走資派」和「中國的赫魯雪夫」。對於的確帶有更多史達林主義印跡的這種思想路徑和政治實踐，我們將另文展開探討。但人們只要回憶處於1956年末、1966年初和1989年夏這幾個重要歷史關節點上的具體政治過程，那麼，歷史的多樣性內涵就將會釋放出不同的詮釋。對此問題的歷史證據目前正在越來越充分地開放。中國著名學者何新先生把毛澤東與劉少奇之間的矛盾看成是「意識型態」之爭，認爲毛澤東所堅持的是「造反的革命主義」，而劉少奇則主張「非正統儒家主義加史達林等級制官僚主義」（「修養」及「服從」的倫理體系），不失爲極有見地的一家之言。我個人認爲，在「盧梭式問題意識」和「孟子式道德論說」的交叉透視下，在當代中國政治思想整體的內部，或許眞的存在著性質不同的所謂「兩條路線」，它們之間的矛盾、緊張、摩擦和鬥爭，或許正

是「文革」爆發之深層和終極的思想動因。

2006年12月1日初稿
2007年2月24日刪改

蕭延中：1955年生於中國北京市，中國人民大學法學碩士，南開大學歷史學博士，現為中國人民大學當代中國研究中心教授。著有《巨人的誕生：「毛澤東現象」的意識起源》等，發表涉及中國政治思想認知、毛澤東政治思想研究等學術論文多篇。

中國研究四十載

黎安友（Andrew Nathan）

　　哥倫比亞大學政治學系講座教授黎安友，應國立清華大學當代中國研究中心邀請，於2006年6月來台，發表「當代中國政治議題」六堂專題講座。其中第六講〈中國研究四十載〉，於清大台北辦公室月涵堂舉行。黎安友以自己投入中國研究四十多年的親身經驗，娓娓道出自己如何進入這個領域、費正清對中國研究的貢獻、他的初次台灣經驗與中國之旅、還有這四十餘年來中國研究的重要轉變，演講後並和與會者就相關議題深入互動。本次演說是以中文進行。講稿由柯洛漪整理，並經郭宏治編輯校對。黎安友教授的六次演講，即將結集由清華大學當代中國研究中心與巨流出版社印行。

　　首先感謝大家今天前來聽我的演講，感謝吳介民教授給我提供了這個機會。

　　介民是我在哥倫比亞大學指導的學生。用英文來說，他是"my former student"。因為在美國，學生一畢業就不再是你的學生，他獨立自治了，借用台灣的一句政治術語來說，已經主權獨立了。而在中文裡，你如果說某人是你「以前的學生」，人們就會以為你們之間的關係已經斷絕了，你才會這麼說。中國人認為，一旦曾稱你為師，終生就是你的學生了。中國大陸和台灣的學生會一輩子保持很寶貴的師生關係，我很幸運有那麼多的台灣與中國學生。

　　當代中國研究中心邀我到台灣給清華大學的學生們講演，介民為我設定了六講，每個題目都不容易，而今天的講演是最辛苦的。介民要我用自己的學術經驗來教導年輕一代的中國研究者，如何才能成為一個優秀的中國研究的學者。我要如何達成這個任

務？我之所以能成為學者，原因之一在於我可以分析他人的經歷，而不是審視自己。我比較習慣於用客觀的眼睛來分析別人的事情和行為。況且要我指導你們，我不敢當。

西方學術的文化，是要尊重學生的自主。剛才介民介紹我的時候說，他剛到哥大留學時，我曾要他「忘記」台灣的故事，對此，我既不承認，也不否認。我很可能沒有說過這句話，但是我真正要說的意義應該是：來到美國、來到哥大，是很難得的研究中國的機會和環境，暫時先把台灣擱下，等將來再回頭研究，這樣最終會對你的研究更好。其實，我們美國是一個非常商業化的社會，我們把研究生看做顧客。在西方，顧客不是有主導權嗎？作為老師，我先要打聽一下你的目標，你的生涯規畫方向是什麼，然後成為你的助手，很禮貌地提出我的建議，但不能是命令性的，只是指引性的。

迷上中國學：費正清的啓發

我是在1960年讀大學一年級時開始研究中國的。掐指算來，已有46年。46年聽起來彷彿很長，但經歷過這段時光的我卻沒有這種感覺，很多事情彷彿才剛發生過一樣。這使我想起時間是有相對性的。一個人回憶往事經歷，時間似乎很短暫；但是在自己的記憶之前經過的時間，卻似乎是在很久很久之前。

最近，我曾租了一部1960年代的喜劇電影，同我的5歲小女兒一起看。她知道這是一部老片子，於是就問我：「爸爸，當我還是娃娃的時候，你就第一次看過這部電影嗎？」在她的想像之中，沒有比她還是娃娃時更早的時代，她的幼兒時代涵蓋了所有記憶時間。

對我來說也是如此。我開始研究中國之前，中國好像是個遠古的歷史，前世的事。即使在此之前，許多人已經做了大量的工作，逐步建立這個領域。在我的心中，1960年代是一切都嶄新的初級階段。

1960年時，我是在費正清的影響下進入中國研究。當時我是上哈佛大學的大一新鮮人，哈佛大學的學費很貴，我受美國這個商業化社會的影響，覺得要選一門值得花了這麼多學費的課程才好。法文、美國史、生物、數學等課，一般的大學也有，就不值得學。我查了課程表，發現費正清的「東亞史」這門課只有在幾所名牌大學裡才會設置，除了哈佛，好像只有耶魯等極少數大學才有。東亞離美國很遠，也值得了解一下。當然，今天的情況不一樣了，中國研究是任何一所好的大學甚至許多高中的課程的一部分。

我選了費正清代號「社會科學111」的東亞史，秋季第一學期是從上古到19世紀，春季第二學期是19至20世紀的東亞近現代史。當時的費正清是一位53歲的「年輕人」（這是從我現在的觀點說的——因為現在的我比那時的他還要老），可是當時我覺得他是無法想像的老。他個子很高，頭髮白，目光清冽，還戴著眼鏡，管理著一大群學生和一大堆專案。他工作很辛苦，早上8點鐘，你還在床上睡覺時，若電話鈴響了，就是他打來的。他在電話中說：「我看過了你的論文」，昨天才交的，不是上週或上月交的，「有些建議想和你討論」。如果他要把論文交還給你，他會要你上午9點鐘時到他位於校園的住家門口見他。9點鐘，他一手拿著皮包——裡面有你的論文——一手拿著一把電動刮鬍刀出現在門口。然後，你和他一道走向他位於哈佛圖書館的辦公室去。一路上，他告訴你關於論文的意見，還一邊走一邊刮鬍子，

很省時間。他對你論文的幾點建議，都非常有系統。當我們走到他的辦公室門口，會見就結束了。他把論文交還給你，就開始自己的工作；而你則可以回家，繼續睡你的覺。

事實上，當時中國研究正處於某種初級階段。費正清於1955年在哈佛創辦了東亞研究中心，就是後來的費正清中心。他與別人合開東亞史的課，他講中國。他與別人合著的教科書《東亞：偉大的傳統》(*East Asia: The Great Tradition*, 1960)和《東亞：現代化的轉變》(*East Asia: The Modern Transformation*, 1965)[1]正處於付印之前的最後校對階段，油印的校樣複本就放在圖書館裡供學生們傳看。

費正清的研究和講課有兩大特點：一是資料豐富，搜集了當時幾乎所有的西方成果，還有日本專家、台灣專家關於東亞的研究成果。不過，並不包括中國大陸的研究，因爲當時與大陸學者沒有任何學術聯繫。他的研究範圍很廣，考古學、社會學、經濟學、政治學、地理學都包括進去，還把受中國影響的日本、朝鮮、越南等都寫進去。

第二個特點是，他一直持續地指出什麼領域或問題還需要被研究，天天提出一些學者還沒有解決的問題、還沒有被開拓的題目，他吸引你參與一場大規模的研究工作，讓你也變成一個學者。他並沒有直接指定你參與，但展開了足夠的空間供你深入研究，作出貢獻。費正清這種好奇心也是最吸引我之處。這與我所選的其他課程形成強烈的對比。講歐洲史的教授也是很傑出的，但他總在強調那些已被發現的所有東西。他的課給你的印象是，

1　關於這兩本書之中譯，可參考《東亞文明：傳統與變革》，費正清、賴肖爾、克雷格合著，黎鳴等譯，天津人民出版社，1992。

每一件細小的事情都已被權威地解決了，你沒有辦法介入、無法插手，那是一片僵化的領域。這個印象可能不對，但當時他就給我留下這麼個印象。

小黃瓜與英國午茶：費正清的國際學術網絡

　　費正清當時積極於和台灣、日本、香港、歐洲、澳大利亞的中國學研究者建立聯繫。只要這些學者有機會到美國，他就會邀請他們到哈佛大學訪問。這些學者會在每星期三下午5點半到他家中喝茶，英國式的茶會。他在英國留過學，他的太太會做些小黃瓜三明治擺在那裡，這些小黃瓜非常沒有味道，也沒有營養。學生們可以到他家中與這些學者見面，他會爲你介紹許多專家：「這是安迪，這是日本的某某教授。」然後就走開了，可是你不會日文，他也不會英語，你不知說什麼才好，也不好意思走開，只好默默吃這些沒有味道的三明治。他建立了一個大型的研究所，並在歷史系之外的其他系也播下了中國研究的種子。他告訴我要進入政治學的領域，「因爲現在有夠多人在搞歷史了」。

　　如今回想起來，費正清在研究上的努力、他散發的學術氣質，以及整合能力，依然還是超乎想像的。我能想到的足堪比擬、卻不同氣質的學者，只有我在哥倫比亞大學的資深同事、已退休的狄百瑞（William Theodore de Bary）教授。費正清的好奇心吸引我進入中國研究，而這種好奇感直到今日仍在吸引我繼續探索，因爲中國研究這個龐大的主題有無窮無盡的內容，而且它一直處於變動之中。

　　當時的學術界文化雖屬自由主義，但仍屬比較傳統和權威的時代，教授會對你說：「你可以做這個題目。」這當然有它的好

處，因為現在的研究生在做研究時會猶豫徘徊，不知道定什麼題目好。我們當時就沒有這個問題，他會給你一個題目。當時找工作是靠老同學、老朋友建立的男性人脈關係（old boy network），費正清的權力大、精力也旺盛、關係多、思維也敏捷，他打個電話：「你要安迪吧！」就能把你派到某個學校去工作。

我是在大學二年級時開始學中文的。當時要選主修，我對歐洲史、法語、生物等不感興趣，就選了費正清的「中國近代史」。我去找他，要他簽名同意。當時他正在工作，頭也不抬就說：「你當然會選中文。」說完便把簽好的表遞給我，我就走了。中文是個分量很重的課程，10個學分，能用掉你的大部分時間。我沒有問他為什麼要我學中文，但我是個聽話的男孩，只好去做他要我做的事。

當時中文課班上同學主要是研究生，不少同學後來都成了著名的學者，包括傅高義（Ezra Vogel）。當時他是社會系的年輕助教，他的研究主題本來是日本，聽從費正清的指導改為研究中國，他也開始學中文，後來學得很好。當時大學部學生修中文的不多，30個人的中文班裡只有4個大學部學生，因為大學部沒開這門課，所以一般是到了研究所才學。之所以沒開中文課，是因為中國當時是一個閉關鎖門的敵國，貧窮而又遙遠。而今天，在大多數大學和許多高中都開設了中文課，大學生畢業後還可以去中國留學或工作，所以他們進入研究所時，已有很好的中文基礎了——當然，許多來自台灣和中國的學生有著先天的優勢。因此，中國研究領域學者的水準大大提升了。

學中文早一點起步是件好事，因為中文那麼豐富、中國研究是個如此龐大的領域。晚了，就難以找到令你感興趣並可掌握的研究主題。但在大學部階段就研究中國，使我的西方文化養成訓

練一直不足。後來，我在哥大教授西方文明的核心課程(如西方
政治思想史)時，就不得不自行補缺。所以，至今我什麼也不通，
既不是中國通，又不是西方通。什麼都不通也不錯，它的好處是
讓我自知知識的不足，這成爲促使我不斷學習的動力。我的研究
興趣至今還沒有衰退，還沒有成爲枯木死灰。

台灣印象：鉅變的四十年

　　1963年，當我提前一年從哈佛畢業時，從學校獲得了一份獎
學金，條件是你要離開美國一年。你在國外幹什麼它不管，只要
365天之內不得回國。我在香港待了一年。我去香港的途中，於
1963年8月順道訪問了台灣。1967到1968年間我又返回台灣作博
士研究。

　　台灣當時又窮又落後。我到時又剛颳過一場颱風，街道淹
水，當時的水溝是沒加蓋的。計程車和三輪車纏著你，嚷著要做
你的生意：「先生，坐我的車！」、「坐我的車！」很多三輪車
伕是國民黨的退役士兵，不知道爲什麼很多都是山東人。紅色計
程車在你身邊慢慢開著，要你上車，車裡則沒有計程表，車內很
髒、很破，你甚至懷疑它能不能開到目的地。如果你打算乘坐，
得狠狠地討價還價一番，會浪費很多時間。討價討得少，自己覺
得吃虧；討得多了，你又覺得佔了他便宜、剝削了他，對不住他，
心中不安。因此，甘脆自己走路更單純。

　　因爲長像不同，小孩子老是跟在我身後，指指點點地叫著：
「外國人！外國人！」。街上小汽車和卡車很少，貨物都是用板
車來拉的。當時，我住在現在的仁愛路三段，再過去，也就是現
在四段一帶，就是農田了。當時的敦化路一帶還是稻田，松山機

場是唯一的國際機場，開車出城還得走很遠一段路、經過大片的農田才能到。

　　我當時只有20歲，感覺這裡離家很遠。當時當然還沒有網際網路，也沒有國際直撥電話。除非家中親人去世之類的大事，才會去打國際長途電話。一般的情況下，只有靠航空信與家中互通資訊。收到回信，大約要等3週以後了。

　　台灣當時是威權主義統治，很專制，是一個警察國家，你可以感覺到人們的恐懼。大家不談政治，即使是談簡單、不那麼敏感的政治問題，也是拐彎抹角地說，聲音壓得低低的，表情很緊張；或是把你帶到街上邊走邊交談。他們會暗示你，但不會告訴你什麼具體的事情和想法。我認為，他們也沒有機會形成什麼更有系統、深刻的想法，因為他們之間的交流也很危險。有些人想討論台灣意識、國民黨的壓迫、二二八事件，還有西方自由主義思想等。他們遭到警察的監視，或是在黨控制的媒體上受到攻擊，或者失去了工作、甚至被捕。

　　簡而言之，當時的台灣遙遠而又迥異，我在1960年代也訪問過日本、香港、新加坡、馬來西亞、柬埔寨、南越等地，也都是如此。我只覺得全亞洲到處都很貧窮、落後。我當時認為自己看到了亞洲，亞洲過去是這樣，現在是這樣，將來也是這樣，亞洲永遠就是這個樣子。我當時年輕，不懂得一切都在變化。就如你們知道的，其實就在那時，一切都已開始在變化了——亞洲開始興起。可我當時只看到表面的狀態，沒有把亞洲視為處在一種轉變過程當中。我年輕時把所有的事情都看成是固定不變的，成年人就是成年人，孩子就是孩子，永遠就是這樣。人在沒有見過許多轉變之前，就是這樣認識世界的。可當我們環視今天周圍的台北——101大樓、君悅大飯店、仁愛路、敦化南北路、台大、中

央研究院——我們不得不說，一切都變了，變化大到不可想像！

　　未來40年還會出現這麼大的變化嗎？我自己能想像40年後的亞洲和台灣是個什麼樣子嗎？我大概不能想像。首先，我沒有方法去推測。其次，人是很難意識到自己生活環境都是暫時性的；即使意識到了，情感上卻難以承認它。我們所在的大樓可能將來就不存在了，我們本人將來也不會存在。這個想法與現在的氣氛不適合，我不多說了。

郭廷以：捍衛學術專業的先驅

　　1967到1968年間，我到台灣來作博士論文，研究民國時代的政治。費正清要我到中央研究院近史所去找張朋園。張朋園是研究清末明初的專家，參加過費正清家中的茶會。不管誰找他，他都很熱情地提供幫助。我們成了朋友，而且這麼多年一直是好朋友。朋園是近代史所創辦人郭廷以先生擔任所長時聘用的優秀青年學者之一，現在已經退休，快80歲了。

　　郭廷以先生像費正清一樣，高個子，大眼睛，但比費正清更嚴肅、更能讓你覺得「恐怖」——不是國民黨的白色恐怖，而是郭廷以的「學術恐怖」！他盯著你，好像一點感情也沒有，只對你的學術成就感興趣而已，別的他不過問。他說話很少，只做事。年輕的研究人員卻都愛他，為什麼？我後來逐漸了解，他是一個偉大的學者。他是一位處於國民黨意識型態控制下，奮力建立客觀獨立學術的先鋒。中國近代史可能是當時台灣最敏感的學術題目，因為它涉及執政的國民黨歷史，這段歷史怎麼也說不上光彩，雖然當局想把它描繪成不是這個樣子。郭教授認為，應該用客觀的方法獨立地去分析，要說真話、寫真實。這個立場讓他吃

了很多苦頭。國民黨的黨棍攻擊他，說他賣國，出賣寶貴的國家學術資料給外國學術帝國主義者，說他不忠於國民黨。他也因為與費正清、韋慕庭（C. Martin Wilbur）的關係而受到激烈的攻擊。

我不知道他怎麼能當上近史所所長，但他的確當上了所長，而且為了真正的學術自由和客觀獨立的學術價值觀奮戰。他保護所裡的年輕人，免受外界的攻擊，讓他們有一個自由發展、追求歷史真實的空間。他從福特基金會拿到經費，以交換學術資料和從事口述歷史，採訪了很多歷史人物（大部分口述歷史的訪談，都由沈雲龍教授執行）。他同哈佛大學和哥倫比亞大學建立、培育了學術交流聯繫，送青年學者去海外進修，也歡迎像我這樣的國外學者來研究。

1960年代後期，郭教授最終被迫離開台灣到紐約。哥大東亞所給了他一間辦公室，可是他不會英語，也很少去，很孤獨。我當時還是害怕他，而且那時候我是個忙於追求終身聘的年輕助理教授。我很後悔自己當時沒有多去找他，一是照顧他，二是向他請益。1975年，他在紐約去世，我很難過。郭教授在世時編纂了一套完整的、詳盡、公正的史料，《民國大事日誌》（四卷），記述到1937年。他無法出版這套書，因為它太客觀真實了。他一直在修改和完善手稿，直至他去世。當時，他的兒子把原稿交給了我，由我保存。後來，台灣的學術氣氛寬鬆了，我把它送回台灣交給了朋園等人，他們設法出版了它。現在從網路上可以查到它。據我所知，它仍然是早期民國史中最完整、最有權威性的編年史。

郭教授為學術自由而進行的奮鬥，對於今日在台灣研究歷史或社會科學的人們來說非常重要。因為近史所是從事嚴肅認真的現代社會科學研究的第一個學術單位，它尋求把事實與價值觀分

開，尋求證據以驗證觀點和理論，而且是在國際對話互動的大背景下進行。我們要感激他為學術而作出的犧牲。

中國：一個在月球的陌生國度

如果說「自由亞洲」對我們來說還是陌生的異域；中國大陸當時就是完全不可能進入之地。彷彿不在這個地球上，而在月球的另一面。按今天的標準，我們對它是出奇的無知。

美國對中國一貫採取圍堵和孤立的政策，這意味著美國人不能訪問中國。你還不能把中國的產品帶入美國。如果你在香港買了中國的工藝品、玩具或家具，你需要搞到一張商品的「原產地證明」，證明它不是來自中國，或即使產自中國，得也要是1895年以前的產品。英國在香港的統治者甚至不許人們到與大陸交界的羅湖橋。我坐火車到羅湖去看中國，卻發現港英當局在邊界之外又設置了一道關卡。1964年我訪問尼泊爾時，還特地到邊境去觀看對面的中國，但是一眼望去，並沒什麼可看的。

當我1963年拿獎學金到香港訪問時，在澳門待了幾周，採訪了幾位艱難冒險從大陸逃出來的農民。當時我的中文不夠好，還請了一位翻譯，詢問中國南方廣東省公社的狀況，讓我了解到公社生產和分配制度。這是當時我們學者藉以獲得實況資訊的方式。研究做得很粗淺、很初步，但都很新鮮，因為極少人在這樣的題目上作研究。當時我才20歲，寫了〈中國的工分制度〉在香港的學術刊物Current Scene上發表了，算是一個貢獻。現在你們的論文和田野調查報告，要比當年我們的深入、高明得多了。

我們當時對中國的所知確實膚淺。1966年，薛曼（Franz Schurmann）的鉅著《共產黨中國的意識型態和組織》（*Ideology and Organization in Communist China,* 1966）出版了。這在當時是一項重大的研究成果，使我們研究生大為震驚，興奮不已。薛曼告訴我們，中共制度組織得很完美、很漂亮，政策是在上層精英中經過討論而形成的，然後通過一個嚴密的組織網路傳達下去，按照意識型態的概念讓這些政策意義清楚明白。雖然這是項重大的研究成果，但我們如今了解到當時我們對中國知道的太少了。正當一本稱讚這種機制的書問世之際，毛澤東卻毀壞這個制度、使天下大亂。文化大革命的爆發，使外界學者目瞪口呆，不知所措。

1950、1960年代的中國不是我們當時所想像的那個樣子。大躍進造成的饑荒，外界一無所知。一位學者藉香港地利之便所觀察到的跡象，發表了一篇關於饑荒的文章，大多數學者表示懷疑，說他證據不足。當凌耿在台灣國安單位的協助下，以他紅衛兵的親身經歷出版《天讎》這本書，揭露紅衛兵的殘暴行為，外界也拒絕相信，認為它是反共的意識型態的宣傳。

由於我們對中國的了解少得可憐，借用毛的一句話，真可謂「一窮二白」。與現在相比，當時對共產黨中國的研究更多是政治上的闡釋。費正清經歷了與麥卡錫主義的抗爭，對此他在回憶錄中已有講述。到了我這一代，環境不同了，年輕的亞洲學者反對越戰，採取了反反共（anti-anti-communist）的立場。因此，研究中國的青年學者們非常敬重他們所謂的「毛澤東實驗」。一個叫做「關心亞洲學者委員會」（Committee of Concerned Asian Scholars）的團體派了兩個代表團到中國，回來後發表了讚揚中國的正面報導的書，稱讚它正在創造一個理想化的社會，追求平等，發動群眾以集體主義的方式追求發展，男女平等，用調解的方法處理社會衝突等等。1970年代初，我在哥大的同事奧森伯格

（Michael Oksenberg）和其他可敬的學者們編了一本書《中國發展經驗》（*China's Developmental Experience*, 1974），談及中國在公共衛生、環保、小企業等方面的極佳創舉，要求我們向中國學習。這些正面的觀點來自於受中方所誘導的參觀和彙報。

初訪中國：1973年的學習團

我也隨著一個「代表團」到中國去了。那是在1973年，參加一個紐約州教育界「學習團」（Study Tour），這是當時很典型的浮誇名稱。當時沒有個人訪問，不能旅遊觀光；凡是訪華的美國人都要加入由某個中國官方組織主辦的代表團之中。個人旅遊簽證直到1980年代中期才開始發放。

所有這樣的團體參觀，都是由中方精心安排好的。我們的團隊約有15人，到了中國後，有國家安排的幾名中央級陪同人員和翻譯，到了所訪問的4個城市，每個城市又會配上幾名當地的陪同人員。坐著大轎車參觀，吃在賓館。到了一個單位，先到大會議室裡坐下。有兩種坐法，一種是每人一把帶座墊的大扶手椅，圍成一個圓圈，團長坐在接待我們的大首長的旁邊；另一種是沒有大首長接見的場合，大家坐在一個長桌子的四周，桌子上有花生、茶和橘子。我們聽官員們冗長的「簡單介紹」。一切都經過翻譯，你可以記筆記，也可以提問題。然後，集體在那個單位中走訪一圈。你無法脫離團體，無法私下與任何人作任何實質性的交談。

我們弄不清所看到的一切是否真的。有一次，我們參觀了上海的復旦大學，當時大學不招生，關門了。由進駐大學的工農兵宣傳隊的隊長簡單介紹情況。隊長是一個年輕的退伍士兵，而從

農村回來的老教授們都恭恭敬敬地坐在後面默不作聲。這位大兵很驕傲、很自信地告訴我們，爲了重開大學，以前所有反革命的教科書都得修改。教授們接著發言，說他們下鄉和農民在一起耕田、餵豬，是一個改造自己的反動思想的好機會，所以從下放農村的勞動改造中收穫很多。我們回到旅館，一邊喝著啤酒，一邊爭論著：這是真的嗎？事實是這樣嗎？大多數人都被教授表面上的真誠所打動了，認爲這就是真的。

當時訪問中國回來的人寫的書和文章，都是按照在中國短期訪問的見聞寫出的，這些書受到歡迎。我之所以很幸運沒有發表這類讚揚文章的唯一原因，是因爲自己當時正忙著把我論早期民國政府時期的博士論文，擴充成專書出版，因此沒有真的開始研究中共。

中國研究四十年的轉變

從那時起，中國研究的領域已變化很大，大部分變化是向好的方向變。

首先，今天有關中國的資訊多得不得了，豐富得嚇死人，難以應付。我們還可以到中國做田野調查、抽樣調查，可以在草根基層訪問，並相當自由地與人們交談。我們可以採訪學者，有些國外學者還可以採訪高官。

我們可以閱讀成千上萬冊回憶錄、傳記、年譜、彙編、手冊，可以了解各種各樣的課題。我們可以使用中國的圖書館和網上搜集的資訊，而且中國開始開放外交部的檔案。雖然我沒查閱過，但我不認爲這些檔案現在已開放的部分有多大的價值，就一直沒有去看。不過，開放本身就是一件有意義的事，是一種進步。我

們同中國的學者合作，來自中國的學生同我們一起學習，然後寫出這個領域中一些最佳的作品。我們可以從事合作項目。中國的學者和官員還帶給我們了很多著作，例如李志綏的《毛澤東私人醫生回憶錄》以及《天安門文件》等等。

現在雖然還有禁區、敏感時期和敏感問題，但中國已經不再是處於月球那一端，而變成了一個對我們的研究大體上開放以待的社會。

其次，就在這個時候，由於中國的崛起，越來越多的學生也投入中國研究；這些學生的素質更高，學術領域內或領域外也給他們提供了更多的工作機會。

第三，中國研究領域中提出的問題和採用的研究方法越來越多元化，現在很難藉由文獻回顧研究來界定哪些議題不屬於中國研究，因為有太多議題正被研究著，多到讓你很難跟上腳步。有更多的實質性材料可供分析，也就不那麼專注於政治化的分析了。

令人欣慰的是，過去區域研究和學科的對立，已不再是問題了。以前各學科看不起區域研究，認為它沒有理論，只是提供一些例證、原始材料，現在學術界承認了區域研究的價值。就從我自己的學科來說，政治學珍視那些對中國有真知灼見之人，並且認為中國是個重要的案例，可被包容進入對各種課題的研究之中。現在都承認，抽象的事實是不存在的，每一項研究都是對某地的研究，事實就蘊含在複雜的來龍去脈之中。政治經濟學也是如此。

學生永遠最迷人

　　我知道時間已經用完了，可是才講到1973年，還有三十多年經歷尚未講述，我想留下來讓介民老師下次再請我回來講學。

　　最後，還是回到開始時的主題——學生。我是1971年開始到哥倫比亞大學教書的，哥大早就是研究中國的一個中心，盛名一直不衰，韋慕庭、鮑大可（Doak A. Barnett）等名師在此，所以很多優秀的學生前來求學。我不用費力就可以教到很優秀的學生。我教書的第一年，就教過一年級研究生卜睿哲（Richard Bush）。他後來是很有名、很權威的人士，擔任過美國在台協會理事主席，在台北、北京和華盛頓都受到信任。多年來，我在紐約說「卜睿哲是我的學生」，使台灣和中國來的專家吃驚，這讓我一直很快活。人們一直無法相信他曾是我的學生，因為他那麼優秀，比我有名、重要、有影響，看起來也比我年長。

　　學生們進入學術界、企業、外交界，甚至情報系統。1970年代初畢業的蘇葆立（Robert Suettinger）進入中央情報局，後來升到國家負責東亞的情報官，柯林頓時期還擔任了國家安全委員會亞洲事務高級主任。有一次，有個代表團為了人權的事要去遊說白宮，聽說他是我的學生很高興，我就幫忙打一個電話給他：「老學生，我們要過去了，你準備接待吧！」我為自己有這麼優秀的學生很感驕傲，但後來也有一點不滿意，因為他們都比我早退休！

　　我剛開始教學的時候，眼光僅盯住當時，認為一切就是那樣，像我當初認識亞洲一樣。後來，隨著時光流逝，學生們繼續發展，不少人事業很成功，這使我日益感到，歡樂地觀看著他們的成就如日中天，沒有什麼比這更激動人心的了。一個人花10年寫一本書，然後發現它很快就過時了——甚至自己對它也不再感興趣。但是你學生的生活總是新鮮和迷人的。一個人感到他自

己最持久的貢獻，就是幫助一些嚴肅認真的學者和思想家沿著他們各自的人生道路前進，這樣，他們也可以接下去給他們的學生做出同樣的貢獻。

所以，這一次我特別感激有這個機會能結識你們清華大學這一批才華橫溢、前途無量的青年學子們。謝謝大家。

問答摘要

中國研究與台灣研究

問：中國研究如今很熱門，但四十多年前你開始從事這個研究時，你心裡是怎麼想的？

答：當我選擇從事中國研究時，我沒有想到它會這麼受歡迎、這麼有市場。當時，人家會問：「你為什麼會這麼笨，這麼不現實？你能在這個領域找到工作嗎？這個國家和我們沒有任何關係，它在另外一個星球上。」你無法回答他。當然，你也可以說，研究中國只是為了興趣，比如說，想學習一些微妙的哲學，例如道家會讓你覺悟人生。我當時沒有想這麼多，後來也不後悔。因為當學者不必要那麼實用，只要能找到工作，有機會繼續幹，你就滿意。後來，中國研究變得那麼重要、那麼有市場，確實令人很感到舒服，這也是對你的一種肯定，但我當初確實沒想到過會如此。

問：當兩岸不來往時，研究中國還蠻有意義和興趣。現在交往頻繁後，不少台灣學者從中國研究改做台灣研究，一是他們認為沒有辦法與大陸學者競爭，在認識大陸上不如他們；二是本土意識的崛起。在競爭力問題上，大陸的學者更有優勢嗎？第二個問題，費正清學派是研究中國的重要流派，成果很多，怎麼樣評價它？第三個問題，最近大陸學者翻譯出版了不少美國出版的研究毛澤東的著

作，你是否認爲此舉表明大陸對該領域的研究更加開放了？

答：關於第一個問題，現在是有很多台灣的研究生到美國學中國學，後來作博士論文時改了寫台灣，但不完全都是這樣。理由不是因爲他們比不上大陸來的學者。大陸來的學者當然是知道大陸的社會，但缺乏分析這社會的方法。而台灣的學者也會中文，能深入中國社會去了解，但也保有外來的觀點可以進行較客觀的分析。我並不認爲台灣的學者競爭不過大陸的學者。若是台灣學者比不上大陸學者的話，那我們西方的學者更比不上了。各有各的優勢。

台灣的學者爲什麼開始研究台灣？我同意你關於台灣本土意識的看法。台灣的歷史和經驗有獨特的價值，值得研究。另外，台灣學術界的工作條件改善到學者願意回來任教，他們不一定要在美國找工作，這就會影響到他們選取台灣作爲博士論文的研究題目。即使留在美國，各學科也會對區域研究的成果給予承認。

第二個問題，關於費正清學派。我承認他本人的學術是在一個特定的框架或架構之下開展的。當時對中國的認識發展到那個程度，所以他給自己選定的研究題目是「帝國主義與中國現代化的關係」，自己設計了這麼個框架，在這個框架下進行研究。他的卓越之處在於，他不限制你非在他的框架之下工作不可。你若在其中工作，他還不那麼感興趣，因爲他認爲自己對這個研究範疇已經比較了解，學生在做同樣的研究讓他收穫不大。我記得1960年代末，有一個叫James Peck的研究生，他寫了篇很尖銳的文章，很有系統地點名批評費正清的學術成就和政治表現。當時正值越南戰爭時期，他批評費正清的思想有意無意地在支持美帝國主義的政策。對此，費正清不難過。他在研究所裡專門給了Peck一間辦公室，培養他，認爲這個青年人不錯，有獨立思想，很喜歡他。他也反駁Peck的觀點，但對Peck本人一點反感都沒有，認爲這個小伙子很好玩，讓他

多做研究。對於他這麼一個態度，我很佩服。

關於第三個問題，毛的研究在大陸是在進步，發表了很多回憶錄。毛的保健醫生李志綏在美國寫了書，我寫了前言。毛的護士和英文秘書寫了批駁李志綏的書，權延赤寫了不少有關毛的書，官方人士逄先知還寫了《毛澤東傳》，官方還出版了《建國以來毛澤東文稿》13冊。最近還翻譯出版了一些西方研究毛的著作，但史華慈（Benjamin I. Schwartz）那本 *Chinese Communism and the Rise of Mao*[2] 很客觀，意識型態上的意義不大，那本書沒有說毛壞，其實是說毛好，說毛對蘇式共產主義有改變，把它轉變成中國式的馬克思主義，而毛自己也承認這點。翻譯出版這些書，可能不代表什麼政治意義。最近張戎和哈利戴（Jon Halliday）寫的《毛澤東：鮮為人知的故事》（*Mao: The Unknown Story*, 2006），如能在中國出版，意義會更大。但我懷疑中國會出版它。

對待中國態度的轉變

問（文化大學社福系邱貴玲）：當你1960年開始研究中國時，蘇聯是最大的帝國，而當時的中國相形見絀；如今蘇聯瓦解，中國變成美國最大的敵對國。在冷戰時期，美國的中國研究基本上都是戰略性、對抗性的研究。1990年後，美國對中國又愛又怕、經濟的研究又遠勝政治的研究。作為東亞學者，你個人在心態上是否有所調整，有所轉變？另外，研究台灣，統獨問題都會是一個很重要的題目，你在心態上與台灣學者有何不同？

答：我自己站的立場比較特別，我要充分享受學術自由的機

2　中譯見陳瑋譯《中國的共產主義與毛澤東的崛起》（北京：中國人民大學出版社，2006）。

會，發展自己的眞正客觀獨立概念。但在校園之外的業餘時間裡，我通過自己的研究而關注一些社會問題。在人權方面，我是「中國人權」(HRIC)的理事，過去是「人權觀察亞洲委員會」的主席，現在是它的委員。我做了一些工作，是在批評中國政府鎮壓人權的行爲。不過，在外交方面，我是反對中國威脅論的。這不是因爲我親華或反華，而是因爲根據我自己的分析研究結果，認爲事實就是這樣。我承認中國的崛起會給美國帶來一些挑戰，但不應視之爲一個必然的威脅。我自己的立場轉變比較複雜。1970年代我屬於要學習毛澤東的實驗的這一群人。當時，我還受文化相對論的影響，認爲我不可以因爲自己相信西方的價値觀，就覺得中國人也要這些東西。我自己不喜歡毛的體制，但不等於中國人不喜歡，他們可能喜歡。若他們說喜歡了，我還沒有更多的理由不相信他們所說的話。至少，我不可以急著下結論。

後來我開始參與人權的活動，這也是1970年代的事，毛死後，中國破壞人權的資訊也披露出來了，我就變成了一個critic(批評者)，批評他們摧殘人權的行爲，分析其專制體制的運作，回過頭來看看毛是怎樣控制人的，我開始修改對毛政權的看法。我現在不再相信文化相對論。1990年代，對天安門事件我也做了一些工作，拿到了六四文件，發表了《天安門文件》那本書，意義之一是要讓中國政府負責任，承認自己的過失，接受這個歷史負擔。同時，我跟更多的中國人接觸，認識了不少我很喜歡的人，學者也好、老百姓、幹部也好，我與他們產生了同理心，成爲很好的朋友，很喜歡與他們在一起。我有不同層次的感覺。

對於統、獨問題，我自己還處在一種努力分析理解的階段。我發現每一次來台灣或每一次向學生演講、解釋所謂的台灣問題，我都很難清楚地表達統獨問題到底是什麼？我自己理解，在台灣很多

人有一個共同的立場，即要保護台灣主體意識，要認識、承認、尊重台灣主體意識的價值和自治，包括外省人、本省人在內的很多台灣人都這樣認為。又有很多台灣住民儘管抱有上面的看法，又同時認為，有必要與大陸共存，大陸那麼大，台灣要與之發展合理的、共同生存的一種關係。

一般的台灣人到底要獨、要統？統、獨這兩個概念也不可過分簡單化。我沒有必要採取其中的一個立場，那樣就會干涉自己更深入地了解它的可能和機會。

台灣學者研究中國的優勢

問：早期台灣的國際關係研究所附依於政治上的需要，沒有學術上的獨立；今天，台灣留學生回來也運用西方理論來從事中國研究，創造新研究典範，你怎樣評價過去和今天台灣的中國研究？

答：我對國際關係研究中心不那麼熟悉。但我同意你的分析，過去它與政府的情報機關有密切的關係，而且承包一些政府給它的研究專案，所以學術產品比較類似於情報系統的東西，以中共為敵對勢力來分析。後來國關中心的發展我還是不熟悉，但他們還是出版了不少成果，其刊物*Issues and Studies*變成了一個有價值的學術刊物。

我知道清華大學當代中國研究中心的成立是為了開創一條新路，在台灣研究中國大陸的新路。我的理解是要另開一個視窗，要從社會、草根方面入手，要避免搞高層講話的統獨問題或共產主義或非共產的政策性的研究。當然這些問題還是存在，但你要開一條開創性的新路，即是社會與社會、民間與民間的交往，更深入地觀察與了解。派一些年輕學者到中國，用田野調查的方法，真正了解中國這個複雜龐大社會裡面各種各樣的發展因素及其動機和動力。

我自己認為這個項目是有很好的前景的。

台灣學者的優勢在於你又是中國人，又不是中國人。你沒有語言文字的障礙，可以自由地進入中國社會，完全流動，與老百姓充分自由地溝通，很容易掌握到他們想告訴你的資訊，而不想告訴你的資訊，你也可以意識得到。「當局者迷，旁觀者清」，你有旁觀者的優勢，又可以站在外面看去，還可以把成果寫成外國人也能理解且感興趣的著作，因為你也懂外國學者的語言、觀點和理論以及他們對什麼感興趣。你們這種為了台灣，也為了國際的中國研究，我自己判斷，是一個很有前景的事業。

問：假設中國學生到了哥大，你會不會勸哥大的中國學生研究台灣，中國人對台灣真的是不了解。

答：有一個問題：我們沒有專門教台灣的課題，所以這種建議對他們來講不實際。但我是希望他們能夠多了解台灣。我們要鼓勵大陸的學者多了解台灣，但在哥大，要我命令他們忘記中國，這個可能性可能不那麼大。另一方面，我們會要求，博士生班必須先念兩年社會科學理論課，不過其中涉及中國的相對較少。他們先得讀完理論，然後才能夠回到中國做博士論文。

問：我的問題很簡單：在中國，派系政治運用關係得到官位的狀況，與台灣、西方的相比，有什麼差別？

答：這個問題不簡單。用關係、社會關係來從事政治運作，應該說是個普遍現象。從其中分清中國文化與西方文化的區別，坦率地講，我一直都沒有搞清楚。就拿中國的師生關係和其他社會的師生區別來說吧，它們有一定的區別，但其中有多少是根本性的區別？我不知道用什麼方法來衡量。在中國，關係運用的層面廣，有政治的、經濟的，還有家庭關係的，歷史不斷轉變，有傳統的、現代的、當代的。西方也是這樣。對這個問題，我做過一些研究，但自己的

研究還沒讓我感覺能夠控制它，而且別人的研究也不能給我足夠的基礎來解決它。你提的問題很好，但太複雜，我沒有辦法回答。

問：您可否用一些例子來說明您是如何看待派系政治與關係的？

答：我自己的觀察主要是在我的博士論文中，國民政府時代是比較自覺地在搞派系政治。我讀那個時代的歷史資料，經常碰到這個派、那個派，後來他們自己也承認這種派系是靠同鄉關係形成的，其中也有師生關係。後來研究當代中國，也會碰到一些這樣的材料。但我在清大也講過，我自己很難判斷毛時代有多少是在用個人關係去組織並運作政治勢力。最近我在寫一篇書評，評《毛澤東的最後革命》（*Mao's Last Revolution,* by Roderick MacFarquhar and Michael Schoenhals, 2006）。本書特別注重高層精英中人與人的關係，但從他們的材料中還很難得出一個結論，斷定關係的決定性作用有多大。我認為，他們自己也不清楚，不能強迫他們的資料導出這樣的結論。關於這個問題，我自己還處在一個不清楚的階段，感覺自己還是要繼續研究。

理論與方法的挑戰

問（中研院政治所徐斯儉）：您說現在區域研究與學科研究的鴻溝正在縮小，您指的是政治學與中國研究的例子嗎？（黎安友回答：「是」。）但在台灣，鴻溝卻在擴大。這涉及知識的目的問題，比如清大當代中國研究中心，我們主張用社會科學最新的generalized（一般化）的理論和方法去研究中國，這是假定知識是普遍性的。區域研究和學科之間始終存在著緊張的關係。在您的生涯中，您如何處理這個問題？

答：這個問題還存在，但我感覺現在不那麼尖銳了，特別是在

哥大的政治系中。哥大的政治系是美國的最好者之一，有一定的代表性，密西根、柏克萊、普林斯頓也是一樣。社會科學是要有一些generalized知識，但對「一般化的知識」這個概念本身，該怎麼去理解它，與過去相比，已經起了變化。過去可能有一個時期，人們認爲可以產生一些普遍的規律，適用於任何一個社會運動。你可以說過去更有企圖心地去追求普適規律的設想，後來就倒退，可能是社會科學的一種失敗。現在不那麼追求人類行爲的普適規律，連經濟學也是這樣，雖然在某些微小方面也還在追求一些普適規律。社會科學的理論體系發展到今天，用在處理每一個現象時，都得靈活地運用。

問：對於我們這些要選擇學術作爲自己生涯的學者，你覺得從事學術除了熱情之外，還要什麼特質？請給我們一點直覺的建議。

答：我們都是學習使用西方理論或經驗，尤其是政治學來分析、理解中國的發展或改革。但目前的中國研究是單一案例研究，缺少比較研究的背景，很容易把中國視爲很特殊。其實，與英、美早期的發展相比，可以發現中國的發展也不是那麼特殊。但現在成熟的理論認爲中國特殊，認爲中國可以挑戰西方理論架構，是這樣嗎？還是曲解了對中國的認識？

問（台大政治系陶儀芬）：1990年代我在哥大讀博士時，正好是區域研究與學科的關係緊張之時，寫博士論文，一定要用某種理論去解釋某個問題，強調研究設計，認爲變化研究加質化研究，在行銷上是最好的策略，我們都是這麼思考的。剛才聽安迪談將近半個世紀的中國研究生涯中一些對他有很深影響的人和故事，談到費正清的教育理念和郭廷以對研究的貢獻。此時，我突然了解到學術研究與教育的意義是什麼，到底什麼東西會留傳下來。理論來來去去，人們往往追逐它，今日去思考到底什麼是最時髦的理論，用它可以

去發表更多的文章。但我想說，站在台灣，不管是教政治學或是搞中國研究，我們應去思考的問題是：到底什麼樣的教育、研究的方式，會讓人們三、四十年後有機會回顧台灣的中國研究、社會科學的發展時，還會提到你。不管理論怎麼發展，這才是我們要追求的。

答：我想，儀芬的看法可能比我更能有效地處理大家所提到的問題。一言以蔽之，我們面臨的是理論和方法的挑戰。你在撰寫研究成果時，應該思考讀者為什麼要看你的東西，他有什麼動機，特別是對研究其他區域的學者，為什麼會對你的研究成果感興趣。然後，你要想自己能不能把成果寫成這些讀者能夠理解、能懂的形式，給他們提供對他們有用的東西。如果你能夠引起你讀者的興趣並能使其理解的話，你就應該是能夠突破理論問題和途徑問題了。

謝謝大家。

黎安友：1971年獲得哈佛大學政治學博士。之後一直任教於哥倫比亞大學，現為該校政治學系講座教授。教學與研究興趣包括：中國政治與外交政策、政治文化與政治參與比較研究，以及人權議題。

黎安友〈中國研究四十載〉讀後

張朋園

　　黎安友（Andrew J. Nathan）教授的〈中國研究四十載〉講稿，去年就已得讀，40年老友的回憶，引發了我的許多感觸。如今《思想》季刊發表該文，要我對安友的大文做一點回應，這是個榮幸，義不容辭。

　　我們都知道安友是一位知名的政治學家，尤其是他的當代中國研究，不僅知識界廣泛閱讀，連中國政府也非常留意，常問：「他現在研究什麼？說些什麼？」安友今天之享有大名，其實得來不易。1960年代他就開始學習中文，從中國歷史入手，有了中國歷史背景的認識，才轉向當代中國研究。民主政治能否移植中國，一直是他注意的焦點所在。以下幾本大著，是他膾炙人口的代表作：

Chinese Democracy, 1985.

Human Right in Contemporary China, 1986（與Randle Edwards等合著）.

Democratizing Transition in Taiwan, 1987（與周陽山合著）.

China's Crisis: Dilemmas of Reform and Prospects for Democracy, 1990.

China's Transition, 1997（中譯本：《蛻變中的中國》，民國89

年）．

The Great Wall and the Empty Fortress: China's Search for Security, 1997（與Robert S. Ross合著）．

China's New Rulers: The Secret Files, 2002.

Negotiating Culture and Human Rights, 2001（與Lynda Bell等合著）．

其實，安友早年在歷史領域中奠基礎的階段，便已發表了三本有分量的近代中國研究：

A History of the China International Famine Relief Commission, 1965.

Modern China: An Introduction to Sources and Research Aids, 1973.

Peking Politics, 1918-1923: Factionalism and the Failure of Constitutionalism, 1976.

回憶過去40年的學術生涯，安友在演講中首先談到他來台灣學習的原委。1960年他剛進哈佛大學，就對中國發生興趣，開始學習中文和中國歷史。大學畢業後隨即進入研究所，著名漢學家費正清是他的導師。費氏指示他來台北中央研究院近代史研究所拜望該所所長郭廷以教授，並在近史所從事博士論文研究。為什麼費正清要做這樣的指示？原來這背後還有一段故事。

1949年中國共產黨擊敗國民黨，占有大陸，隨即全面鎖國，對外隔絕。美國人不了解為什麼中國會被「馬—列—毛」主義所征服，為解決此一困惑，掀起了中國研究的熱潮，幾個財力雄厚的基金會也相繼投入大量的財力支持。費正清、韋慕庭（哥倫比亞大學教授）等人是這項決策的幕後推動者，也是主要執行者。

要了解中國，必須到中國的社會中去親身體會，費正清和韋

張朋園（左）與黎安友於1977年10月遊石門水庫合影。

慕庭都有這樣的看法。大陸既已對外關閉，只剩香港和台灣可以
稱得上是中國社會。安友先前曾去香港，那是英國人的殖民地，
只能在邊界上隔著鐵絲網遠眺中國大陸，望梅止渴。費正清、韋
慕庭等曾經來東方考察，認為台灣所保留的中國文化面貌尚稱濃
厚，而且有中央研究院這樣的學術機構，可以作為美國海外研究
的基地。這就是安友來台灣做博士論文研究的背景。

　　其實，1960年代的中央研究院，還遠遠不足與美國學術機構
相比擬。那時的台灣相當落後貧窮，學術界也是因陋就簡，人文
學科方面除了近史所的外交檔案、史語所的線裝書，唯一可取的
恐怕就是講中國話的環境了。不過，費正清、韋慕庭等所需要的
正是這一點。那時候，近史所有十幾位35歲上下的年輕學者，正
好是美國博士生切磋的對象。

費正清當然了解台灣的經濟情況，所以他也支持郭廷以向美國基金會申請補助，俾能改善研究環境。經費、韋從中撮合，1962-1972的10年間，福特基金會陸續撥款42萬餘美元（折合新台幣約1,680萬元），改善近史所的圖書設備，補助研究人員出國進修。在當時，這是一筆可觀的數字，今天近史所能在國際學術界占有一席之地，這筆補助的助益關係不小。

安友於1967年來台從事博士論文研究。那時近史所已經完成了第一個5年福特補助計畫，半數人員已經從海外進修回來。他們帶回來了新的觀念，從事新的改革，圖書設備也較前充實，近史所漸漸成為一個有水準的研究機構。美國來台的訪問研究人員也較前大為增加。不僅年輕的一代有四、五十人先後來中研院作博士論文，老一代的也相繼來訪。費正清、韋慕庭兩人多次來來去去，其他知名學者如Knight Biggerstaff（康乃爾大學）、George Taylor、梅谷（Franz Michael, 西雅圖華大）、費慰愷（Albert Feuerwerker, 密西哥大學）、芮瑪麗（Mary Wright）、易勞逸（Lloyd Eastman）等均曾前來小住一年半載。一時之間，近史所冠蓋雲集，熱鬧非凡。這樣的光景，一直維持到1970年代末期，中國大陸對外開放，情勢才有所轉變。在此之前，近史所則是全世界不折不扣的「中國研究中心」。

但是，我必須承認，當時的整體研究環境，還是美國較好。這個立國僅僅二百餘年的新興國家，財力雄厚，人民在世界各地旅行，帶回各式各樣的文物圖書。他們把中國的線裝書、字畫、青銅器、瓷器買回去，甚至於把整座廟宇搬回家鄉，像博物館一樣重新復原。那時，美國全境至少有10所相當夠水準的中文圖書館（國會圖書館、哈佛大學、哥倫比亞大學、耶魯大學、康乃爾大學、普林斯頓大學、芝加哥大學、西雅圖華盛頓大學、加州大

左起：韋慕庭、郭廷以、費正清。

學柏克萊分校、史丹佛大學中的胡佛研究所），美國學者研究中國，根本不必遠赴海外，疲於奔命。反過來，美國的各人圖書館倒成了台灣學術界的寶庫，我們爲了研究一個特殊的題目，往往不得不專程前往美國查閱資料。例如研究民國史，胡佛研究所便是不折不扣的好地方。因此，我們絕不敢自吹自擂，誇稱對美國學界有什麼裨益；反過來，倒要老實承認他們幫助了我們。福特基金會的資助，便是一個明顯的例證。直到後來，台灣的經濟起飛，有餘力設置國際性學術基金會，才能說有一點回饋。

我把話題扯遠了，還是回來談安友的台灣經驗。安友說，是費正清教授叫他來找我，人生地不熟，有個人照應總是方便些[1]。

1　我結識費先生，是在1965-1966這兩年。1964年我得到福特基金會

見面之後，安友談到他的北洋研究，認為這是塊處女地，值得開發。我同意他的看法，但深感著手不易，連入門的參考讀物都為數不多。那時大家主要讀的是李劍農的《中國近百年政治史》和陶菊隱的《北洋軍閥統治時期史話》兩部書。然而，台灣的圖書館連陶菊隱那套書也湊不齊，研究資源的匱乏，絕非今日年輕學者所能想像。安友在這種困難的條件下，還是非常用功。他的中文比上一代強得多，口語更是極其流利，與同仁們交談，得心應手，毫無窒礙。因而，他的研究進展也甚為順利。當時台大歷史系的何烈曾經擔任過安友的助理，我們後來成了要好的朋友。不幸何博士以癌症早逝，十分可惜。

安友的博士論文《北洋政治：從派系政爭看早期民國憲政的失敗》，是一本傑出的著作，出版後，一砲而紅，至今仍為涉獵北洋政治史不可或缺的讀物，他也因此成了研究近代中國政治派系的專家。安友認為中國人講求關係（connections）。他將關係分為九種：親屬關係、世誼（交）關係、同鄉關係、師生關係、長官部屬關係、同年（學）關係、同僚關係、姻親關係、結拜關係。中國社會凡事先找關係，沒有關係則盡力想辦法拉關係，因此辦事沒有原則，不講理性，是要不得的一種傳統行為。北洋憲政的失敗，原因在此。安友甚不以中國人事事講關係為然。我當年非常

（續）
　　資助，在紐約哥倫比亞大學訪問。次年，芮瑪麗在Portsmouth的Wentworth召開「辛亥革命討論會」，費先生擔任論文評論人，在會場中與大家相周旋，與會者便與之熟習起來。他那時對我的《梁啓超與清季革命》一書已有印象，便邀請我到哈佛東亞研究中心訪問研究。1966年2月，我從哥大轉到哈佛，果然在東亞研究中心（今改為費正清東亞研究中心）住了半年，費先生對我照拂很多。後來我感謝他說：「無以回報」，他握著我的手微笑："pass on"，我一直不忘這兩個字。

佩服他的見解，曾經寫一書評推薦[2]。惟近年社會人類學家卻認為關係可以促進人際交往與相互了解，有利於市民社會（civil society）的發展[3]。我尚未與安友交換意見，請教他是否同意此一說法。

研究北洋憲政之後，安友已確定要轉變成為政治學家。他畢業後即獲聘密西根大學政治系教席，旋轉任哥倫比亞大學政治系教授。在紐約此一大都會中，各方接觸頻繁，身不由己，不免常常捲入關於中國政治的討論。1985至2002年的十餘年間，安友發表有關中國民主的專著，共達六、七種之多。安友治學謹嚴，文獻之外，又從事實地調查，並與同行或學生共同推動研究計畫，既做小區域的個案研究，也做大型的跨國性比較。近年中共推動基層選舉，他認為這是一個可喜的現象。雖然黨的控制仍然十分嚴密，但若比較東南亞各國、台灣、南韓的民主政治發展歷程，中國民主的前景並不悲觀。

從中國文化看民主的可行性，台灣是個具體的案例，安友在這方面發表了好幾篇文章。他一直非常注意台灣政局的變化，每逢重大選舉，他多半會親身前來觀察投票的過程。他認為，到目前為止，台灣的民主發展還是欣欣向榮的。雖然立法院裡打架叫罵，十分混亂，不過，西方民主先進國家的早年情形也是如此，不足為奇。最近，陳水扁總統的清廉受到嚴重質疑，反對黨與媒體大肆批評，也證明台灣的言論自由進展快速，民主政治已有一

---

2 〈黎著《北洋政治：派系政爭與憲政不果》〉，載《中研院近史所集刊》，期6（民國66年6月），頁415-420。

3 Mayfair Mei-hui Yang（楊美惠），*Gift, Favors, and Banquets: The Arts of Social Relationship in China*（Ithaca: Cornell University Press, 1994）.

定基礎。

安友研究中國民主的可行性，是個敏感的課題，難免有觸怒當道之處。例如他爲李志綏《毛澤東私人醫生回憶錄》（1994）一書寫序，爲 *The Tianman Papers*（《天安門文件》，2001）一書下註腳，都使中共大爲不悅，將他列爲不受歡迎人物。安友則始終認爲，這些都是學術性的活動，一往直前，不稍遲疑。

1989年天安門事件爆發後，安友是同情民運人士的，這是他對民主政治深懷信念的必然反應。他幫助過不少亡命紐約的民運人士，方式是邀約他們一同研究中國的民主困境，請他們寫文章。這種做法有兩項正面作用，雙方各蒙其利：一則民運人士得以自食其力，不必仰人鼻息；再則民運人士的現身說法，也可以加深安友對民主在中國之困難癥結的了解。

最後，談談我與安友的交往。我們相知40年，是要好的朋友。我從安友處學到的很多，他幫助我認識政治學，贈送我相關書籍不下百餘種。有幾件值得記憶的事要在此一提。1975年我們在紐約相聚，我帶著剛寫好的〈從民初國會選舉看政治參與：兼論蛻變中的政治精英〉初稿，向他請教，他閱讀之後，稱讚不已，堅持要將之譯爲英文在美國學報刊載。後來，該文果然通過他的譯筆刊登於著名的《亞洲研究學報》（*Journal of Asian Studies*, Vol. 37, 1978）。

1980年安友邀我回哥倫比亞大學訪問一年，他爲我申請傅爾布萊特基金會的資助，在哥大東亞研究所任客座教授。我除了講授一門課程外，餘暇則自行進修，得以在政治學方面再獲進步。

1994年安友約我再去哥倫比亞大學訪問一個月，藉此機會，我與他討論撰寫《郭廷以、費正清、韋慕庭：台灣與美國學術交流個案初探》一書的架構，他特地安排我去福特基金會閱讀相關

1997年7月在黎安友家。

檔案。後來該書在1997年出版，安友爲我寫了序文，使這本小書
增色不少。

　　在安友的影響和幫助下，我也對中國的民主政治產生了濃厚
的興趣。我們於1995-1997年間獲得蔣經國國際學術交流基金會
支持，合作推動〈中國近代的國會選舉〉計畫，我研究清末至民
國時期，安友研究中共時期。後來我負責的部分順利交卷，安友
則因無法獲閱中共人大代表的背景資料，進度稍爲落後。經安友
同意後，我先行發表研究成果：《中國民主政治的困境，
1909-1949：晚清以來歷屆議會選舉述論》一書，由聯經出版公
司印行（2007）。該書能夠與學術界見面，安友的幫助和鼓勵極
多，他也再次同意寫了序文。

　　以上所述，是個人與安友長期學術交往的一些小故事，同時

也可以當做40年來台灣與美國學術交流的縮影：在這個過程中，安友給我的多，而我似乎沒有給他什麼，這也反映出台灣受惠之處要大於給予美國的。這些故事發生在一個特殊的時代，其意義留待後人去評論。

2003年安友60大壽，他的夫人為他祝嘏，約請十餘好友題箋作為賀壽之禮，我亦應邀參加。我的短箋可以作為本文的結語：「你一生鼓吹中國民主，展望2020年應可實現，那時你接近80大壽，我已是95老人，把臂舉杯，何勝快慰！」。

張朋園：現任中央研究院近代史研究所兼任研究員，曾任該所研究員，研究領域為近代中國政治思想史、政治發展、區域現代化等。著述豐富，主要有《梁啓超與清季革命》、《立憲派與辛亥革命》、《梁啓超與民國政治》、《中國現代化的區域研究——湖南省》、《中國民主政治的困境：1909-1949：晚清以來歷屆議會選舉述論》等書。

轉型正義與記憶政治

台灣的轉型正義及其省思

江宜樺

　　「轉型正義」（transitional justice）是近年來台灣輿論界的熱門議題，尤其在每年二二八紀念日前後，以「轉型正義」為主題的研討會、座談會、記者會及出版品似乎有增無減。今年適逢二二八事件60週年，轉型正義問題的討論，更是達到前所未有的高峰。在這些相關活動中，有的比較嚴肅且有助於我們對轉型正義的認識，譬如《思想》第2期所刊出吳乃德教授的文章，以及《當代》第230期所刊出的轉型正義專輯；有的則比較草率並充滿政治操作的鑿痕，如2007年初安排五國卸任元首來台出席的「全球新興民主論壇」，或是民進黨中常會在同年2月7日所提出的「去納粹化」運動。

　　雖然轉型正義的口號甚囂塵上，但是我們也注意到一個饒富興味的現象：絕大部分倡導轉型正義概念的，都是泛綠或親綠的學者及團體；而泛藍或親藍的學者及團體，則刻意不觸及這個問題，或是以嘲諷、否定的態度看待這個問題。對於生活在台灣社會、凡事已經習慣按藍綠分野思考的人們，這似乎也是天經地義的發展。然而，如果我們希望台灣社會能夠就事論事、能夠擺脫藍綠本位的思考，並期待建立一個講理的、公正的民主社會，我們實在應該鼓勵大家真誠地面對問題，釐清轉型正義的意義與做

法。也許我們無法在所有爭議性問題的處理上獲得共識，但至少對歷史有所交待，對未來世代也可以提供進一步思考的契機。

一、民主轉型與轉型正義

　　由於某些政治人物的蓄意扭曲，目前輿論在談論轉型正義問題時，會把許多相干、不相干的議題混雜在一起，使大家對轉型正義的內涵感到困惑，或甚至產生嫌惡排斥的心理。舉例而言，陳總統因家人濫用特權而遭到反對黨猛烈抨擊時，辯解說過去的「七海官邸」到現在都還享有特殊待遇，大家憑什麼指責民生寓所幫傭支領特工人員的津貼叫做貪腐與特權。我們遺憾的不只是陳總統以「過去別人可以，爲什麼我現在就不行」的心態看待此一事件，更在於他主張這是「轉型正義」的問題，彷彿我們應該徹底檢討「七海官邸」的陋規，同時又諒解民生寓所的做法，這樣才符合轉型正義的要求。然而，轉型正義如果要有意義，當然是要一併檢討七海官邸（現在叫「大直寓所」）以及民生寓所（當時是總統女婿住所）是否必須配置國安人員、及以清潔工能否支領特工人員薪資的問題。陳總統以「轉型正義」替自己不當行爲辯護的結果，只會使一知半解的人認爲轉型正義並不是什麼好東西。

　　再以最近民進黨中常會所討論的轉型正義提案來講，游錫堃主席除了力主全國徹底消除「蔣中正」的名字（如「中正紀念堂」、「中正路」、「中正公園」改名），加速通過〈政黨不當取得財產條例〉之外，還主張威權時期曾參與政府體系者不得入黨，並呼籲立即制定新憲法、確立總統制或內閣制的問題。這個提案所涉及的項目中，有些的確與轉型正義有關（如國民黨黨產問題），

有些做法上值得商榷(如中正路全部改名或擴大排藍條款)，有些則與轉型正義沒有關聯(如修憲或制憲以確立中央政府體制)。這種提案事實上是假「轉型正義」之名，行貫徹一黨政見或遂行一人意志之實。雖然提案本身能夠幫助提案者爭取深綠選民的青睞，但是不斷操弄議題的結果，也同樣讓敵對政黨的支持者鄙夷其動機，並質疑轉型正義訴求的合理性與正當性。

如果我們不要掉入政治鬥爭的泥淖，而回歸到轉型正義的原始涵意，就會知道「轉型正義」是一個與「民主轉型」(democratic transition)息息相關的概念，並不是無所不包的術語。所謂民主轉型，是指一個原本屬於威權專制或極權獨裁性質的國家，因為各種因素的作用，轉變成一個民主國家的過程。這種情況較早的例子，有二次世界大戰之後的德國、義大利與日本(由法西斯主義國家轉型為民主國家，但都是由外力主導)。比較晚近的例子，則包括許多「第三波民主化」浪潮下的新興民主國家，如南歐的希臘(1974)、西班牙(1975)，拉丁美洲的阿根廷(1983)、巴西(1985)、烏拉圭(1985)、智利(1990)，東歐的波蘭(1989)、匈牙利(1989)、東德(1990)，非洲的南非(1994)、獅子山共和國(2002)，東亞的菲律賓(1986)、韓國(1993)、台灣(2000)等等。由於一個國家從威權或極權政體轉型為民主政體是一件相當複雜的事情，因此相關的研究就包含了「轉型原因」、「轉型過程」、「民主倒退」、「民主鞏固」等等文獻。我們所關心的「轉型正義」，也是在這個脈絡之下出現的。

借用Louis Bickford的界定，轉型正義指涉的是「一個原先不民主的社會，如何處理過去所發生過的人權侵犯、集體暴行、或其他形式的鉅大社會創痛(包括種族滅絕或內戰)，以建立一個比較民主、正義、和平的未來」。換言之，威權或極權統治時期，

當政者曾經對人民（尤其是異議分子）所施加過的種種暴行（如任意逮捕、囚禁、酷刑、殺害、栽贓、侵占等等），到了民主轉型成功之後，都必須在正義原則下，獲得釋放、平反、道歉、賠償，或司法上的訴究。在過去的政治學文獻中，人們稱此種彌補措施為「溯往正義」（retrospective justice）；現在由於「民主轉型」研究的盛行，學者改稱之為「轉型正義」。

由於轉型正義與民主轉型息息相關，因此它的運用有一定限制。譬如說相反方向的政治轉型（由民主國家變成威權或軍事獨裁國家），就不容許我們稱轉型後的追溯行為（如逮捕政敵、沒收企業資產）為轉型正義。同樣，單純的政權更迭（如英國工黨在1997年代取代保守黨執政），也不涉及轉型正義問題。這並不是說單純政權轉移的社會不存在正義補償的問題，而是說其他正義概念已經足以處理（包括貫徹「司法正義」打擊犯罪、落實「分配正義」以縮短貧富差距、追求「性別正義」以創造男女平等的社會等），因此與「轉型正義」所關切的問題沒有直接關係。

根據前述了解，我們可以說「轉型正義」主要適用於兩種情境：第一種是「一個國家由威權或極權政體轉型為民主政體後，對過去各種違反公義情事的追究與矯正」；第二種情形是「一個國家在戰爭或內戰結束，並建立民主政體後，對過去各種違反正義情事的追究，以及衝突各方對和解的追求」。除此之外，也有人將轉型正義應用在主流社會對邊緣社群的長期壓迫，而如今必須採取的補救措施（如美國白人對黑人的剝削、加拿大白人對原住民的壓迫、或各個社會男人對女人、異性戀對同性戀的欺凌等），但這顯然是一種擴大解釋的做法，恐怕會治絲益棼，因此較少為學界所接受。

二、轉型正義的具體內容

　　轉型正義當然不只是一個口號，而牽涉到許多具體的作為。「國際轉型正義中心」（International Center for Transitional Justice, ICTJ）根據他們協助處理各國轉型正義的經驗，把主要工作區分為幾個項目。如果我們按處理時序的可能先後加以排列，並將女性受害者問題併入一般受害者，則大致如下所示：

1. 眞相調查（Establishing the truth about the past）
2. 起訴加害者（Prosecution of the perpetrators）
3. 賠償受害者（Reparation of the victims）
4. 追思與紀念（Memory and memorials）
5. 和解措施（Reconciliation initiatives）
6. 制度改革（Reforming institutions）
7. 人事清查（Vetting and removing abusive public employees）

　　「眞相調查」往往是落實轉型正義的第一步工作，因為過去的專制者往往不會清楚留下自己暴行的紀錄，所以轉型之後的政府（或受害者）就必須先釐清每一椿不義行為的時地、經過、受害人數、損失規模、長期影響等。有了眞相調查作為基礎，受害者及其家屬才能提出具體的正義訴求，譬如要求物質或精神賠償、起訴加害人，或給予寬恕與和解。南非的「眞相和解委員會」是人們最津津樂道的處理模範，因為它在屠圖主教的領導下，以兩年多的時間對種族隔離政策時期的暴行進行調查，總共聽取了超過23,000位受害人或目擊者的證詞，舉辦了無數次的公聽會，最後完成了厚達5冊的調查報告。當然，南非的處理方式也蘊含著一些爭議，因為它是以「坦承暴行者可獲得赦免」的條件，來換

取加害者的志願配合調查。如此一來，眞相調查與正義伸張無法建立必然的關係，有些受害者固然能在獲知眞相之後原諒加害者，但也有些受害者覺得正義沒有獲得伸張，始終無法原諒加害者。由此可見，眞相調查絕不是容易之事，因爲這裡可能涉及「如何順利取得證據」與「如何追究應有責任」的兩難之局。

「起訴加害者」是轉型正義的重頭戲所在，因爲唯有將侵犯人權、製造不幸的元凶繩之以法，才能昭告世人正義獲得伸張，也才能嚇阻其他未來的獨裁者，讓他們知道迫害百性的下場。智利的獨裁者皮諾契特將軍在1973年推翻民選總統阿葉德，以鐵腕政策統治這個國家長達17年。在他的統治期間，據估計至少三千多人被處死、謀殺或平白失蹤。1990年政權轉移之後，智利法庭試圖以各種罪名將他繩之以法，但是他在2006年12月去世，逃過了可能的審判。與此情況類似的還有墨西哥總統Echeverría，他在1968年擔任內政部長時，涉嫌下令殺害政治抗議者。其後他擔任總統的期間，也曾下令鎮壓並殺害過學生。墨西哥在2000年民主轉型之後，新政府設立了特別檢察官辦公室以調查並起訴Echeverría任內的罪行。雖然墨西哥最高法院認爲這些罪行已超過30年的追訴期，但是2006年11月，他還是被一個法官下令軟禁，並等待進一步的法律行動。其他著名的獨裁者如伊拉克的海珊總統，則於接受審判後被處以極刑。

「賠償受害者」是轉型正義另一個面向上的重要工作。曾遭受專制政府迫害的人，只要能夠向新成立的民主政府提出充分的證據，則理應獲得國家的補償。補償的形式很多，包括罪名的平反、名譽的恢復、身體的醫療、教育的提供、金錢的賠償、財產的歸還、工作的保障等等。當然，基於國家財政資源的限制，新興民主國家很難做到讓所有受害者滿意的程度。在有些情況下，

政府能夠提撥的經費，根本不足以支付人數龐大的受害者（及其眷屬）的各種需求；在有些情況下，受害者真正在意的並不是金錢賠償，而是精神層面的彌補。至於身心傷害的長期醫療、子女教育權的優先考慮、工作機會的提供等等，更不是剛從威權專制轉型過來、或剛從內戰兵禍掙扎出來的新興民主國家所能企求。祕魯政府目前正針對藤森總統任內的貪污、濫權、侵犯人權罪嫌進行追究，同時也成立一個高階的委員會去落實國會所通過的賠償條例。南非則是在真相和解委員會之下，專門設置了一個「賠償與復權委員會」（Reparation and Rehabilitation Committee）來處理種族隔離期間受害者的各種求償問題。這份工作之艱鉅，誠如2003年所發表的報告書所言，絕非南非政府獨力所能承擔。因此，如何鼓勵企業部門及非營利組織一起合作，想出具有創意的方案，應該是大家可以努力的方向。

「追思與紀念」相對而言比較容易，因為指定特定日期為國家紀念日、興建紀念碑或紀念館、舉辦溫馨的追思活動，都不需要鉅額的經費；同時此舉對受害者心靈的撫慰以及社會和解前景的開創，也具有正面的意義。世界著名的紀念館很多，譬如德國、法國、以色列、波蘭等國為了紀念被納粹屠殺的猶太人所興建的「大屠殺紀念館」、南非為了記取種族隔離政策之教訓而興建的「第六區紀念館」、阿根廷為了提醒後人獨裁者濫用國家安全之名遂行恐怖統治之實的Abrerta紀念堂等等。值得注意的是，追思與紀念應該以「教育後人絕勿重蹈覆轍」為宗旨，而不只是為了讓受害者家屬發洩傷痛，或製造社會內部的怨懟與仇恨。

「和解措拖」是一個涉及層面廣泛、但不容易界定清楚的概念。轉型正義以調查真相、追究加害者責任開始，但是絕不希望整個社會因此陷於相互對立或分裂的境況，因此除了審判罪行嚴

重的加害者之外，如何讓罪行輕微的從屬者有機會表示懺悔、讓心胸開闊的受害者（及其家屬）有機會表示諒宥，以結束過去的不幸經歷，共同生活在一個自由、平等、相互尊重的新社會，便成了轉型正義最重要的挑戰。國際轉型正義中心建議，各國在處理和解問題時，一定要著眼於「公民信任」（civic trust）的建立。所謂公民信任，就是超越個別加害者與受害者兩造之間的恩怨，而致力於全社會所有公民之間的基本信任感。一方面，要讓所有公民彼此之間能夠相信對方不再有迫害或報復的意圖；另方面，要讓他們都能夠信任新興民主國家的制度。因為只有制度上軌道，公民才不會擔心侵犯人權的事情重演。不過，和解是一件知易行難的事情。以南非為例，黑人政府執政已達10年以上，真相和解委員會的努力也是有目共睹，然而目前黑白種族之間仍有極多嫌隙及緊張。有的白人自始不諒解戴克拉克對非洲民族議會的讓步，有的黑人也始終無法原諒白人統治者所犯過的罪行。這種緊張的社會關係，一旦加上經濟衰退、治安惡化、失業上升等其他因素，就更難期待有重大的突破。或許我們必須了解：和解需要時間。撕裂過的社會，尤其需要有堅定的和解意志及協商智慧，來度過這段漫長的時間。

「制度改革」也是轉型正義極為重要的工作。一個專制國家的統治者之所以能做出許多令人髮指的暴行，多半是因為這個國家沒有符合法治原則的制度，或是既有的制度名存實亡，無法發揮防止濫權的作用。因此民主轉型之後，人們必須認真檢討政府制度上的缺失（尤其是軍隊、警察、情治、司法及教育等部門），廢除所有容許獨裁者再度產生的機制，徹底改革政府機構的功能，使基本人權及民主程序得以確保。許多東歐國家及拉丁美洲國家，都是在專制政府垮台之後，大規模地整頓警察及安全部

門，限制行政首長的裁量權。不過，司法及教育體系由於涉及的人事問題比較複雜，通常無法像裁撤安全部門或縮小軍警編制那樣，收到立竿見影的效果。

行政部門的改革，其實也會涉及另外一個敏感而複雜的轉型正義問題，那就是「人事清查」。許多威權或極權主義國家都曾經建立龐大的祕密警察機構，以控制人民的自主結社或反政府活動。這種單位的公務員以及替他們蒐集情報的線民，當然都是廣義的壓迫體系的一部分。民主轉型之後，究竟要如何處理這些公務人員、究竟能否讓他們繼續擔任公職，便成了一個棘手的問題。以匈牙利的經驗為例，共產黨政府垮台後，國會在1994年通過了一個與公職人員任用資格有關的「淨化」法案（lustration），任命了3名法官去徹底檢閱所有現任重要公職人員（包括總統、部長、議員、法官、國立大學校長、國營企業主管等等）的安全檔案。他們如果發現其中有人曾參與過去政權的安全運作，就會私下通知當事人請他自動辭職下台，否則就公布其過去資料。不過這件事情後來引起憲政爭議，而且3名法官之中竟也有兩名的「潔淨度」也出現問題。幾經辯論及修正妥協，後來的法律縮小了人事背景清查的範圍，基本上只有總統、國會選任的高官，以及正式任職於情治單位的公務員，才需要經過「淨化」程序。至於國會議員，如果被查出有從事特工的紀錄，則可選擇辭職或面對資料被公開的後果。另外，匈牙利也成立一個歷史檔案局，負責保管所有共黨統治時期蒐集的人事安全資料，只對申請檢閱的當事人提供資料。當然，每個國家的情況不同，人事清查的必要性及其範圍，也隨著專制政府的暴虐程度而有差別。通常大部分的國家都是針對黨政高官員進行檢驗，以免政府運作因撤換所有公務員而陷於癱瘓，或整個社會產生無法承受的分裂。

三、台灣的轉型正義經驗

以上我們在說明各國轉型經驗時，用以界定民主轉型開始的時間，大致是以威權政府垮台、反對黨贏得選舉上台的年份爲根據。然而台灣的情形比較特殊，因爲廣義的民主轉型可以從解除戒嚴或國會全面改選起算，而狹義的轉型則要等到2000年民進黨贏得總統大選才開始。如果仿照其他國家的界定方式，那麼許多與轉型正義有關的措拖其實在狹義的民主轉型之前就已經進行，這似乎顯得邏輯不通。但是如果我們採取廣義的界定，則表示威權政黨（國民黨）本身是在喪失政權之前，就已經開始從事轉型正義的工作了。這一點與其他國家比起來，也顯得相當特殊。雖然如此，但國內大部分的政治學者，都是以1980年代後期爲台灣民主轉型開始的時間。而且杭亭頓在《第三波：二十世紀末的民主化浪潮》中，也認爲台灣的民主轉型確實是在1987、1988年左右開始，還不必等到反對黨上台。因此，基於實際經驗及大部分學者的判斷，本文採用廣義的觀點。

台灣與轉型正義問題關係最密切的是1947年的二二八事件以及1950、1960年代的白色恐怖。因此，針對二二八事件及白色恐怖時期的迫害事件所進行的眞相調查、平反、道歉、賠償、紀念等等行動，就構成了目前台灣轉型正義的主要內容。如果我們根據上一節所介紹的工作項目，逐一檢視國民黨政府與民進黨政府在1987年之後所做的事，就可以得出台灣轉型正義的大致經驗。

台灣最早的轉型正義措拖，是二二八事件的公開化以及各地二二八事件紀念碑的興建。在解嚴之前，二二八事件基本上是個

不能談論的禁忌。隨著1980年代末期整個社會風氣自由開放的快速發展，與二二八有關的書籍、報導漸漸可以公開流通，而受害者及其後代也開始要求平反。嘉義市率先在1989年樹立了全台第一個二二八紀念碑，其後全國各地紛紛跟進，尤其是幾個曾經發生過大規模抗爭或軍事鎮壓的地方。截至目前為止，絕大部分縣市都有二二八事件紀念碑；除了台北市的二二八紀念館之外，少數縣市也興建紀念館。與此同時，官方及民間對二二八受難者的追思活動也陸續展開。這些活動，屬於上文所說的「追思與紀念」。

「真相調查」為各國轉型正義之必要工作，台灣也不例外。1990年，行政院決議成立「研究二二八事件小組」，由陳重光與葉明勳擔任召集人，賴澤涵擔任總主筆，邀請專家學者對二二八事件展開詳細的調查研究。1992年研究報告出爐，其客觀性大致為各界所肯定。一年之後，此書正式發行。除了此一官方研究報告之外，民間對二二八事件的研究也在1990年代如雨後春筍般出現。政黨輪替之後，民進黨政府繼續擴大對二二八事件的調查，由另一批學者針對責任歸屬問題進行研究，於2006年完成「二二八事件責任歸屬報告」，認定蔣介石為元凶，陳儀、柯遠芬、彭孟緝等軍政人員應負次要責任，另外列出軍警情治人員多人為共犯。2007年，民進黨政府再度強調蔣介石是一切罪惡的源頭，也是不可饒恕的「獨裁者」，希望藉此推動「去蔣中正化」運動。不過，由於社會各界對蔣介石在歷史上的功過評價不同，再加上這份報告的撰寫人鼓勵二二八家屬向國民黨提出五十億的賠償，使許多人對責任歸屬報告的客觀性存疑。無論如何，這是台灣在處理轉型正義上另一個重要的活動。

1992這一年，除了「二二八事件研究報告」的公布，也是「警

備總部」走入歷史的關鍵年代。警備總部是戒嚴時期最著名的治安特務機關，除了嚴格控制思想言論自由，也負責監控、逮捕、刑求政治異議分子。戒嚴時期的白色恐怖案件，無論是以匪諜案為名、還是以台獨叛亂案為名進行逮捕，大多出自警備總部，因此警總在民主運動人士眼中，可說是最惡名昭彰、最具有代表性的威權統治機構。1987年解嚴之後，警總的角色逐漸淡化。1992年動員戡亂時期終止，警總改制為海防司令部，其原始功能正式終結。筆者特別提出警總的變遷，主要是以之做為「制度改革」的重要例子。除了警總之外，還有許多其他單位也在解嚴之後發生轉變，此處不一一贅述。但是令人遺憾的是，民進黨政府執政之後，或許出於監控政敵的考慮，並沒有完全將侵犯人權的情治機構（如國安局、調查局）導入正軌，反而利用舊有特工人員蒐集有利於己的情報，並不時以此情資威脅反對黨。這種現象說明了政治權力的確具有腐化當權者的本質，同時也讓我們了解「制度改革」在實踐上有多麼困難。

在「賠償受害者」方面，立法院於1995年通過「二二八事件處理及補償條例」，並由行政院據以成立「財團法人二二八事件紀念基金會」，處理二二八受難者申請補償事宜。自1996年至2004年為止，基金會共受理2,756件申請案，審核通過2,253件，每位受難者（或家屬）依不同程度可獲得10萬到600萬元的補償。歷年來，政府總共發出71億多的補償金，受領人數則接近一萬人。另外，政府也在1998年成立「戒嚴時期不當叛亂暨匪諜審判案件補償基金會」，針對白色恐怖時期的政治受難者（及家屬）進行補償，其受理案件及補償金額總數都比二二八事件還多。儘管如此，部分受難者及人權團體仍然批評政府的補償金額不夠、補償方式不充足。尤其是在名譽恢復及精神傷害的撫平方面，可能還

有很大的努力空間。

「和解」是轉型正義的另一個要點，然而台灣在這一方面的成果十分有限。基本上，無論是二二八事件或白色恐怖的受難者，大多對國民黨懷有強烈的恨意。雖然國民黨在執政時期就開始進行上述的轉型正義行動，並且李登輝也曾經代表政府及國民黨向受難者家屬公開道歉，但是時至今日，仍不乏痛恨國民黨至極的政治受難者。這種現象，一方面說明了國民黨過去所犯下的惡行確實很深，無法輕易得到受害者的諒解；另方面也說明即使當年的「元兇」已經作古，受難者也不會因為後繼者（無論是李登輝或馬英九）的公開道歉而願意原諒國民黨。的確，以國民黨歷來的作為及表現而論，可能並沒有太多值得諒解的地方。不過吊詭的是，台灣的政治迫害經驗距今久遠，絕大多數的「元凶」或「共犯」皆已作古，而比較年輕的世代幾乎都談不上對威權政治有什麼切身經歷。以「轉型正義」為名要求現在已經在野的國民黨替蔣中正或彭孟緝的罪行負責，是否具有足夠的正當性及合理性，實在值得斟酌。國民黨的黨產必須以符合正義原則的方式處理，這是絕大多數公民的共識。但是如果要求一定年齡（譬如50歲）以上的國民黨員都應該退出政壇，認為唯有如此才能徹底「清理」過去的宿怨，是否也是過於偏激的要求？從自主公民的角度來看，真正有助於「和解」的途徑，應該還是「防止煽動族群仇恨的言行」以及「建立有利合理競爭的民主制度」。

以上所述，是台灣在轉型正義概念下所發生的若干經驗。如果我們逐一對比上一節所列出的各項工作，就會發現台灣在「真相調查」、「賠償受害者」、「追思與紀念」、「和解（道歉）」、「制度改革」等方面已經有所努力（無論其努力程度如何），而在「起訴加害者」與「人事清查」方面則沒有動作。「起訴加害者」

之所以沒有做，主要的原因應該是加害者多已過世。「人事清查」之所以沒有做，則可能是太過敏感，無法預測會造成政治社會多大的動盪，同時也不確定該把清查範圍設定在那裡。此外，關於國民黨的黨產與黨營事業，以及黨職合併公職計算的問題，也是部分提倡轉型正義人士所熱衷討論的議題，大致都還屬於「制度改革」的範疇，值得有興趣的人繼續研究。

四、轉型正義之反思

自由民主是目前人類追求的價值，因此民主轉型及轉型正義也自然而然成為眾人肯定的現象與理念。從人道主義的角度來看，威權或極權獨裁對平民百姓所造成的身心傷害，確實不是任何藉口（如經濟發展或社會穩定）所能夠合理化。因此，一個民主轉型之後的國家，絕對應該設法實踐轉型正義。正如同許多提倡轉型正義的作者所言，如果我們輕易放棄追究真相、輕易遺忘歷史，那麼前人的犧牲就會變得毫無意義，而類似的悲劇也將一再上演。為了讓受難者的哀痛得以撫慰、為了讓撕裂的社會得以獲得和解，我們必須重視轉型正義。

對於這一切說法，筆者由衷贊同。然而，在整個社會頌揚轉型正義如何崇高、如何重要之際，筆者也願意提出一些觀察與想法，以避免我們對一個崇高理想的追求，不慎滑落為廉價的意識型態。畢竟，在人類歷史上，並不乏立意良善、理據充足的論述，卻由於野心人士的操弄利用，或是對現實與理想差距的錯誤判斷，而變成一場徒留嗟嘆的運動。

首先，無論我們如何肯定轉型正義，請不要忘記它只是人類社會諸多價值之一。轉型正義的確是一個很重要的價值，但是它

並不是唯一的價值，也無法宣稱是最高的價值。以撒・伯林說得好：自由、平等、正義、幸福、安全或公共秩序等等，都是人類社會所追求的價值。然而「並不是所有的善，都可以相容融貫，人類的各種理想，當然更無法完全相容」。轉型正義是「正義」價值的一個次類，既無法涵蓋分配正義，也無法等同代間正義。它與其他次類一樣都具有「給予人人應得之分」的正義核心意義，但無法適用於所有與正義有關的情境。更重要的是，即使它可以等同於正義本身，它也無法取代自由、平等、幸福或安定。實現了轉型正義，我們仍然要面對貧富差距擴大的問題、環境生態惡化的問題、教育品質下降的問題、複製科技泛濫的問題……。不同的問題，需要不同的價值作為導引，而不同的價值之間可能存在衝突。如果對這一點毫無認識，那我們等於仍未了解自由民主社會的本質。

因此，當我們聽到人們呼喊「沒有轉型正義，就沒有和平」，「沒有轉型正義，就沒有未來」的時候，我們必須理解這種修辭的真正涵意，是要督促我們重視人類的某個重要價值，並不是要我們把這個價值擺在所有價值金字塔的頂端，以之作為一切行動論述的起點。而當我們真正體會轉型正義與其他價值之間的關係之後，我們就會知道為什麼一位致力於轉型正義的學者（Tuan E. Méndez）要告訴我們：「轉型正義既不能全盤抹煞，也不能期待全盤落實」。目前國內每逢二二八紀念日前後，轉型正義的口號就會以無上價值的形貌出現，雖然其原因不難理解，但我們終究必須在紀念日之後，恢復我們對政治社會問題複雜性的如實掌握。

其次，轉型正義論述本身建立在一套環環相扣的論證上，彷彿一切事理皆可依此邏輯發展，但這種假設並不一定經得起事實

的考驗。基本上，轉型正義認為我們首要之務是調查真相、追究元凶。如果罪行較輕的加害者為自己過去的行為感到羞愧，也願意主動向受害者誠懇地道歉，則受害者在了解真相之後，可能願意原諒加害者，從而使整個社會獲得和解與和諧。然而，誠如許多研究者所指出，南非的「真相與和解」經驗似乎並非如此。許多受害者在得知真相之後，終其一生無法原諒坦承犯下暴行的加害者，也無法接受國家法令對暴行坦承者的赦免。南非的治安在近幾年間急速惡化，除了經濟衰退、失業攀升之外，多少也跟黑白種族之間迄未能真正和解有關。另外，拉丁美洲國家的經驗則顯示，威權政府的受害者視獨裁者為萬惡不赦的元凶，必欲去之而後快；然而威權政府也曾嘉惠過相當人口，後者對政府獨裁的說法未必接受，因此經常與前者發生衝突。由於真相無法順利帶來和解，因此社會陷於動盪之中。

上述不幸情勢的發展，自然只是部分國家的實況，不足以代表轉型正義論述之失效。尤其目前許多國家的轉型時間仍然短暫，更加無法判斷轉型正義措施的長期效果。理論上，我們寧可相信真相的發掘，終究有助於社會和諧的達致；而且人類是一種具有探究真相本能的動物，沒有人會願意（關於自己的）真相永遠湮沒。只不過，我們目睹其他國家的先例，知道轉型正義進程未必如理論陳述那般順暢，就有必要付出更多的心力，妥善因應人性脆弱的本性，以及脆弱人性所構成的社會關係。容筆者再度引用伯林所經常轉述的康德名言：「人性本是扭曲的素材，不能從中產生直截的事物。」所有有心處理轉型正義課題的人士，不妨深思此一略顯悲觀、但也充滿智慧的話語。

最後，關於轉型正義在台灣的實踐，我想大家都看得到政治人物操弄的痕跡。每當二二八來臨時，總會有人以轉型正義為名

舉辦政治動員意味濃厚的大型活動，而藉此爲特定政黨或特定政
治人物造勢。如果這個時間點正好與選舉日期接近，則輔選的味
道更是濃厚。因此，近幾年的二二八紀念日除了例行的追思與平
反之外，有時跟「牽手護台灣」結合，有時又是「向中國說不」。
雖然主事者都會道貌岸然地表示這與選舉造勢無關、與族群動員
無關，而只是凝聚全民的共識。然而去年泛綠陣營發生內鬨，某
些台獨人士痛罵陳總統不知報答此種活動輔選之功時，我想許多
一度相信活動公正性的參與者，心裡一定有被玩弄的感覺。

　　更有甚者，原本在轉型正義的論述中，民主化之後的新政府
應該是清廉的、公義的，如此它才有充分的正當性去改革過去不
義的制度、追究專制的統治集團。然而台灣何其不幸，政黨輪替
之後的新政府領導人在不到幾年之內，已禁不起權力誘惑的考
驗，淪落爲貪腐無能的代名詞，甚至還毫無羞恥地辯解自己的犯
行，說是轉型正義尚未實現的緣故。如此濫用轉型正義的結果，
使現存政府大幅喪失追究過去政權不義行爲的正當性，也使轉型
正義的伸張，蒙上了一層令人無法釋懷的陰影。

　　看著人類悲劇與鬧劇此起彼落，我們無法不爲台灣政治發展
的未來感到煩憂。如果轉型正義的理念最終禁得起各種漠視、抗
拒、扭曲與濫用，而在遙遠的未來發揮彌合傷痛、凝聚共識的效
果，我們今天的努力或許值得欣慰。然而在那一天到來之前，每
一位公民都只能以戰戰兢兢的心情，持續摸索通往正義的道路。

江宜樺：台灣大學政治學系教授。主要研究領域為西方政治思想
史、當代政治思潮、自由主義、民主政治、國家認同等。著有《自
由主義、民族主義與國家認同》、《自由民主的理路》等書。目
前的研究興趣為中西政治思想會通的基礎。

轉型正義與台灣歷史

陳芳明

台灣歷史如何完成轉型？

　　轉型正義建立在歷史轉型的基礎之上。沒有完成歷史轉型，就沒有轉型正義可言。所謂歷史轉型，是指台灣社會從一個曾經是威權支配的封閉時期，經過民主運動的洗禮改造，終於轉化成以民意為導向的開放歷史階段。轉型正義這個議題會提上台灣民主的進程，似乎說明有許多人接受歷史已經完成轉型的事實。確切而言，台灣社會從威權時代到民主開放的歷史階段過渡，基本上已宣告成立。如果這種說法可以同意，有兩個問題就必須提出：第一，台灣社會的歷史轉型的過程是從什麼時候發生，又在什麼時候完成？第二，歷史轉型既然已經完成，為什麼轉型正義的問題在今天還是引發無窮的爭議？

　　在威權體制時期產生的暴力、恐怖以及無數不正義的制度，有必要在民主開放年代重新反省並糾正，乃是轉型正義的基本要求。然而，台灣歷史的發展過程中出現的複雜與矛盾，顯然很難在威權體制與民主開放的兩個階段之間截然切割。威權時期式微之際，民主時期開展之前，由於時間拉得很長，使得權力更迭的

程序有太多重疊。戰後台灣歷史，並沒有像許多第三世界國家那樣，由於通過革命或政變的手段，使得不同的政治時期可以劃分那麼一清二楚。

　　台灣的戰後歷史是依賴一次又一次的選舉而不斷改寫。不管自稱是統派或獨派，在很大程度上都是經過選舉的檢驗。尤其對於台獨運動者而言，無論是深綠的基本教義派或淺綠的一般支持者，最後都無可避免被合法改革的選舉制度收編。這當然是非常奇特的歷史現象。放眼全世界的建國運動，在到達終極目標之前，都必須付出慘重代價。台灣的建國運動者，並沒有採取革命的、暴力的手段，反而是創造了極為溫和的、漸進改良式的選舉文化。所有的台獨運動者，幾乎都高喊過激進革命的口號，但除了史明先生之外，最後卻都回到台灣參加西方民主式的選舉。

　　這種歷史的轉型，過程注定是特別緩慢，也就是採取進兩步退一步的方式，達到民主改革的目標。這種策略，距離最初預定的建國目標當然遙遠。然而，既然不願付出流血，也不願犧牲性命，台灣的歷史轉型就不可能是革命路線，而是不折不扣的改革路線。縱然是如此緩慢，統治台灣達半世紀的威權體制終於還是宣告瓦解。正是在這樣迂迴曲折的歷史過程下，轉型正義被提出時，就不可能是勝選者即代表正義。歷史事實證明，勝者即正義（victory as justice）的思考邏輯並不適用於台灣。為什麼？這裡可以從兩個事實來理解。一是轉型正義的工作在威權體制時期就已著手進行；一是政黨輪替成功後的綠色執政，其權力基礎在一定程度上受到舊有威權體制的支撐。

　　這是台灣歷史最為矛盾之處，但也是政權和平轉移最為關鍵之處。戒嚴時期的終止，誠然是在國民黨執政下正式完成的。解嚴的工作，是執政者迫於形勢不得不採取的行動。但是，台灣社

會之宣告開放，決不可能全然歸功於民進黨的成立。整個中產階級的成熟與崛起，使改革願望構成強烈的政治壓力，民進黨只是這股願望的一個強化與延伸。這並不表示民進黨對台灣歷史的改造沒有貢獻；恰恰相反，反對黨的成立是值得大書特書的重大事件。不過，不能因為有此重大事件的發生，遮蔽了當時社會力量已經匯聚成形的事實。所謂社會力量，是指中產階級、勞動階級、原住民族群、女性族群，都在台灣資本主義的推波助瀾下形成強大的改革願望。國民黨縱然是被迫實施解嚴，畢竟是第一個政黨完成初步的歷史轉型。這當然是相當嘲弄的一個歷史事實，因為加害者與解放者的角色，都同時由一個政黨來扮演。然而，正是這個行動，成功化解了台灣社會的革命危機。台灣因此沒有發生像韓國或菲律賓式的激烈政變，同時也就沒有發生第三世界式的流血建國運動。

然而，歷史的嘲弄並不止於此。強人蔣經國在1988年去世後，竟然是由台籍的、有過社會主義信仰的李登輝來繼任。李登輝是以國民黨黨員身分，加速歷史轉型的工作。1990年宣布動員戡亂時期終止，國會全面改選；1992年正是以總統身分向二二八事件受難家屬公開道歉，不僅提出事件研究報告，建碑、賠償、公布史料的工作也同時著手進行。1994年實施省長選舉，1996年完成史上第一次總統選舉，2000年以和平方式順利達成政黨輪替。這些事實放在台灣歷史脈絡來考察，可以發現每個改革的行動，縱然有其時代限制，卻都是具有劃時代的意義。沒有這些民主鋪路的工作，台灣就不可能見證綠色執政的出現。

如果不釐清這些歷史事實，則所有關於轉型正義的討論就是不正義。

綠色執政在到達目標之前，還有太多嘲弄的歷史事實持續發

生。民進黨自1990年參加國是會議以降，就不斷與李登輝展開直接間接的政黨合作。從策略上來看，民進黨確實是利用李登輝的權力來壯大自己。從政黨政治的層面來看，反對黨與執政黨其實是建立了細緻幽微的共謀關係。

民進黨內部在1990年代曾經釀造一股明顯易見的「李登輝情結」。在特殊的歷史條件下，民進黨以在野身分支持執政黨領袖的政策，應是可以理解。尤其是在總統直選的議題上，在野黨與執政黨合作之密切，幾乎已是到了露骨的地步。這樣說，並不在指控這是違反政黨倫理。這只不過又證明台灣歷史的嘲弄性格：當民進黨以改革者自居時，已經徹底忘記國民黨曾經從事過的政治改革。不獨李登輝有總統直選之議，在其黨內還有無數黨員支持這樣的改革。如果有所謂本土化或政治改革的歷史轉型，則無需等到政黨輪替之後才開始實踐，從1970年代蔣經國「往下扎根，往上結果」的政策，到1980年代李登輝執政12年期間，整個轉型的格局就已初步建立。李登輝從事改革開放的權力來自何處？嘲弄的歷史給予的答案是：他的權力完全建在被民進黨妖魔化的威權體制之上。

民進黨與李登輝合作，李登輝與威權體制合作，這些事實恰恰彰顯了台灣歷史的複雜與矛盾。加害者、解放者、改革者之間的權力與利益，確實有太多重疊之處。這種犬牙交錯的歷史過程，正是戰後台灣民主罕見的特質。合法漸進的民主程序的優點，在於去除了一切革命冒進的可能因素；它的缺點是，所有改革者竟然無可避免都是威權體制的受惠者，縱然其中有過太多人受害。台獨的建國運動者，既未選擇流血革命，也未選擇犧牲性命，則這種歷史轉型的完成，遂以最符合各方願望的形式實現。

民主使對敵轉化成對手

今天綠色執政及其支持者開始提出轉型正義的議題，似乎說明了台灣民主進程又進入一個新的階段。不過，現階段有關轉型正義的討論者，並未優先釐清歷史眞相，就性急地追究過去威權時代的政治責任。以遮蔽歷史的方式，把自己裝扮成正義使者，這種做法並不符合正義的原則。

如果現在的執政者，曾經在民主運動過程中與威權體制有過共謀關係，那麼，在議論轉型正義時，就有必要給予確切的內容與定義。更爲恰當的說，綠色執政本來就不是以革命起家，它本身絕對不是革命政權。前面所提的歷史事實倘然可以接受，則民進黨在討論轉型正義時，就不能把自己塑造成革命者的角色。既然沒有透過革命的手段，而是依賴選票的民主程序獲得執政，民進黨對於歷史所遺留下來的問題，就必須概括承受。和平改革的路線，是執政黨與反對黨之間彼此取得共識後而抉擇的。

在2000年政黨輪替之際，曾經有過一幕極其動人的歷史鏡頭。那就是李登輝以國民黨主席身分做全國巡迴演講，呼籲國人必須接受政權和平轉移的事實。陳水扁與民進黨能夠順利從事權力繼承，台灣社會在那段過渡時期沒有發生嚴重動亂，乃是得力於執政黨與反對黨之間的默契與合作，尤其得力於李登輝對民主政治的深刻體認。

然而，今天的民進黨在看待歷史時，往往以二分法的思考方式做偏頗的詮釋。對民進黨來說，凡是改革都屬於綠色執政，凡是反動都屬於藍色時期。這種歷史態度，不僅沒有帶來更多的和平，反而爲台灣社會創造更多分裂。國民黨的改革縱然已經遲

到，以致來不及挽救其既倒的命運，但不能因此就完全抹消它曾經投入改革的種種努力。泛藍的支持者，絕對還保留著其所認同政黨的改革記憶。今天民進黨否定國民黨在過去爲民主改革的努力，幾乎也就是在抹消泛藍支持者的改革記憶。這種擦拭歷史記憶的粗暴手段，無疑傷害了泛藍支持者的情感。

台灣民主運動並不濫觴於黨外運動。1950年代以降，就有無數的地方領袖與鄉紳以無黨無派身分投入選舉運動，卻因此遭到國民黨的誣衊，判刑的判刑、入獄的入獄。在同樣的時期，也有不計其數的知識分子因表達政治意見，被國民黨以冤案錯案假案的指控予以審判監禁。這些和平改革者，是形成民主運動傳統的奠基者。然而，其中除了少數幾位被視爲歷史明星之外，其他先驅早已被民進黨劃入遺忘的行列。建立在這樣的歷史失憶症之上，民進黨刻意把自己形塑成爲民主運動僅有的奉獻者。事實上，即使是歷史明星如余登發與黃信介，也漸漸遭到追逐權力的民進黨淡忘。對於民主傳統的擘建者尚且如此健忘，則對於李登輝時期的改革進步也就更理所當然地失憶了。

權力在握的民進黨，如果要思考轉型正義的問題，就必須承認和平改革是台灣民主的主要傳統。民主越深化，歷史意識就越清晰可見。在威權時代，統治者與反對者之間的關係可能是敵我矛盾的對敵（enemy）；到了民主時期，執政者與反對者之間的關係則轉化成爲內部矛盾的對手（rival）。依據民主傳統的原則，民進黨必須把歷史遺留下來的問題，包括族群衝突與統獨矛盾，視爲和平改革的重要一環。由於民主改革是台灣社會必然遵循的道路，民進黨應該意識到本身並不可能永遠壟斷執政的地位，更應該意識到民主政黨輪替的可能到來。歷史證明，反對者以什麼民主方式取得政權，也必將以怎樣的民主方式遭到取代。在追求轉

型正義之前，綠色政府有其一定的義務去處理族群衝突與統獨矛盾，不應容許這些歷史問題繼續滋長蔓延。過去威權體制的瓦解，有一重要原因乃在於沒有能力解決社會內部的矛盾衝突。綠色執政的崛起原因之一，就是在民主運動過程中曾經許諾將為台灣社會帶來和平。

綠色執政既然是一個民主政府，就必須遵循民主政治的邏輯，來兌現曾經提出的許諾。然而，7年來執政的事實顯示，民進黨政府終於還是欠缺智慧，無法把過去零和關係的對敵，轉化成為民主競爭的對手。綠色執政似乎已培養出一種脾性，習慣於把政治責任推諉給過去的威權體制，或是指控現在的在野黨；應該創造社會和平的能力，它至今卻還沒有展現出來。民進黨不能帶來和平，則人民為什麼要把權力託付給它？既要掌握最高權力，又要規避政治責任；這樣的姿態，不要說沒有立場贏得全民信任，即使是談論轉型正義也完全喪失資格。

以「共業」史觀處理轉型正義

綠色執政既然不是一個革命政權，那麼在民主程序下，民進黨就必須概括承受歷史遺留下來的問題。確切一點來說，民進黨並不是「推翻」國民黨，而是「繼承」國民黨而取得權力。民進黨的合法性不是自我形塑的，而是經過國民黨政府的加持。這樣說，可能會觸怒綠色支持者，然而考察民主歷史的演變，卻是一個不爭的事實。從歷史來看，國民黨誠然是推翻滿清而奪得權力，確實是一個革命政權。同樣的，共產黨也是以槍桿子奪得政權，革命性格可謂鮮明強烈。但是，民進黨絕對不是革命政權，而是以爭取選票的方式繼承國民黨的法統。

　　台灣人民以選票決定讓國民黨下台，基本上已經優先執行一次實質意義的轉型正義。國民黨因爲貪污腐化，因爲威權統治，因爲改革過遲，已經受到民主機制的嚴重裁判。面對這種權力淘汰的事實，國民黨以和平方式把政權轉移給民進黨，可以說爲民主傳統立下典範，也爲日後政黨輪替的制度樹立模式。也許國民黨輸得很不甘心，但是政權和平轉移的道路卻是由它鋪成的。縱然它是失敗者，對民主制度貢獻的正面意義，在歷史上應是值得大書特書。

　　民主傳統的建立，必須依賴各種不同的條件相互配合才能順利完成。民進黨在勝選之餘，從來沒有給國民黨的政權和平轉移確切肯定，反而把一切功勞都攬在身上，這不是勝利者的風度。被妖魔化的國民黨，確實在掌權時期有過無可容忍的統治手腕，但至少，表現在權力接班的程序，應該得到恰當的肯定。更清楚地說，國民黨也爲台灣民主創造一個符合民主規格的歷史條件，使得權力傳承沒有發生斷層。

　　就民主程序來看，民進黨的任務並非只是單純地繼承權力，還必須繼承尚未解決的歷史問題。國民黨受到歷史格局的限制，過分耽溺在權力的掌握，未及建立民主、自由、公平的普世價值。國民黨也同樣是由於欠缺開拓政治視野，過於相信威權體制的方便，遂造成太多人權迫害的苦痛記憶。民進黨是在歷史條件已經成熟的情況下接班，自然累積充分智慧去完成國民黨的未完成的改革。蔣經國晚期與李登輝主政時期的改革企圖，後來都成爲民進黨權力接班後的改革雛型。

　　追求轉型正義，應先認清這樣的歷史眞相。民進黨不能因爲只是選舉勝利，而且是以些微票數的差距勝出，就認爲正義完全站在它這邊。何況，今天的掌權者並不是民主運動第一世代的受

難者。美麗島時代的受難者，為正義而奮鬥，也為正義而犧牲，由他們來討論轉型正義絕對是恰如其分。但是，阿扁這個世代，固然為受難者辯護過，基本上卻是民主運動的受惠者。在歷史真相之前，當權的阿扁世代應該承認，他們既是國民黨改革工作未完成的繼承者，也是民主運動未完成的繼承者。從這樣的歷史角度來看，現階段的綠色執政把正義據為己有，這種傲慢態度本身就是不正義。

依賴選舉的遊戲規則而崛起的民進黨，在奢談轉型正義之前，應該要主動去創造正義。具體而言，如果綠色執政在改革方面並沒有比李登輝時代做得更廣泛更深刻，正義就不可能站在民進黨這邊。如果阿扁世代的改革理想，沒有超越美麗島世代民主運動的奉獻精神，正義也不會輕易落在他們身上。清楚的事實已經證明：雙重受惠的民進黨，不僅淡忘了美麗島世代的受難記憶，而且也開始對執行和平轉移的李登輝進行不禮貌、不公平的批判。這種刻意的健忘症，也絕對是屬於不正義。

國民黨留下來的許多舊制度，既然民進黨的公職人員也繼續享用，例如國務機要費與特別費，就不能一味指責威權時代的不正義。民進黨沒有對過去的陋規進行改革，其實已經對正義構成強烈的諷刺與傷害。

二二八事件60週年到來時，綠色執政傾全黨之力集中討論事件對台灣社會的傷害，阿扁在紀念演說中公開指責蔣介石是元兇。然而，一夜之間，全黨又被選舉議題吸引，再也沒有人談二二八了。這種把歷史悲劇拿來作為政治人物消費的做法，對當年的受害者是很大的污辱，更是完全偏離正義的立場。表面上，民進黨藉此歷史事件大談轉型正義；事實上，最大作用在於燃燒選民的悲情意識，以達到選舉造勢效果。把二二八事件與總統大選

綁在一起，這種策略，既沒有紀念，也沒有和平，更沒有正義。

　　無論是二二八事件，或是白色恐怖事件，或是其他政治案件，都是構成台灣幽暗歷史的一部分。所有這些受害的事件，是台灣人民的共同記憶。刻意把這樣的共同記憶轉化成爲特定族群的受害，正好說明我們並沒有眞正記取歷史教訓。在和平日紀念二二八事件，一方面是爲了追求眞相，一方面則是爲了尋求和解。指控蔣介石是元兇之餘，阿扁總統沒有隻字片語提到如何使社會內部的族群和平共處。去蔣、改名之後，綠色執政並未提出積極的方案讓每位公民能夠相互尊敬、相互和解。彷彿只要由國家元首宣布事件元兇之後，就完成轉型正義。如此廉價、輕忽的正義，又是非常不正義。

　　事件的創傷既是全民的共同記憶，在和平日從事紀念活動時，就應該考慮到所有族群的情感。不要以爲綠色選民才是受害者，元首的演講只是一味對著特定支持者說話。這種偏頗的立場，等於是宣示受害的歷史記憶是某一族群的特殊印記。元首爲他們蓋章背書之際，已經把另一族群排除在歷史記憶之外。外省族群在1949年隨著流亡潮飄流到台灣時，就莫名其妙承擔了1947年事件的原罪。他們從未經歷過事件，卻無端被迫與本省族群站在對立面。威權時代沒有恰當處理這個問題，民進黨就有義務在這問題上積極去解決。

　　把台灣所有族群都視爲事件的共同受難者，才是建立歷史共識的恰當途徑。因爲在事件的陰影下，社會內部的每一分子都有被悲情綁架的苦痛。轉型正義除了表現在立碑紀念與立法賠償之外，應該讓所有族群都從悲情中解放出來。因此，在看待歷史時，應該把事件的苦難當做全體島上住民的共業，視爲所有台灣人的共同枷鎖。

　　在共業歷史觀的基礎上，各個族群可以建立共識與共生。共識是導向建構文化認同，而共生則是協助建構文化主體。二二八事件如果是台灣史不可分割的一部分，而各個族群是構成台灣社會不可分割的一環，則回顧歷史受害事件時，應該要視每個族群都同樣受害。除了少數政客對這樣的事件漠不關心或冷言譏刺，社會內部的每位成員，都會對事件的教訓抱持敬謹敬畏之心。通過事件的反省，使每個族群都融入歷史的氛圍。政治理念也許可以劃分藍綠，但是把歷史受害轉化成為共同記憶，才有可能建立一個命運共同體的社會。倘然在和平紀念日能夠藉歷史力量促成族群和解，文化認同也才有可能因此而建立。

　　歷史的轉型是如此緩慢，從威權時代到民主開放，已經走過百年的時間。縱然歷史階段的轉化是這等遲緩，但整個社會之追求解放終於還是無法抵擋。從蔣介石到蔣經國時代，戒嚴體制畢竟已告終；從蔣經國到李登輝時代，動員戡亂時期終究宣告結束；從李登輝到陳水扁時代，政黨輪替的民主機制也還是成功建立起來。每個歷史階段從未發生過革命或政變，因此權力繼承也從未發生斷裂。從台灣戰後的政治史來看，這是一個相當可貴的傳統，也是很重要的文化資產。不需經過兵刃沾血，就可使整個社會從威權體制轉化成為民主體制，這種現象放在第三世界的經驗來參照的話，是相當罕見的歷史演變。島上住民的民主願望與和平期待之強烈，於此獲得印證。違背這種願望和期待的執政者，不僅不符正義原則，還將受到歷史的審判。

　　今天才開始討論轉型正義的問題，不能不說已是遲到。究其原因，在於歷史轉型的過程過於冗長，同時加害者、解放者、改革者之間的角色有太多混淆重疊之處，以致談到正義時，客觀條件往往不夠充分。綠色執政在短短6年之內就立即出現貪腐的可

憎行爲，更使正義精神受到嚴重損害。當正義原則變得千瘡百孔時，轉型正義的議題也就變得荒謬諷刺。

轉型正義當然還是可以欲求的，但是執政者必須優先爲自己創造正義的條件。尤其應該優先從事和平改革的實踐。改革越深化，正義的基礎就越堅固。執政者還未到達正義的原則之前，任何有關轉型正義的處理，如果不是早熟，便是早夭。更重要的是，轉型正義建立的目的並非只是譴責或懲罰過去的歷史，還應該進一步尋求社會內部的和解；不僅如此，執政者更必須爲自己找到建立正義的據點，使轉型正義成爲全民共識，也使台灣從此掙脫歷史的枷鎖。

陳芳明：現任政治大學台灣文學研究所教授兼所長，著作多種，即將出版《台灣新文學史》，目前正撰寫《現代主義及其不爽》。

創傷‧回憶‧和解：
析論林瓔的越戰將士紀念碑

單德興

過去從未死去。它甚至尚未過去。　　　　　　　──福克納

歷史是建築的主體，其場域不是同質的、空白的時間，而是充斥了
當前現存的時間。　　　　　　　　　　　　　　──班雅明

這座紀念碑的目的是區隔退伍軍人的犧牲與美國的越戰政策，藉此
創造出一和解的處所。　　　　　　──美國內政部國家公園服務處

我認為紀念碑是真正的混合物，存在於藝術與建築之間，具有特殊
的需求或作用，但其作用實則是象徵性的。　　　　　──林瓔

一、前言[1]

　　越戰──越南人眼中的「美戰」（the American War）──始
於1957年，終於1975年，這場漫長的戰爭在美國人心靈上烙下了
難以磨滅的印記。美國除了超出2000億美元的沈重負擔之外，更
是死傷慘重。雖然很難估算這場戰爭中雙方精確的死傷數字，但
美方逾5萬人陣亡，逾30萬人受傷，約1200人至今下落不明（南、
北越據估至少300萬軍民喪生）。難怪越戰被視為美國最悲慘的史
頁之一，也是20世紀後半葉最傷慟的美國經驗，對曾親身與役者
尤其如此。

1　本文原以英文撰寫，名為 "Trauma, Re(-)membering, and Reconci-
liation—On Maya Lin's Vietnam Veterans Memorial"，宣讀於2005年3
月28-29日在印度昌地嘉（Chandigarh）舉行的「美國景觀中的里程
碑：過去與現在」研討會，由蔡雅婷同學初譯，經筆者大幅增訂。
照片為筆者於2005年11月所攝。

　　此外，越戰也是美國歷史上爭議最大的戰爭，撕裂社會，造成對立。許多退伍軍人自越南九死一生歸來，卻發現社會強烈批評他們參與的戰爭，並遭到排斥與孤立。瑟瑞歐（Kim Servart Theriault）指出，「越戰時代的後果是傷慟的，其特徵爲邊緣化、困惑與失落……」（422）。也因爲對這場戰爭的看法嚴重分歧，使得官方對設立相關紀念碑之事裹足不前，以致籌建「越戰將士紀念碑」（the Vietnam Veterans Memorial）的主張來自民間[2]。1979年，曾在越南服役的史克魯格斯、杜貝克和惠勒成立了越戰將士紀念碑基金會（the Vietnam Veterans Memorial Fund, Inc.）[3]，此一非營利機構的目標在於興建「一座紀念碑來肯定所有在越南服役者的犧牲奉獻」，他們向私人募集了將近900萬美元，遊說國會取得在華盛頓特區憲法公園的兩英畝土地，且於1980年10月向全美18歲以上民眾公開徵求紀念碑設計圖。在杜貝克撰寫的徵圖說明中指出：「越戰將士紀念碑的目的是要肯定並尊崇〔在越戰中〕

2　相關資訊可參閱紀念碑網站http://thewall-usa.com。該網站在提到紀念碑的名稱時強調，「這不是一座戰爭紀念碑，而是獻給所有在越戰中服役者的紀念碑——不管他們是陣亡，還是生還。」因此，本文不用較常見的中譯名「越戰紀念碑」，改採忠於原名及宗旨的「越戰將士紀念碑」，下文簡稱「紀念碑」。該紀念碑造型如牆，故又名「牆」（the Wall）。不少人喻之爲「哭牆」（the Wailing Wall [Gilbert 286; Ng 70]），強調其哀感與神聖的面向，然而此紀念碑所引發的反應更爲複雜，詳下文。

3　首先倡議此事的是史克魯格斯（Jan Scruggs），他於1969到1970年間在越南服役，爲第199輕步兵旅步兵下士，切身體驗到越戰對參戰兵士身心的重大影響，他在看過電影《越戰獵鹿人》（The Deer Hunter, 1978）之後，對於參與越戰者的遭遇深感不平，決心爲他們設立紀念碑。杜貝克（Robert Doubek）於1968到1969年間在越南擔任美國空軍情報官，惠勒（John Wheeler）則於1969至1970年在駐越南的美國陸軍總部擔任上尉，兩人退伍後都擔任律師。

服役者與陣亡者」，作爲「肯定那些年輕菁英的勇氣、犧牲與奉獻的象徵。」說明中主張，「紀念碑應該是調解的，超越戰爭的悲劇」，並且希望「紀念碑的創立能開始一個治療的過程」。由於美國人民對於越戰的評價與感受紛歧，徵圖說明中特別強調不要有任何政治性的宣示，有意「超越那些議題」（Scruggs and Swerdlow 53），並依此擬定了四項評審標準：

（1）具有反省與沈思的特質。

（2）與周圍景觀協調。

（3）包括所有陣亡者和失蹤者的姓名[4]。

（4）不對越戰做任何政治陳述。

從這四項標準可以明顯看出，紀念碑有意彰顯反省、沈思、自然與個人等面向，避免有關那場戰爭的複雜、持久的政治爭議。

如何面對這場慘痛的戰爭？如何回憶越戰這個獨特的傷慟？如何以個別與集體的方式再現過去？如何再現過去的創傷，以促成更祥和、有希望的未來？在回憶、調解過去時，性別與種族扮演何種角色？當21歲的第二代華裔女大學生林瓔（Maya Ying Lin）贏得全國紀念碑競圖後，這些問題更與前述四項標準密不可分。

林瓔家學淵源，父母爲來自中國的知識分子，於1940年代末大陸赤化時移民美國。父親林桓（Henry Huan Lin）是陶藝家，曾任俄亥俄大學藝術學院院長；母親張茱莉（Julia Chang Lin，音譯）是詩人，亦任教於俄亥俄大學，講授亞洲和英國文學；姑母林徽

4　根據紀念碑網站資料，至2005年爲止，牆上共有58249個名字，其中大約1200名列爲失蹤（大多爲戰俘或戰鬥中失蹤人員）。此統計數字隨時依最新資料更新。

因與姑丈梁思成則是中國建築史上赫赫有名的人物，但她直到自己成名之後才知此事。林瓔於1959年出生在俄亥俄州雅典市，成長環境自由且富藝術氣息，自幼喜愛大自然和藝術，在校時數學成績優異，高中畢業後決定赴耶魯大學主修建築，因為建築結合了藝術與數學。大四時，她所修習的喪葬建築課程老師柏爾（Andrus Burr）將設計越戰將士紀念碑指定為課堂作業，並鼓勵學生參與競圖。為此，林瓔和兩位同學在1980年11月開車前往華盛頓實地勘察，並於課堂公開討論其構想及作品，卻只得到B的成績（Palmer xviii）。她將設計圖與文字解說寄給主辦單位。主辦單位為了公平起見，將每件作品都標上號碼，確保評審過程的匿名性。這項全國矚目的活動總共接到了1421件設計圖，其中不乏頗負盛名的藝術家與建築師之作。結果，這位沒沒無聞的華裔女學生作品獲得全體評審的青睞，從眾多作品中脫穎而出。對當時年僅21歲的林瓔來說，這項殊榮固然喜出望外，但一連串的爭議與攻詰卻排山倒海而來，有些人批評她的設計有違紀念碑的英勇傳統，等而下之的則拿她的性別與族裔大作文章。這種爭議展現了藝術與公眾之間的「烏托邦」和「批判」的辯證關係（Mitchell, "Introduction" 3）。面對蜂擁而來的批評、挑戰，甚至攻擊，林瓔始終以無比的毅力與「堅定分明的靈視」[5]鎮定回應，並且監督整個施工過程。紀念碑於1982年3月動土，同年11月11日退伍軍人節落成，正式開放。林瓔這項設計儘管在初期引發各界強烈爭

5　「堅定分明的靈視」一詞來自莫克拍攝的紀錄片副標題：「林瓔：堅定分明的靈視」（Frieda Lee Mock, *Maya Lin: A Strong Clear Vision*），此片記錄了林瓔從耶魯大學建築系學生到知名藝術家的歷程，獲得1995年奧斯卡最佳紀錄片獎。有關林瓔設計的理念、特色以及當時所受的批評，詳下文。

帶到牆邊之物。

議，然而這些年來不僅通過時間的考驗，更成為美國最受歡迎、
尊崇、動人的公共紀念建築物——這裡所說的「動人」不僅是情
感、心理上的，更是觸覺、生理上的，因為牆上的每個名字背後
都有一個人、家庭、親友的悲慘故事，而設計的方式讓參訪者能
看到、觸摸、拓印在越戰中陣亡或失蹤者的姓名。韓裔美國批評
家金惠經(Elaine Kim)指出：「自從紀念碑建成以來，數以百萬
計的訪客著迷於它的美，並驚訝於它多麼有力地促成了記憶與悲
慟的經驗。」(19)華裔美國學者吳兆麟(Franklin Ng)也說，林瓔
出道之作一鳴驚人，創造出了「一個美國圖像，而這座紀念碑已
成為美國公眾文化中不可或缺的一部分，注定成為美國公眾建築
史上關鍵的一章。」(61)總之，這個設計徹底改變了世人對紀念
碑的觀念，也落實了林瓔設計這座紀念碑的理念：「誠實面對戰

刻滿名字的黑牆映照著參訪者與遠處的華盛頓紀念碑。

爭的眞相、戰爭中犧牲的生命，緬懷那些服役的人，尤其是亡者。」
（*Boundaries* 4: 09）

二、創傷、追憶與身分認同

近來有關創傷的論述層出不窮，就本文而言，以卡露絲
（Cathy Caruth）和拉卡帕拉（Dominick LaCapra）的論點較爲適
用。卡露絲在《不被承認的經驗：創傷、敘事與歷史》中指出「創
傷」一詞的意義在西方的轉變：「希臘文的*trauma*或wound原指
加於身體上的傷害，在後來的用法中，尤其是在醫學與精神病學
文獻，特別是在佛洛伊德的文本裡，*trauma*一詞被理解爲加於心
靈上的傷害，而不是身體上的傷害。」（3）由於這種向內在的轉

變，卡露絲遂將「創傷」定義為：「對意想不到或難以承受的暴力事件所做的回應，這些暴力事件在發生當時無法完全掌握，但後來以重複的倒敘、夢魘和其他重複的現象返回。」(91)此一定義與佛洛伊德對創傷的描述頗為相似：「對突如其來或意想不到的死亡威脅所做的回應，這種死亡威脅突如其來，以致無法完全認知，爾後以重演和夢魘的方式不斷重複，試圖重新體驗原本的事件，其實卻只是再度錯過。」(139 n2)但兩人的說法也有所不同，如佛洛伊德直指「死亡威脅」，而非適用範圍較廣的「暴力事件」，並且認定無法藉由重複來加以了解、掌握，唯有一再地重演與錯失。

卡露絲對創傷經驗的詮釋則強調其弔詭的本質，尤其是其中的「延遲」與「無法理解」：「創傷事件的重複……暗示著與事件更大的關連，此一事件超過單純可見、可知的範圍，與延遲和無法理解密不可分，而此二者是這個重複觀看的核心。」(92)值得指出的是，拉卡帕拉在《書寫歷史，書寫創傷》一書中也強調「創傷之延遲」與「無法理解」此二特徵，因為「創傷是一種斷裂的經驗，使自我解體，在存在中製造破洞；它具有延遲的效應，只能勉強控制，甚至可能永遠無法完全駕馭。」(41)他在其他地方也提到：「創傷表示經驗的重大破裂或停頓，具有延遲的效應。」(186)

尤具意義的是，卡露絲主張，雖然創傷事件在發生當時經常無法理解，卻非完全無法參透。她主張藉由「創傷的觀念……我們得以理解，重新思考參照(a rethinking of reference)的目的不是為了抹煞歷史，而是將歷史重新置放於我們的理解中，也就是說，正是在不可能『立即理解』之處，讓『歷史』升起。」(11)換言之，創傷在事發當時無法理解，但不能因而忽略其背景與成

因；相反地，我們必須訴諸歷史，將歷史「重新置放於我們的理解中」，甚至可以說，因為歷史而增進了我們對創傷的理解。因此，歷史不僅不是無法追溯、回憶，甚至也不是過去。我們不能只是坐嘆「往者已矣」、「逝者難追」，而必須以現在的觀點來省視——更正確的說法該是——「重新省視」過去，才能承認並找回事發當時無法掌握、無法理解的創傷之意義，並善加利用。

「再現創傷」這個觀念對拉卡帕拉也頗為重要。他認為「在我所稱的創傷與後創傷書寫——或一般的表意實踐中(signifying practice)——書寫創傷會是顯著的後效之一。」(186)拉卡帕拉對此表意實踐及其意義引申如下：「它包含了在分析過去和『賦予過去聲音』之中，演出、重訂並(就某種程度而言)解決的過程；這些過程與創傷的『經驗』調和，限制事件以及事件的病徵效應，而這些效應以不同的組合與混雜的形式得以抒發。」(186)這裡必須指出的是，回憶事件與處理創傷，其意義不限於過去或我們對過去的理解，而且關係著現在如何定義自己，以及未來想變成什麼。正如胡笙(Andreas Huyssen)所指出的：「追憶塑造我們與過去的關連，而我們記憶的方式則定義了現在的我們。身為個人與社會的我們，需要藉由過去來建構、定位我們的身分認同，並孕育對未來的願景。」(249)反之，若對過去採取否認的心態，結果則適得其反。因此，拉許(Christopher Lasch)強調：「否認過去，在表面上看來是進步的、樂觀的，仔細分析起來便會發現，其實具現了一個無法面對未來的社會之絕望。」(xviii)總之，如何面對並回憶過去，密切關係著如何看待現在、形塑未來，而努力回憶並了解過去的事件——包括「死亡威脅」與「暴力事件」——有助於建立自我以及社會的身分認同。

那麼，如何處理像越戰這樣的集體創傷，並藉此讓人在過去、

查閱逝者的名字及在紀念碑上的位置。

面對逝者的名字凝思。

現在與未來中自我定位？下文主張：興建越戰將士紀念碑是面對
美國心靈中該一集體傷慟經驗的具體實踐，而圍繞著興建過程的
爭議，恰好體現了美國人民努力嘗試面對、認知、調解、超越先
前遭到壓抑、一再推遲、無法理解的創傷，尋求個人與集體的定
位，並打造更具希望的未來。

三、設計、意圖與爭議

　　《牛津英文辭典》將 "memorial" 定義爲「用來保存對人、
物或事件的記憶之東西，如紀念建築、風俗或儀式。」丹多（Arthur
Danto）對紀念建築與紀念碑的功用有如下的說法：「樹立紀念建
築是爲了永遠記得，建造紀念碑是爲了永遠不忘。」（152）越戰
將士紀念碑，顧名思義，目的在於保存對越戰中服役的美軍記
憶。根據紀念碑的官方網站，「這不是一座戰爭紀念碑，而是獻
給所有在越戰中（總數270萬）服役者的紀念碑──不管他們是陣
亡，還是生還。」爲了達成這個目的，紀念碑基金會訂定前述四
項標準，指引如何透過實體的紀念碑來回憶及再現這個國家的創
傷，以示永誌不忘。1980年10月，該基金會發布新聞，不僅廣邀
有興趣的設計師共襄盛舉，也有意藉此喚起美國一般民眾的注
意，果然引起全國熱烈響應，總共接到了1421件設計圖，這很可
能是公共藝術史上空前激烈的競爭（Mitchell, "Violence" 37n）。基
金會將來自各地的參賽作品編號，禮聘評審匿名審核。評審委員
會的成員包括了「兩位景觀建築師、兩位結構建築師、一位都市
發展與景觀專家，以及三位雕塑家」，充分反映了基金會先前揭
櫫的四項標準，顯示了對專業的尊重和人文的訴求。評審結果於
1981年5月1日揭曉，脫穎而出的是編號1026號作品，來自一位沒

沒無聞的華裔年輕女子林瓔。設計者與評審委員會都沒料到這件作品會招致一連串的爭議。在探究這些爭議之前，宜先審視作品本身和作者的理念。

這件作品本身完全符合基金會所訂定的四項標準，卻與傳統紀念碑之高聳、陽剛、英勇的觀念大相逕庭。首先，在構思上它與周遭的憲法公園整體規劃和諧一致，形成「公園裡的公園」，卻與傳統的紀念碑背道而馳。林瓔回憶，初到此地勘查時，「就有股單純的衝動想要切入地表。」她表示：「我想像自己拿著一把刀，切入地表，把它剖開，這股初始的暴力與傷痛會隨著時間而痊癒。」(Boundaries 4: 10)[6]這種初始的衝動與想像也象徵了希望越戰的暴力與傷痛會隨著時間而痊癒。因此，她的設計不像常見的紀念碑那般自地表宏偉挺立，標舉著英勇、非凡之姿，讓人只能從遠處瞻仰、崇敬並自覺渺小。最典型的例子就是它遙指的華盛頓紀念碑，於1848年興建，費時36年才竣工，高555英尺（169公尺），落成時為當時全世界最高的建築物，至今依然為全世界最高的石造建築之一。相反地，林瓔特意將這個有關20世紀美國集體創傷的紀念碑設計成「平凡」、「實在」、「貼近地表」（down-to-earth），或者該說，「進入地表」（down -into-the-earth）——有些人甚至把這座紀念碑形容成地表上切開的創傷，

6　其文字說明及設計圖詳見*Boundaries* 4: 05及4: 06-07。林瓔很重視自己的文字說明，把它當成「文字素描」（verbal sketches），認為「寫作是捕捉作品意義的最清楚形式」，以之「澄清並沈澱作品的意圖」（*Boundaries* 3: 11）。她在1995年的座談中提到，有關此紀念碑的文字雖然只有短短五段，但所花的時間卻超過了設計模型本身（*Grounds* 11）。

讓參訪者有機會觀看、觸摸、省思傷口[7]。

若沿著紀念碑的一端走向另一端——依照其設計動線是由西而東，即面對紀念碑時由左向右——長緩的斜坡引領著參訪者一步步下到紀念碑的中心，然後再一步步上到另一端，這個具體的「先下後上」的過程充滿了象徵和精神上的意義。其次，紀念碑特地選用來自印度的黑色花崗石爲材質，磨光之後不僅映照著周遭靜謐、安詳的自然景致，也映照著絡繹不絕前來向陣亡及失蹤將士致敬的參訪者的身影。這些參訪者中，有許多曾在越戰中服役，或是當時服役者的親屬、愛侶和朋友，有來自美國各州的人士（包括前來此地從事戶外教學的一群群師生），也有來自世界各地的遊客。紀念碑鏡子般的光滑表面上鑴刻著成千上萬的陣亡者和失蹤者的名字，參觀者在憑弔、追思、默想時，不但得以觀看一個個姓名，更可觀看到自己在觀看這些名字。這種設計可謂把原先揭櫫的「反省與沈思的特質」發揮到極致。林瓔說，她選擇黑色花崗石作爲「我們的世界與另一個更寧靜、更黑暗、更祥和的世界之間的介面。我選擇黑色花崗石是爲了讓表面達到反映和祥和的效果。我從未把紀念碑視爲一堵牆、一件物品，而是視爲地表的邊緣，打開的一側。映照的效果會讓公園的空間加倍，創造出兩個世界：一個是我們身在其中的世界，另一個則是我們無法進入的世界。」（*Boundaries* 4: 10-11）換言之，鏡面般的材質除了在物質層面產生加倍的空間感之外，在精神層面也暗示了另一個可望不可及的幽渺世界。再就方位而言，坐北朝南的紀念

7　有關首府華盛頓的重要紀念碑、紀念堂，以及相形之下越戰將士紀念碑的特色，可參閱Griswold之文。比對《越戰紀念碑》（Jerry L. Strait and Sandra S. Strait, *Vietnam War Memorials*）所收錄的海內、外三百多個越戰紀念碑，更可看出林瓔設計的特色。

碑東西兩側牆面呈125度的V字型[8]，從最高／最深的交接處（10.1英尺，約3公尺）向兩側延伸，東西牆各長246.75英尺（75公尺），有如雙臂般遙指著東邊代表立國精神的華盛頓紀念碑和西邊代表平等、博愛的希臘神殿式的林肯紀念堂，自然而然把自己置放於美國的光榮史頁，堂而皇之占有一席之地。簡言之，這個前所未見的設計不僅顛覆了世人對紀念碑的觀念，更結合了人文、歷史、自然、心理與精神種種面向。

吉理思（John R. Gillis）認為，「牆上刻滿名字的越戰將士紀念碑，已被公認為代表了公眾記憶史上的轉捩點，截然有別於無名將士塚的沒沒無名，逐漸肯定現在每人隨時在大眾能親近的地方都該得到應有的承認。」（13）今天大多數人都贊同這樣的評價。然而，這樣的肯定與地位卻得來不易，其間歷經了一番周折與角力。包德納（John Bodnar）指出，1981年紀念碑的競圖結果揭曉之後，「一場爭議風暴就此爆發」。他簡述了當時的爭議：

> 一方主張這件設計缺乏愛國心與光榮感。這些批評者覺得這座紀念碑太過強調死亡與哀慟，只是國家「一道黑色的恥辱傷口」。然而，為這件設計辯護的人則認為，這座紀念碑符合他們向陣亡兵士——經常是他們所認

8　不少評論者把此 "V" 字型連同上面密密麻麻的名字／文字比喻成一本攤開的書。米契爾（W. J. T. Mitchell）針對這個 "V" 字提供了底下的不同詮釋：「越南」（Vietnam）、「勝利」（Victory）、「退伍軍人」（Veterans）、「暴力」（Violence），甚至「大地之母的陰道」（the Vagina of Mother Earth）（"Violence" 37）。其他較常見的解釋還包括了「受害者」（victims）和反戰者的手勢。正是因為其造型簡單、抽象，反而允許各種不同的詮釋，使此紀念碑對各人產生不同的意義。

識的同袍——表達同情共感（empathy）的強烈需求，並
承認所有為此而受苦受難的人。而他們這種紀念的衝動
不是來自任何榮耀邦國的欲求。（74）

莫克的《林瓔：堅定分明的靈視》不僅以影片記錄了設計者從沒
沒無聞的大學生到聲名大噪的藝術家這段生涯，也提供了對整個
爭議過程生動翔實的紀錄，其中涉及的議題除了愛國、榮耀、英
雄主義之外，也包括了族裔、性別、年齡等。由於越戰發生在亞
洲，北越當時又與中共結盟，所以設計者的華裔／亞裔身分不免
遭受質疑——雖然林瓔是土生土長、道道地地的美國人[9]。這種
見解反映了即使在民權運動風起雲湧之後將近20年——1963年
黑人民權領袖金恩就在西側的林肯紀念堂石階上，向25萬群眾發
表著名的演講〈我有一個夢〉——種族歧視的幽靈依然揮之不
去，即使在美國成長的亞裔依然被視為他者，甚至可能是與敵人
同路的異己。除此之外，有人懷疑女性藝術家是否擔當得了這項
理當「陽剛」的任務，設計出一座象徵英勇、愛國、犧牲的紀念
碑，呈獻給參與20世紀後半葉美國最慘烈戰爭的將士。也有人懷
疑初出茅廬、涉世不深的大學生究竟對越戰了解多少、對此紀念
碑的意義體認多少，是否足以用藝術的形式再現如此巨大、莊

9　在談論自己的身分認同時，林瓔指出：「我自認是華裔美國人。如
　　果非得在兩者中選擇，我會選美國人。我不是在中國出生、成長，
　　而我父母親所知道的中國已經不再存在。……除了這個國家之外，
　　我不會對任何國家效忠，這是我的家。」（轉引自 *Asian American
　　Biography*: 180）雖然如此，許多評者依然推崇她作品中的東方特色
　　（Ng 73）。有意思的是，米契爾雖然推崇林瓔的作品，但在把她描
　　述為「21歲的亞洲女子」（"Violence" 37）時，完全忽略了對林瓔來
　　說更重要的美國的一面。

越戰老兵（右）擔任志工分發紙筆供人拓印名字。

嚴、沈重的主題。而林瓔有如極簡主義（minimalism）的設計，也引發了有關「抽象主義與寫實主義、菁英主義與民粹主義」的藝術之爭（Ng 69）。儘管整個過程爭議不斷，主辦單位也做出相當程度的妥協，在紀念碑鄰近搭配增設一座旗桿和一座雕像，顯示了「公眾對於具象的需求」（Young 11），但時間證明越戰將士紀念碑是美國有史以來設計最特殊、動人、貼近人心且深受喜愛的紀念碑。正是林瓔的藝術、人文與人道的靈視以及堅定的決心，帶著這件作品度過了風風雨雨的激烈爭議。然而這些爭議，在筆者看來，象徵了美國人民在越戰結束6年之後，致力於面對仍無法理解的巨大創傷，試圖與之共存、協商、和解的必要過程與努力。正如諾思（Michael North）所言，這類作品「彰顯了有關公共

空間的一個重要眞理：除非它鑲嵌於一個珍視辯論的更大公共領域、一個類似哈伯瑪斯所定義的公共領域，在其中私人可以用自己的理性去討論並達成結論，否則不管包含了什麼種類的藝術，都總是大量的裝飾。」[10] (28)

四、創傷、再現與反思

此紀念碑可視爲美國退伍軍人選擇主動面對事發當時無法理解的越戰創傷，以期擺脫原先迴避、閃躲的心態，正視美國歷史上的巨大傷口，從中發掘意義，進而化解疑惑，平服內心深處的傷慟，與個人及集體的過去和解，並展望、擘畫未來。因此，儘管紀念碑興建的過程中爭議不斷，或者該說，就是因爲爭議不斷，反而吸引更多國人的注意、參與和論辯——其中不乏頗爲情緒化的反應——達到更大的宣洩、治療與和解的效應。

如上所述，卡露絲與拉卡帕拉都認爲創傷的兩個重要特徵就是延遲與無法理解。拉卡帕拉也以情感（affect）與再現來討論創傷：

> 創傷會產生情感與再現的解離（dissociation）：迷迷茫茫
> 地感覺自己無法再現的；麻麻木木地再現自己無法感覺
> 的。處理創傷包含努力去訴說或重新訴説情感與再現，
> 其方式可能永遠無法超越、（但就某個可行的程度而言）

---

10 佛里曼（D. S. Friedman）也以哈伯瑪斯的批判理論來説明此紀念碑所促成的公共參與和實踐，強調此一論述領域的理性、開放與多元性質（67）。他並帶入鄂蘭（Hannah Arendt）以及現象學的理論來討論其公開性。

卻可能對抗那種令人失去能力的解離之重演或演出。
（42）

從這個觀點來看，紀念碑的構想、徵圖、興建與其中的種種爭議，
都可視爲「處理創傷」的意圖與具體作爲。有意義的是，最先動
念興建這座紀念碑，並且設立基金會積極鼓吹其事的，就是曾親
身參與該場戰爭的退伍軍人史克魯格斯，其用意除了肯定、表彰
這些將士的犧牲、奉獻之外，也帶有相當程度的「平反」之意，
因爲美國民間對該場戰爭存在著相當普遍的懷疑、甚至敵意，而
官方態度則曖昧不清，避而不談。紀念碑基金會成立於1979年4
月，當時越戰已結束數年。這個計畫雖然在時間上略爲延遲，顯
現了美國社會面對此戰爭的猶豫與遲疑，但正式的啓動則標示了
一個新的開始：共同努力面對巨大的集體創傷，訴說與再現創
傷，重新連結起情感與再現。

就此意義而言，紀念碑採取公開競圖並匿名選拔的方式，實
深具意義。美國政府因爲這場戰爭的高度爭議性以及在國人間造
成的重大裂痕，不願倡議興建這類紀念碑，以免撩起國人內心深
處的傷痛。然而，創傷並不會因爲迴避、漠視而減輕、消失或痊
癒，只會因而蟄伏，暗自繁衍、擴大，伺機爆發，造成更大的傷
害。漠視只是把問題延後，任其滋生，迴避也非解決之道，唯有
選擇坦誠面對才是踏出解決的第一步。因此，這座紀念碑的構想
本身便代表了越戰退伍軍人主動採取的第一步，藉由當事人於民
間發起，尋求興建某種實體來紀念參與該場戰爭的人士，尤其是
陣亡者和失蹤者。換言之，在整個活動中，身爲當事者的退伍軍
人發揮了能動性，主動從事此一另類的、非官方的自我再現，成
立基金會，建立遴選標準，公開徵圖興建一座能代表自己和在戰

爭中陣亡、失蹤的同袍的紀念碑。

公開競圖的用意在消極方面促使、甚至逼迫美國民眾不得迴避、漠視整個國家與社會因為越戰所造成的創傷，積極方面則在藉由退伍軍人的現身、發聲，擬定計畫，引發更多國人的關注和參與。至於匿名遴選則進一步強化了公眾參與的作用和目標，確保所有的參賽者，不管是聲名赫赫或沒沒無聞，其作品都擁有公平的機會，避免遭到名設計師或大公司、集團的壟斷。從遴選的結果來看，也多虧了這套作業程序，否則當時才是大學生的華裔女子林瓔極不可能在眾所矚目、名家雲集的全國競爭中勝出，其獨具創意的設計勢將遭到埋沒，而美國、甚至全世界都將失去此一扭轉世人傳統紀念碑觀念的作品。總之，這些越戰退伍軍人努力主動再現自己，藉由公開作業及公平甄選，既廣邀藝術家和建築師參與，也鼓勵美國人民投入，而不讓越戰這個過往的巨大創傷──不管是多麼的悲慘、痛苦──就此掩埋、漠視，在眾人內心深處暗自啃嚙，悄然滋長。這個公開行動彰顯了退役軍人的主動性與主體性，以最大的受害者的身分現身，勇於揭開創痛的過去，並號召藝術家和國人一起透過藝術的平台，面對越戰這個集體創傷，不許它繼續湮沒。

當然，任何藝術設計都無法滿足所有的人，引發討論甚至爭議其實不足為奇，愈是公眾關切的作品愈是如此。話雖如此，但紀念碑評審結果所引發的軒然大波實在強烈得異乎尋常，反對的理由形形色色：有人厭憎紀念碑所用的黑色材質，覺得它象徵了死亡、悲傷與恥辱；有人抱怨作品本身宛如地表上的一道傷口，令人悲愴哀慟；有人厭惡它有如墓碑，予人冰冷、陰森之感；有人認為它未能像傳統紀念碑那般表達出英勇氣概和愛國精神；有人懷疑林瓔過於年輕，不能深入了解、遑論再現越戰的傷痛與哀

感；有人質疑設計者的性別，斷言女性無法再現紀念碑應有的陽剛氣息；有人因爲戰爭發生在亞洲而責難設計者的族裔，甚至連「痼客」（"gook"，「亞洲仔」）這種蔑稱都用在她身上……[11]，凡此種種都代表了對林瓔之設計的強烈質疑，有些甚至涉及對設計者的人身攻擊。這些反應的激烈程度遠超過一般的藝術爭議，固然反映了越戰本身的爭議性以及美國人普遍對這件事的重視，其實也反映了討論者、爭議者個人的立場與見解——藝術的、政治的、族裔的、性別的、世代的……。

儘管反對的聲浪如此巨大，林瓔和評審委員們的態度卻明確不移。這些爭議與其說是造成意見分歧，撕裂社會，不如說提供了一個契機，形塑並促成了整個訴說、再現、溝通、協調的過程，以挖掘、面對、處理先前遭到壓抑、埋藏而隱晦不明的創傷，使之暴露於光天化日之下，供眾人審視、反思。換言之，爭辯的各方藉由表達、說明「如何」再現以及「爲何」如此再現這個紀念碑的情感與想法，共同試圖去理解越戰這個個人與集體創傷。透過這個參與的過程，紀念碑不僅成爲記憶的場域，讓各人投射個人與集體記憶，也成爲競逐的場域，讓不同感情（如懷疑、挫折、悲傷、不滿、憤怒、失望）與理念在此呈現，交相競爭，從單純的尋求發洩，到尋求交流與相互了解——儘管箇中的過程是多麼激昂、熱烈，甚至充滿齟齬。簡言之，紀念碑的徵圖與遴選，以

---

11 這些風風雨雨可參閱紀錄片《林瓔：堅定分明的靈視》，以及當時報章雜誌的報導，包括爲此紀念碑所舉行的公聽會。相關評述也可參閱吳兆麟，Scruggs and Swerdlow和Marling and Silberman的相關評述。其中吳兆麟的立場傾向於林瓔，而Marling and Silberman的立場則傾向於後來所添加的塑像的藝術家哈特（Frederic Hart）。相關討論見下文。

及隨之而來的爭議，有意無意間使其成為一個感情與理念交流、協商的平台，而各方的參與、訴說與論辯，即使帶有情緒和不平，依然是感情、理念的交流之途，讓人有機會逐漸攤開掩藏已久的創傷，直視先前迴避的痛苦，訴說個人與集體的記憶，尋求理解這場傷亡慘重的戰爭的意義，並試圖與之和解。為了個人及整個社會、國家的療傷止痛，這個過程是不可或缺的。

在這些激烈的交鋒中，持傳統觀念的人強烈要求必須有足以表現愛國精神的塑像，林瓔則堅持自己的藝術理念，基金會為了避免興建紀念碑之事因為爭議而中斷，於1982年1月27日召開的會議中決定妥協，納入旗桿和一座塑像。史克魯格斯在開會次日告訴林瓔：「就美學來說，『你的』設計不需要塑像，但就政治來說卻是需要的」（Scruggs and Swerdlow 101），林瓔則要求所添加的旗桿與塑像必須與原先的設計和諧（106）。因此，整個越戰將士紀念碑包括了三部分，除了林瓔設計的「牆」之外，還有一座旗桿和哈特設計的「三戰士」塑像，這個較傳統的塑像於1984年11月8日揭幕（順帶一提，哈特因為此像獲得33萬美元，而林瓔公開徵圖所得到的獎金卻只有2萬美元）。後來，為了表彰女性對越戰的貢獻，於前座塑像不遠處又增添一座「越戰女子紀念碑」，於1993年11月11日舉行落成典禮。旗桿所代表的愛國意義不言而喻；哈特設計的青銅像是3名手持武器的男戰士，分別代表美國3個不同族裔，神情有些疲憊，因此堅忍或許有之，但難謂英勇；古德克蕾（Glenna Goodacre）設計的「越戰女子紀念碑」則來自伊凡絲（Diane Carlson Evans）的倡議，因為她覺得「牆」與「三戰士」都忽略了女子，有必要以單獨的塑像來表彰在越戰中犧牲、奉獻的美國女子。這座銅像中有3位穿著制服的女子，其中一人照顧一位受傷的士兵，一人跪下沈思或祈禱，一人仰望天際。因

此，兩座雕像基本上都訴諸愛國精神，但或許因為對越戰的評價見仁見智以及「牆」的反思性質，使它們與傳統的英雄主義之再現方式大異其趣，甚至帶有疲憊、悲感及「無語問蒼天」之感[12]。儘管後來的旗桿和兩座雕像與林瓔當初的設計有所出入，但因與「牆」相距約150英尺（47公尺），位於對面的樹下，所占面積甚小，不致破壞林瓔作品的完整感，甚至面對「牆」的三戰士還可視為自林中走出，遙望著牆。這些後來的添加物固然滿足了部分人士的訴求，但還是以林瓔的作品遠為動人，令人低迴不已。

前已述及，身為記憶場域的「牆」之特色在於徹底改變了世人對紀念碑的觀感：紀念碑必然崇高神聖，供人瞻仰而非親近。再者，林瓔指出，美國文化「極端年輕取向，不願或不能接受死亡或垂死為生命的一部分」，以致「壓抑哀悼的儀式」，所以她在設計此紀念碑時，「基本目標就是誠實面對死亡，因為我們必須接受那個失落，才能開始去克服它。失落的傷痛一直都在，一直疼痛，但我們必須承認死亡才能繼續前進。」(*Boundaries* 4: 10)因此，為了帶出對逝者的記憶，名字發揮很大的作用——林瓔的設計特別強調名字，這不單單是因為主辦單位的要求，也是她個人的理念。在紀念碑上透過姓名來強調對個人的重視，「表達巨大的失落和悲劇」，實則來自第一次世界大戰之後(Lin, *Grounds* 9)。越戰將士紀念碑上除了兩段簡短的銘文之外，就是截至目前為止的58249個名字，其中大約1200人列為失蹤，以十字標示，其餘為陣亡，以菱形標示。名字的排列捨棄了一般依姓氏字母順

---

12 1995年在林肯紀念堂另一側又設置了韓戰將士紀念碑，19座比真人稍大的雕像，呈現的是穿著軍用雨衣、攜帶武器正在行軍的美軍，顏色與神情都相當詭異，有如鬼魅，令人望而卻步。

序，改以陣亡或失蹤的年代順序，強化了時間和個人的面向，自1959年7月8日起至1975年5月15日止，從V字中間開始，依序從右牆的最高處向東延伸至盡頭，再從左牆的盡頭向中間排列，於最高處和起點會合，形成一循環[13]。名字開始之處有一段銘文，「尊奉在越戰中服役的男女軍人，犧牲者和失蹤者的名字依照他們離開我們的順序排列」，結束之處另有一段銘文，「我們的國家尊奉越戰退伍軍人對責任與國家的英勇、犧牲和奉獻。這座紀念碑是由美國民間私人捐獻所建造。1982年11月11日。」這些姓名銘刻在磨光的黑色大理石表面，貼近地面的設計讓參訪者得以接近並且觸碰、撫摸越戰陣亡者和失蹤者的名字，甚至拓印留念。這對一般人而言已屬震撼，對在這場戰爭中失去家人、愛侶與親友的人來說，那些名字更具有魔咒般的力量。這種可親性——或者該說「可觸性」——提供了真正的臨即感與親密感。因此，林瓔的設計除了一般紀念碑的公共面向之外，並且藉由將個別名字鐫刻在黑色花崗石上，強調了命名、哀傷與悼念之間的密切關係（Gilbert 287-88），並凸顯了私人的面向。

　　就表面與隱喻的意義來說，磨光的黑色花崗石既是牆，也是鏡，並且兼具了 "reflection" 一詞所具有的「映照」與「反省」的意義與作用。刻滿了五萬多個名字的光滑、明亮的花崗石面讓

13　不依字母順序排列可避免同姓的人全在一塊。依現行方式，1959年7月遇難者位於1E-1（東翼第一塊石板第1行），1975年1月遇難者位於1W-121（西翼第一塊石板第121行），首尾相連。若只知姓名，卻不知遇難日期，入口處備有依字母排序的名冊可供查閱。雖然牆上列名第一的於1959年7月8日罹難，但最早卻可溯及1957年10月21日一位於受訓期間喪生者，該人名於紀念碑落成後大約一年補上。可參閱紀念碑網站。

觀者不僅看見這些名字，也看到正在憑弔陣亡者與失蹤者的自
己。因此，這堵花崗石牆不只映照出觀者的形象和帶到紀念碑前
的物品[14]，也提供機會讓他們沈思與反省這堵「牆」所具現的多
重意義。這面牆／鏡，既是阻絕，讓觀者覺得生死兩隔，陰陽殊
途，也是反映與介面，讓人藉以省思生死的關係與意義、戰爭的
代價、和平的憧憬。換言之，林瓔獨具巧思的作品在客觀映照出
觀者身影的同時，也讓他們得以沈思自己的失落、悲傷與哀痛，
進而反省戰爭的殘酷與生命的意義，而愈是沈思、反省的人，愈
可能了悟更多的教訓，參透更多的意義。就此而言，觀者從這堵
「牆」得到什麼、得到多少，端視自己帶來了什麼、帶來了多少。
瑟理歐特則將這堵牆比喻成螢幕，因為「人們在牆裡所看到或沒
看到的，都是他們自己的投影。」（429）總之，林瓔設計了一堵
沈寂無言的牆，靜靜佇立於大自然中，不加扭曲地映照著眼前的
一切動靜。參訪者各依自己的心緒與領會面對這堵牆，藉由映照
與反省，試圖參透、觀照它可能具有的各種意義。

　　林瓔一反傳統，把紀念碑設計成切入地表，也有著明確的功
用。當參訪者沿著牆的一端往中心移動時，明顯感受到自己一步
步下降，牆則一步步上升，直至來到標高3公尺的中心點。這時，
參訪者舉目直視，與眼前鏡面般的黑牆、黑牆中的自己面面相
覷，若仰觀牆頭，只見黑牆之上襯著天空，偶爾幾朵浮雲飄過，
感受到仰之彌高，以及白雲蒼狗的無常幻化，而矗立在參訪者面
前的平滑黑牆則以沈寂、祥和之姿，承受並映照著參訪者的目光

---

14 哈絲（Kristin Ann Hass）於《牆邊的獻禮：美國記憶與越戰陣亡將士
紀念碑》（*Carried to the Wall: American Memory and the Vietnam
Veterans Memorial*）一書詳細分析了參訪者帶來擺在牆前的物品，以
及它們所代表的意義。

與心緒。當參觀者往另一端一步步上升時，牆也隨之一步步變
矮，直到走出牆外，回到公園的草坪。這趟先下後上的步程也隱
喻了參訪者的感情和心靈的活動。當參訪者沿牆緩緩下行時，看
見甚至觸摸銘刻在黑色花崗石上的名字，一個個名字有如痛
點——若是認識的人名則更痛徹心扉——其感情必然會受到影
響，走到中間點時，立於3公尺的高牆下，恰似置身「谷底」一
般。牆前的步道隨著參訪者的每一步掏引著個人的感情與思緒，
達到某種程度的宣洩和淨化作用。由中心點走向另一端的歷程彷
彿象徵了感情與心靈的提升與復甦。所以，來此處巡禮有如感
情、思緒與心靈之旅：未到之前，參訪者有著各自的情感與心緒，
甚至個人和集體的創傷；到達之時，經過這段先下後上的步程，
尤其是與刻滿陣亡者與失蹤者姓名的鏡面般之黑色花崗石牆「面
面相覷」，想像著一個個名字背後的獨特故事和集體意義，目睹
刻滿名字的光滑黑牆映照著自己及周遭的憲法公園，提供了投
射、宣洩、反思、沈澱、淨化、昇華甚至和解的機會。

　　若是如此樂觀地總結對這堵牆的所有反應則未免太過天
真，因為正如哈絲指出：「這座牆引發身體的反應。它激發參訪
者呈現自己的哀傷、失落、憤怒與絕望。」(21)然而本文主張，
從原先的自掩耳目、裹足不前，任由以往的創傷暗自啃囓，難以
言宣，到能夠坦然面對，進而呈現／再現、反應與訴說個人面對
創傷時的情感和思緒，這本身已是踏向穿透「創傷的無法理解」
的重要一步，並為反思、治療與和解的先決條件，進一步創造未
來發展的契機。茲舉若干實例加以說明。首先就是人們帶到紀念
碑前的物品。根據哈絲的研究，早在紀念碑完成前，就有來自各
地的有心人將形形色色的物品留置於牆前，以示追思與悼念，落
成之後更是無日無之，其中有勳章、花圈、國旗、照片、書信、

生日卡、香煙、蠟燭、手電筒、釣魚竿……，這些物品都由國家公園管理員一一收集，編號，存放在附近一處庫房，「到1993年已收集了超過25萬件各種形狀、大小、樣式的物品」(23)，而且不斷增加。這些物品數量之多、樣式之繁令人難以置信，「不僅印證了這場戰爭至今依然留給人們多麼強烈的感受，也印證了需要繼續與這場戰爭的記憶協商。」(24)雖然把物品留在牆前的人大多沒有留下姓名，但持續不斷的參訪與留下的物品在在證明了仍然存在著殘餘的傷痛與哀思，以及持續與美國史上最傷痛的經驗協商的必要。這些物品各自「創造出自己特殊的紀念物／碑，但集合起來就形成嘈雜、堅持的回應，回應有關所有越戰將士的記憶之問題。」(24)

若說哈絲透過這些物品來研究紀念碑與美國歷史的關係，技巧地呈現了人們以實物對林瓔作品的回應，帕默的《心中的炮彈碎片：來自越戰將士紀念碑的書信與追憶》一書，則選錄了紀念碑設立最初5年留在牆前的書信與詩作，這些書信與詩作比其他物品更明確地表達了參訪者的心聲。帕默指出，此紀念碑「出乎意料地成為一處不只榮耀死者，而且是與他們溝通的地方。留在那裡的訊息有力地訴說了失落與懷念」，而這種書面表達的形式是以往的公共紀念碑所未見的(xi)，越戰將士紀念碑也因而成為「美國與越戰和解之處」(xii)。她的看法類似林瓔，認為必須面對以往的創傷，才是「治療的要素。林瓔了解這必須始於面對過去，尋找、面對、觸摸名字。」她並認為此紀念碑的設計就是讓來訪者有如經過一段行旅，「一旦能面對並超越死亡，就能找到新生。」(xviii)

另外就是出現於紀念碑網站文學區的作品，到2006年7月已累積近300篇，其中大半是詩，有些還搭配音樂。這些作品不僅

描述這堵牆的外觀，也表達出這些人的感情與思緒。和帶著實物前來牆邊的人不同之處，在於這些作品幾乎都有署名，而且數量為帕默所蒐集的作品10倍以上，不但隨時增加，更透過網路而無遠弗屆。網站上的這些署名之作反映了作者致力於以文字再現此牆，並試圖理解其更深的意義。其中若干作品不是以「牆」為全名，就是作為標題的一部分。相對於參訪者親自帶到牆邊的實物，這些作品可視為帶到或銘刻於「虛擬之牆」之物，不僅藉由文字更明確表達了心情與思維，更因為現代科技而廣為傳揚。雖然作者多為市井小民，文學價值也有待商榷，卻更具有草根性，反映出一般人的心聲，讓人覺得可親。

　　再就是基金會本身的出版品，其所設定的任務及舉辦的各種活動。如史克魯格斯於1996年編輯、出版的《為什麼越南依然重要：戰爭與牆》的題辭指明，該書的對象為高中生，並且引用哲學家桑塔耶那的話：「不能記憶過去的人注定要重蹈覆轍」，其中的訊息再明顯不過了。他在緒論中提到屢屢發生於紀念碑前的「牆的魔力」（Wall Magic）。他在兩年後編輯、出版的《來自牆的聲音》蒐集了一些相關文章，在〈前言〉中提到了療傷的效果和教育的作用，在〈後語〉中更提到了該基金會昔日與當今的任務：往昔在於「榮耀那些在越戰服役的人士」，如今則是要「保留此紀念碑的傳承，並教育有關越戰對美國文化的影響。」（99）基金會最引人矚目的活動之一就是「療傷止痛之牆」（The Wall That Heals），以原紀念碑一半比例大小的複製品，配合相關資料，巡迴美國展覽，將療傷止痛的工作帶到各地，並教育年輕人有關越戰的事。而這些都是林瓔的設計所引發的後續。

　　總之，這座鏡面般的牆和上面的名字，讓參訪者有機會面對陣亡者和失蹤者的姓名，同時因為有關這些人的記憶與沈思往往

已是參訪者不可或缺的一部分，因而也使他們有機會面對自己。
不管在個人、國家和人類的層面，這種沈思與自省對於療傷止痛
都是必要的。設計者林瓔身為年輕、女性、亞裔、學生的事實，
不僅沒有妨礙人們體會紀念碑及其意義，反而象徵了廣大的群
眾，不分年齡、性別、族裔、職業，共同參與並致力於這個療傷
止痛的過程。史克魯格斯於16年後指出，此紀念碑落成的1982
年是「美國對越戰退伍軍人觀點改變的轉捩點。美國人開始了解
並尊重越戰退伍軍人的服務與犧牲」，而它不僅「協助治療退伍
軍人的創傷，其建立也協助治療美國。」（*Voices* i）他進一步指
明，「這座紀念碑之美在於它引發了許多不同的感情、詮釋與經
驗」（*Voices* ii）。這堵牆和所引發的公眾參與及種種回應與反思，
正如其東、西兩翼所遙指的華盛頓紀念碑和林肯紀念堂，提醒人
們有關美國「民有、民治、民享」的立國精神與理想。

五、創傷、記憶與和解

歷史無法迴避，創傷也不容漠視。為了讓逝者安息，生者安
心，必須坦然面對歷史與創傷。越戰將士紀念碑的意義在於提供
一個場域，讓人面對20世紀後半葉美國最悲痛的史頁。只有個人
與集體坦然面對過去，才可能如實觀看、省思歷史，認清自我和
社會。有意義的是，越戰退伍軍人主動率先面對這個集體創傷與
共同記憶，而林瓔的設計則在實質與隱喻的意義上都提供了可以
觸摸、映照、感受與反思的傑作。這堵「觸動」與「反映」之牆
讓歷劫歸來的越戰退伍軍人和不同性別、族裔、年齡、職業的參
訪者有機會向陣亡者與失蹤者致敬，立足現在，反省過去，策劃
未來。興建期間的爭議雖然強烈，有時甚至帶有惡意，卻是在共

同面對歷史的努力中所不可避免的，也反映出人們如何以不同方
式來面對一個原先延遲而無法理解的巨大創傷。這些爭議是整個
參與、反省、調解、治療過程的重要部分。這座紀念碑周遭後來
添加了一座旗桿和兩座塑像，代表了嘗試整合不同人士的感情需
求、藝術理念、社會想像、國家認同及歷史意識。原先的設計遭
到修訂，這個事實固然印證了「妥協的政治」("politics of
compromise," Ng 207-11)，也顯示了「投注於此牆的多重意義反
映出更廣大的文化議題，這些議題中有些涉及基本的，如是非、
好壞，有些涉及複雜的，如性別不平等、種族歧視、認同建構、
陽剛之氣，以及文化、社會和政治記憶。」(Theriault 421)參訪
紀念碑時，沿牆緩緩步下斜坡，接近在戰爭中陣亡者與失蹤者的
名字，與之面面相覷，再緩步而上，由另一端走出。透過情感上
的激揚與發抒，思緒的沈靜、反省與重整，以及先下後上的移動，
人們得以象徵地表達並昇華自己的感情，尋求與一己和集體的記
憶和解。

　　林瓔的設計和它所引發的後續事件顯示了公眾記憶本質上
是開放的、競逐的、參與的、協商的，更提醒人們其中互動、溝
通的性質。正如她在紀念碑落成10週年紀念的簡短致辭中所言：
「這座牆是為你們設計的，讓每個人前來，帶著自己的思想、感
情到牆邊。你們使它活了過來。」(Lin, "Speech" 125)換言之，
這種互動與溝通使得參訪者成為參與者，把冰冷的黑色花崗石轉
化為活的紀念碑，而現場的退伍軍人志工——本身就是紀念碑尊
崇的對象——更強化了這種印象。越戰將士紀念碑徹底顛覆了世
人對紀念碑的觀念，成為美國最具特色、最感親切的紀念碑，據
估計前5年有將近2000萬人來訪(Palmer xix)，如今每年依然吸引
150萬人前來，主要原因在於它以深刻的人道關懷和獨特的藝術

手法，提供了一個記憶與反省的場域，讓人如實面對自己和歷史
的創傷，透過眞誠的感受與痛切的反思，逐步療傷止痛，以史爲
鑑。此牆／鏡使得越戰中的逝者與觀看、觸碰他們姓名的人相
會，聚合了亡者與生者、過去和現在、歷史與自然。藉由發起興
建這座紀念碑，它所引發的參與和辯論，以及牆／鏡的反省、映
照之功，人們不僅回憶（remember）有關這場悲劇戰爭的點點滴
滴，也藉此重整（re-member），肯定參與越戰者的犧牲與奉獻，
使得因越戰所造成的眾多紛歧與衝突逐漸獲得和解[15]。在林瓔簡
單、直接、映照、反省、動人的紀念碑前，世人一再觀看、感受、
沈澱、反思過往的創傷與集體的記憶。作爲一個強有力的介面，
越戰將士紀念碑連接起傷痛的過去和反思的現在，也希望帶來更
祥和的未來。

徵引書目

Bodnar, John. "Public Memory in an American City: Commemoration in Cleveland." In Gillis, ed. 74-89.

Caruth, Cathy. *Unclaimed Experience: Trauma, Narrative, and History*. Baltimore and London: Johns Hopkins UP, 1996.

Danto, Arthur. "The Vietnam Veterans Memorial." *The Nation* 241.5（31 Aug. 1985）: 152-55.

Friedman, D. S. "Public Things in the Atopic City: Late Notes on Tilted Arc and the Vietnam Veterans Memorial." *Art Criticism* 10.1

---

15 此處挪用巴巴（Homi Bhabha）有關 "remembering" 和 "re-membering" 的說法，他認爲「回憶絕非平靜的內省或回顧之舉。它是痛苦的重整，把肢解的過去（the dismembered past）聚集起來，以了解當前的創傷。」（63）

（1995）: 66-104.

Gilbert, Sandra M. *Death's Door: Modern Dying and the Ways We Grieve.* New York and London: Norton, 2006.

Gillis, John R., ed. *Commemorations: The Politics of National Identity.* Princeton, NJ: Princeton UP, 1994.

Griswold, Charles L. "The Vietnam Veterans Memorial and the Washington Mall: Philosophical Thoughts on Political Iconography." In Mitchell, ed. 79-112.

Hass, Kristin Ann. *Carried to the Wall: American Memory and the Vietnam Veterans Memorial.* Los Angeles and Berkeley: U of California P, 1998.

Huyssen, Andreas. *Twilight Memories: Marking Time in a Culture of Amnesia.* New York and London: Routledge, 1995.

Kim, Elaine. "Interstitial Subjects—Asian American Visual Art as a Site for New Cultural Conversations." *Fresh Talk/Daring Gazes: Conversations on Asian American Art.* Ed. Elaine Kim, Margo Machida, and Sharon Mizota. Berkeley: U of California P, 2003. 1-50.

LaCapra, Dominick. *Writing History, Writing Trauma.* Baltimore and London: Johns Hopkins UP, 2001.

Lasch, Christopher. *The Culture of Narcissism: American Life in an Age of Diminishing Expectation.* New York: Norton, 1979.

Lin, Maya. *Boundaries.* New York and London: Simon & Schuster, 2000.

-----. *Grounds for Remembering: Monuments, Memorials, Texts.* With Thomas Laqueur, Andrew Barshay, Stephen Greenblatt, and Stanley Saitowitz. Berkeley, CA: The Doreen B. Townsend Center for the Humanities, 1995.

-----. "Speech at the 10th Anniversary of the Dedication of the Vietnam

Veterans Memorial, November 11, 1992." In Scruggs, comp. *Why Vietnam Still Matters*. 125.

Marling, Karal Ann, and Robert Silberman. "The Statue Near the Wall: The Vietnam Veterans Memorial and the Art of Remembering." *Smithsonian Studies in American Art* 1.1（Spring 1987）: 4-29.

"Maya Lin." *Asian American Biography*, Vol. 1. Ed. Helen Zia and Susan B. Gall. New York: UXL, 1995. 180-83.

Mitchell, W. J. T., ed. *Art and the Public Sphere*. Chicago and London: U of Chicago P, 1992.

-----. "Introduction: Utopia and Critique." In Mitchell, ed. 1-5.

-----. "The Violence of Public Art: *Do the Right Thing*." In Mitchell, ed. 29-48.

Mock, Freida Lee, dir. *Maya Lin: A Strong Clear Vision*. 1995.

Ng, Franklin. "Maya Lin and the Vietnam Veterans Memorial." *Asian American Women and Gender*. Ed. Franklin Ng. New York and London: Garland, 1998. 61-81.

North, Michael. "The Public as Sculpture: From Heavenly City to Mass Ornament." *Art and the Public Sphere*. In Mitchell, ed. 9-28.

Palmer, Laura. "Introduction." *Shrapnel in the Heart: Letters and Remembrances from the Vietnam Veterans Memorial*. New York: Random House, 1987. xi-xx.

Scruggs, Jan C. "Foreword." *Voices from the Wall*. Comp. Jan C. Scruggs. Washington, DC: The Vietnam Veterans Memorial Fund, 1998. i-ii.

-----. "Introduction." *Why Vietnam Still Matters: The War and the Wall*. Comp. Jan Craig Scruggs. Washington, DC: The Vietnam Veterans Memorial Fund, 1996. n.p.

-----, and Joel L. Swerdlow. *To Heal a Nation: The Vietnam Veterans Memorial*. New York: Harper & Row, 1985.

Strait, Jerry L., and Sandra S. Strait. *Vietnam War Memorials: An Illustrated Reference to Veterans Tributes throughout the United States*. Jefferson, NC and London: McFarland, 1988.

Theriault, Kim Servart. "Re-membering Vietnam; War, Trauma, and 'Scarring Over' after 'The Wall.'" *Journal of American Culture* 26.4（Dec. 2003）: 421-31.

The Vietnam Veterans Memorial. 23 July 2006 http://thewall-usa.com/

The Vietnam Veterans Memorial Fund. 23 July 2006 http://www.vvmf.org/.

Young, James E. *The Texture of Memory: Holocaust, Memorials, and Meaning*. New Haven and London: Yale UP, 1993.

單德興：現任中央研究院歐美研究所研究員暨靜宜大學英文系兼任講座教授，曾任中華民國英美文學學會理事長。著有《銘刻與再現：華裔美國文學與文化論集》、《反動與重演：美國文學史與文化批評》，譯有《知識分子論》、《格理弗遊記》、《權力、政治與文化：薩依德訪談集》等。研究領域包括美國文學史、華美文學、比較文學、文化研究、翻譯研究。

克服過去：

柏林歐洲猶太人大屠殺紀念碑的歷史啓思

陳郴

這是統一的德國對他過去歷史所做的懺悔。藉由紀念碑提醒我們不要忘記納粹最恐怖的罪行——試圖滅絕一個民族。

——Wolfgang Thierse

此紀念碑為對抗遺忘最重要的象徵。

——Paul Spiegel（德國猶太人聯合會主席）

一、前言

2005年5月10日，作為第二次世界大戰勝利日60週年慶祝活動的一部分，位於德國首都柏林市中心的「歐洲猶太人大屠殺紀念碑」（Denkmal für die ermordeten Juden Europas），舉行了莊嚴隆重的揭幕儀式。在經歷了近17年的爭論和期待後，這座深具歷史意義的紀念碑終於向世人揭開了沉重的面紗。

　　德國總統克勒、總理施洛德、聯邦國會議長提爾瑟等政要，來自世界各地的納粹大屠殺倖存者代表、猶太團體代表以及新聞記者共1000多人出席了當天的儀式。儀式中聯邦國會議長提爾瑟表示：「德國聯邦國會透過決議建立這座紀念碑，就是自覺到統一的德國必須坦白承認它的歷史責任，而且要在首都柏林的市中心公布其歷史上的最大罪行，以永遠牢記這一切。」

　　「歐洲猶太人大屠殺紀念碑」，通稱為「大屠殺紀念碑」，位處於柏林市中心地區，愛伯特路（路名以威瑪共和國首位總統之姓氏命名）旁，北鄰歷史性建築物布蘭登堡門，南接波茨坦廣場。這個地點的選擇也頗具有深厚的歷史象徵意義。這一地區不僅是前納粹德國的權力統治中心，如今也是柏林的政治與行政中心，距德國聯邦議會和總理府等國家機關僅咫尺之遙。同時它還緊鄰使館區和動物園。在這麼一個聯結歷史城區、議會和政府區的地方建立揭露德國過去最不堪與晦暗歷史的紀念碑，不僅需要非同尋常的道德勇氣，同時也體現了非同尋常的反省與自覺誠意。換言之，是德國人用自己的實際行動反省和承擔歷史責任。

　　但德國建紀念碑的目的，並不是為了給當年的猶太人受害者一個最終交代，紀念碑的落成也不表示60年後德國企圖與納粹歷史做一個徹底切割。提爾瑟在揭幕式上強調，紀念碑並不意謂德國對納粹歷史反省的終點，相反的，它將警戒德國人永遠牢記本身的那段歷史，並汲取歷史教訓。事實上，紀念碑的建立走過了一段曲折的道路，整個構想從提出到計畫成案，最後正式完工開放，歷經17年之久[1]。建立這樣一座紀念碑的構想源始自民間，

1　1988-89年：新聞工作者蕾阿・羅許女士發出了建立一個《醒目的紀念地》的呼籲；1994-95年：為紀念地藝術設計公開招標，Christine

1988年，德國一位名叫蕾阿·羅許（Lea Rosh）的女性新聞工作者提出動議，要求在德國首都為納粹統治時期的被害猶太人建立一個歷史性紀念物，以讓世人透過直觀的方式，永遠牢記納粹罪行。

其間，原始計畫案也曾被全面退回重新再議，即使最後確認美國建築師彼得·艾森曼的設計獲得勝出[2]，卻仍然經過大幅度的修改。經過十餘年的爭論，德國聯邦國會最終於1999年以壓倒性多數票通過建碑決議，並撥款2760萬歐元建立這一紀念碑，這是聯邦國會在從波昂遷往柏林之前通過的最後也是最重要的決

（續）

Jackob-Marks的設計於首輪出線；1995年6月：總理柯爾拒絕上項佔地20000平方公尺並勒石銘文的設計構想；1997年夏：經公開討論，在被邀請的藝術家和建築師中進行新一輪紀念地設計招標；1997年11月：艾森曼設計獲選；1998年初：柯爾總理選中艾森曼的設計，但因聯邦國會選舉而延遲了決定日期；1999年6月25日：德國聯邦國會作出了建立紀念地和建立基金會的基本決議；2003年4月1日：開始施工；2004年7月1日：為紀念館工程舉行上樑儀式；2004年12月15日：安置最後一個紀念碑／開始植樹；2005年5月10日：公開揭幕；2005年5月12日：對外開放。

2 彼得·艾森曼（Peter Eisenman），1932年生於紐約，先後獲得康乃爾大學建築學士、哥倫比亞大學建築碩士與劍橋大學博士學位。曾任教於哈佛、劍橋、普林斯頓、耶魯等大學。艾氏被視為當代最重要的建築家之一，1967年創建建築與城市研究學院，並曾多次榮獲國際建築獎項。艾氏曾任教於哈佛、普林斯頓與俄亥俄州立大學。目前執教於耶魯大學，並積極從事大型建築計畫。艾氏也是美國最重要的解構主義建築師。他的作品深受法國哲學家解構主義之父德希達（1930-2004）思想影響。關於德希達對在場形上學和解構的概念，他的蹤影和抹除的概念暗藏在他哲學的文章中。艾森曼的歐洲猶太人大屠殺紀念碑採用了蹤影和抹除的概念。這個紀念碑被設想為浩劫的痕跡和淡出，意欲讓它的主題容易理解和充滿傷感。艾氏近年知名作品：柏林歐洲猶太人大屠殺紀念碑（2005）、亞利桑那大學運動場（2006）。

議之一，明確地體現出德國對其犯下的歷史罪行深切的自省和對其歷史責任毫不推卸的態度。

於揭幕儀式後兩天，2005年5月12日大屠殺紀念碑正式對外開放，一年365天，全天候免費對公眾開放。估計開放的第一年，就已湧入350萬名參觀者，平均每天一萬人，其中40%的參觀者爲外籍人士。

二、「靜默之地」──集體記憶的藝術體現

大屠殺紀念碑是獻給在納粹統治下遭滅絕的600萬名歐洲猶太人。紀念碑的場域主要是由兩部分組成，地上部分是水泥碑群，面積共占地19073平方公尺（相當四個足球場大）。由2711塊體積不一、深灰色的中空長方體水泥碑（Slabs）組成，各個水泥碑被平行置列於這塊略有起伏的地表上。每個碑寬0.95公尺，長2.38公尺，傾斜度爲0.5度至2度。高度則各不相同，介於0.2-4.7公尺[3]。每個碑的平均重量約爲8公頓，最大的碑高4.7公尺，重16公頓。碑體的材料是十分堅硬的灰色自動密封式混凝土，同時爲確保碑體表層的耐用性能，在生產過程中也採用了特殊的材料加工處理，尤其是防止塗鴉處理，可以有效地清除塗鴉痕跡[4]。

---

3 其中有303個的高度超過4公尺；569個的高度在3至4公尺之間；491個的高度在2至3公尺之間；869個的高度在1至2公尺之間；367個的高度在0至1公尺之間；112個鑲嵌在路面平地上。

4 紀念碑施工過程中，亦曾發生一段停工的插曲。2003年10月14日經由瑞士一份日報披露，生產紀念碑上特殊塗料的Degesch公司，其母公司Degussa即是在第二次世界大戰中生產大規模滅絕猶太人之毒劑Zyklon B的公司。在大多數猶太團體公開反對該公司繼續參與的情形下，最後艾森曼仍決定支持該公司履行合約生產工作。

歐洲猶太人大屠殺紀念碑鳥瞰圖。

水泥碑群間不足一公尺寬的狹小通道。

　　從遠處俯望，這個水泥碑群形似一片波濤起伏由墓碑組成的波浪。整個紀念碑群沒有一般紀念性建築物的主要出入口，由水泥碑群組成波浪般的網狀通路可供參觀者任意穿行。徜徉在水泥塊間由小方磚鋪成不足1公尺寬的狹小通道，踏在同樣是波浪般起伏的地面上，無論是向上方仰望，還是環顧前後左右，人們感受到的是某種難以言喻般被冰冷的水泥石塊擠壓的窘迫。

　　此外，2711塊水泥碑這個數字是建築師根據紀念碑地表的面積而定的，它沒有任何象徵意義，與被害者數目也無關聯。艾森曼的設計從根本上顛覆了紀念碑的概念，放棄了任何一種象徵性符號的使用。碑面上既沒有任何銘文，或包含任何對加害者控訴的文字，也沒有任何圖形標誌，碑群中更沒有一個中心標的。艾森曼解釋其設計思想時說，無論是水泥碑的數量，抑或其形狀，都不具任何象徵的意義。他的設計所要傳達的是一種被撕裂的感覺，如同在奧許維茲（位於今波蘭境內）滅絕集中營內無數兒童從他們的父母身邊被納粹強行帶走一樣。他將紀念碑群視爲一個「靜默之地」（Ort der Stille），希望參觀者能被紀念碑的表現力所感染，並有所感動而從中得到啓示。

　　不過對於大屠殺紀念碑的設計概念，一直存在不少爭議。一些猶太團體指出，紀念碑的形式過於抽象，無法清晰地傳達出悼念納粹大屠殺遇難者的意念；還有批評者指出，德國政府修建這個紀念碑只獻給所有遇難的猶太人，而忽略了其他在納粹政權下的受害者[5]。針對外界的質疑，德國政府強調，紀念碑的落成並不意味著德國對納粹歷史的反省與究責已經結束，紀念碑只是一

5　希特勒統治時期，納粹殘害異己的對象中除了猶太人以外，亦包含吉普賽人、耶和華見證人、共產黨人、同性戀者以及政治犯等。

個開放的藝術作品，它是將親身經歷的戰爭回憶轉化成透過藝術傳達集體記憶的一種表達。希望德國民眾，尤其是年輕世代能被紀念碑的感染力所打動。同時德國政府也已做出要另外建立辛帝（Sinti）和羅瑪（Roma）等吉普賽少數民族以及同性戀被害者紀念館的決定。

地下部分是紀念碑群下方納粹屠殺歐洲猶太人歷史的紀念館。由紀念碑群的東南側沿台階或乘電梯可到達此地下紀念館，其展示廳的設計風格與碑群的塊狀外形風格一致，展示廳的入口，懸掛著6張巨大的猶太遇難者照片，象徵著六百多萬被納粹殺害的猶太人。其中收藏大量有關納粹大屠殺的圖片和文字資料，以文字配合圖片的形式展示1933年至1945年間納粹的迫害政策以及殘害歐洲猶太人的歷史資料[6]，整體展示內容氣氛凝重讓人陷入感傷的情緒。

三、納粹德國與迫害歐洲猶太人

回顧納粹種族主義意識型態的遺害以及猶太人在納粹統治下所遭遇的非人對待，就可以了解紀念碑不僅是為受害者而建，更是為德國人自己而建，以及紀念碑在德國現代歷史上的象徵意義，及其中隱含為後世訓的理性呼籲。

在希特勒的世界觀裡，國家僅僅是維繫種族生存的一種組織形式，他並且從這種觀點歸結出國家的中心任務就是為保存亞利

---

6 紀念館中陳列有關猶太人受難者之姓名、歷史及下落之資料，均由以色列猶太屠殺紀念館（Yad Vashem）提供。紀念館面積930平方公尺，分為展示廳778平方公尺、講廳106平方公尺、書局46平方公尺。開放時間：10:00-20:00。

安統治種族的純淨與爲該種族攫取必須的「生存空間」，並爲消滅敵人創造力量。在《我的奮鬥》一書中，希氏曾指出：「原則上國家不過是達到目的的手段，而這個目的就是維繫種族的生存」，因此國家社會主義強調國家的目的就是保護和發展優秀民族，消滅劣等民族[7]。

> 與此相對，一個劣等種族則是人類歷史的糟粕，尤其是猶太民族，應予徹底淘汰。事實上，反猶太主義的種族主義與「生存空間」理論共同建構了希特勒，乃至國家社會主義世界觀的中心思想，它不但成爲希特勒推動種族以及向外擴張政策的主導思想，並落實成爲第三帝國的行動準則，而被直接用來爲當局的政治需要和侵略戰爭服務。

在希特勒眼中，國家既然是達到霸權擴張的目的並且是一種保護種族的工具，而爲了達成保存和發展優秀日耳曼民族的純淨這個目的，消滅劣等種族並大肆擴大日耳曼民族的生存空間乃成爲必要手段，因此被視爲劣等民族的猶太人，便成爲遭受納粹迫害的對象。早於1920年的納粹黨黨綱中就明確指出，唯有擁有眞正德國血統的人，才被視爲德國國民。納粹攫取政權後很快就試圖將其反猶太主義理念付諸實行，雖然〈威瑪憲法〉第109條保障人人在法律之前平等，因此任何帶有歧視猶太人的法令均屬違憲。但同年3月24四日國會通過的〈授權法〉，卻爲納粹逼迫猶太人掃除了法律上的障礙，根據此授權法，政府制訂法律根本無

7　Adolf Hitler, *Mein Kampf.* Bd. I（München 1932）, pp. 329f.

須經過立法機構的同意[8]。隨著4月7日頒布的〈公務人員法〉強制所有非亞利安人的公務人員退休或解職，開啓了納粹全面壓迫猶太人之先聲。1935年9月15日頒布的〈紐倫堡法令〉，更進一步剝奪猶太裔德國公民的權利，藉由其中〈公民法〉與〈保護德國榮譽與血統法〉，非僅特定職業的猶太人，而是全部猶太人均受到法律上的歧視與壓迫。猶太人在法律上不被視爲合法的德國國民，不得享有選舉權，亦不得擔任公職。而爲了維護日耳曼民族血統的純淨，禁止猶太人與德國人通婚，違反者處以監禁，並且已婚者其婚姻在法律上被視爲無效。〈紐倫堡法令〉不僅達到納粹所企求在社會上隔離猶太人與非猶太人的目的，更重要的是，它成爲日後有系統將猶太人驅離於德國社會的主要基礎。

戰前納粹逼迫猶太人的行動，於1938年時達到高潮，由於德國驅離前波蘭猶太人，導致德國駐法大使館參事遭猶太人槍殺，在納粹黨主導下全國性排猶行動於11月9日至10日深夜展開，在這一排猶暴力活動中，全國共有267座猶太教堂被破壞，7500家猶太商店遭劫掠，91名猶太人遭殺害，2萬6000名猶太人被關進集中營。事後猶太人被強制償付10億馬克的賠償金，作爲修復被破壞物品的費用[9]。

---

8 W. Hofer（Hrsg.）, *Der Nationalsozialismus. Dokumente 1933-1945* （Frankfurt a. M. 1997）, Doc. 27a, pp. 58-59.

9 即使是藉由全國性的排猶運動以及透過制定法律，納粹仍無法如願解決國內猶太人問題，到第二次世界大戰爆發前，納粹仍透過各種政治手段壓迫並剝奪猶太人在政治、經濟、文化上的權利，逼迫猶太人自動離開德國。1939年2月，在柏林成立了「猶太人移民總辦事處」，專責辦理猶太人移民手續，同時在離開德國時猶太人被迫放棄大部分資產以換取順利離境。直到戰爭爆發前夕，原本生活在德境的50萬猶太人中除了26萬人成功移居國外，其餘仍選擇留在德

　　不過，在第二次世界大戰爆發之前，納粹逼迫猶太人大體僅止於在法律、社會以及經濟層面上採取歧視性措施，壓迫他們或是迫使其向國外移民，尚未見大規模拘捕或殺害猶太人的行動。但戰爭爆發後，納粹迫害猶太人的行動卻出現急遽轉折，成爲有組織的屠殺乃至於大規模滅絕等極端野蠻的方式。

　　特別是在納粹征服東歐（波蘭與俄羅斯西部）——歐洲猶太人最大的集居地——之後，隨著被征服的猶太人數日益增多，更顯示出解決猶太人問題的急迫性。而這塊新征服的地域，原本就被規劃爲亞利安統治種族的殖民地區。爲達此目的，因此採取激烈手段消除猶太人，首先在東歐地區開始，並揭開日後大規模泯滅人性滅絕猶太人行動的序幕。1941年秋，在黨衛軍首腦希姆萊（Heinrich Himmler）的指令下，所謂的「行動隊」（Einsatzgruppe）隨著陸軍部隊之後，在東歐與俄羅斯征服地區執行綏靖與清除猶太人的任務，以A行動隊同年12月1日的報告爲例，該隊僅是在波羅的海立陶宛地區執行清除猶太人任務，就殺害了12萬5000名猶太人[10]。

　　而對於東歐以外的猶太人處理方式，早在1941年5月，德國當局就已禁止猶太人移民國外，同年7月開始研擬全面解決德國境內以及統治地區內猶太人的辦法。10月，第一波驅離統治境內猶太人至波蘭境內的集中營（Konzentrationslager）、甚至滅絕集中營（Vernichtungslager）的行動開始。在被驅離至集中營前，事

（續）————————————————————
　　國的猶太人卻大都因爲已喪失主要資財而無力移民國外。
10　Helmut Krausnick, *Hitlers Einsatzgruppen. Die Truppe des Weltanschauungskrieges 1938-1942*（Frankfurt a. M. 1998）, pp. 179ff. Peter Longerich, *Politik der Vernichtung. Eine Gesamtdarstellung der nationalsozialistischen Judenverfolgung*（München 1998）, pp. 398-399.

實上猶太人已幾經迫害：從法律上的壓迫，如配戴猶太人六角星、從事職業權利與遷徙自由被剝奪、財產被剝奪、遭強制勞動以致過著毫無法律保障的生活。

而隨著戰爭的擴大，為了更有效並更有組織的消滅猶太人，各地集中營的數目以及規模也愈見龐雜。特別是在波蘭境內的集中營，大部分都擴建成為滅絕集中營，或所謂死亡工廠，貝爾契許、徹爾諾、索畢波爾、馬達內克、特雷布林卡以及奧許維茲等即是。在滅絕集中營內，建有以浴室為掩護的所謂瓦斯室（Gaskammern），作為集體毒殺猶太人的場所。在上述各滅絕集中營內又以奧許維茲規模最大，直至今日仍成為滅絕猶太人的主要象徵與代名詞。

1942年柏林汪湖會議（Wannsee Konferenz）後，德國對所有仍留在德國及佔領區內的猶太人，開始有組織地驅逐至東方的滅絕集中營[11]。有勞動能力的猶太人被強迫與老弱疾病者分開，並遭壓榨勞動至死。納粹用盡一切可能的方法，快速並有效的殺害散處於各地集中營內的猶太人。不論是大規模的槍殺與毒殺——特別是在滅絕集中營內的瓦斯室內，或是最後採用Zyklon B（一種含有除蟲藥劑成分的毒劑），都成為納粹滅絕歐洲猶太人難以洗刷的暴行。德國在1939年為止尚有24萬猶太人居民，1945年時僅剩1萬4000餘人。而波蘭在大戰爆發前，約有300萬猶太人，到戰爭結束時，除20萬居住在已劃歸蘇聯地境內的波蘭猶太人外，波蘭本土祇剩10萬人。易言之，僅波蘭一地就有近300萬猶太人遭到納粹滅絕。不過在納粹統治地區被殺害的猶太人總數，很難

---

11 R. Breitman, *Der Architekt der "Endlösung". Himmler und die Vernichtung der europäischen Juden*（Paderborn 1996），p. 302f.

精確估算，推估約在600萬人左右。

四、克服過去

　　這樣一個紀念碑的建築歷史，也記載著德國人對於如何表達對猶太人受難者悼念的紛歧與爭論，因爲伴隨著紀念碑的設計與施工，是十多年來有關建碑之必要性與形式的公共辯論。這樣的辯論在過去不斷浮現並環繞在下列議題：藉著紀念碑的建立，有關納粹最恐怖罪行的歷史可以蓋棺論定？「過去的歷史記憶」是否可以被克服？何以要建立一座爲特定受害族群的紀念碑？

　　事實上，作爲歷史主義（Historismus）發源地的德國，史學家深知納粹的過去歷史不會自動消失沉寂，而是會令人尷尬並頑固地存在著。「過去」將不斷回過頭來糾纏現在，除非現代人承認過去並加以重新詮釋處理，透過集體記憶形成共同的社會意識，否則過去就可能毀掉他們的歷史延續性與未來。因此戰後德國史學家，對於處理納粹迫害猶太人罪行與納粹歷史解釋的問題，特別使用了「克服過去」（Vergangenheitsbewältigung）這個名詞。

　　另一方面，藉由法律上的具體作爲以消除納粹種族思想遺毒與承受對猶太受害者的賠償，戰後德國在這一點上的立場從未變更，這可視爲德國政府在法律上「克服過去」的主要象徵與措施。早在1949年5月公布的德國〈基本法〉中第3條第3款即明定，「任何人不得因性別、出身、種族、語言、籍貫、血統、信仰、宗教或政治見解而受歧視或享特權。」此外1952年〈盧森堡公約〉中德國與以色列政府就達成協議，德國明確承諾，所有在納粹統治期間被沒收的猶太人財產與集中營猶太人受難者均

予以補償，另外補助以色列建國的原則在條約中亦予以確立。

　　而針對新納粹組織等極右翼政治勢力的活動，德國政府一向也採取法律手段，加強對新納粹分子的監控。1979年，德國聯邦法院的一項判決，首次嚴格界定「言論自由」原則，而宣傳納粹思想與炫耀納粹標誌被視為「言論自由」的例外事項。根據這項判決，猶太公民有權要求納粹分子承認對猶太人的迫害。1985年4月，德國聯邦議會通過了一項決議，將「否定迫害猶太人的行為」，判定為對猶太人的侵害，應給予法律懲處。1994年5月，德國聯邦議會進一步加重「煽動罪」定罪程度，在公開場合宣傳、不承認或者淡化納粹屠殺猶太人，最高將處5年監禁。從2005年4月1日起，德國新的法律更規定，禁止極右翼分子在包括大屠殺紀念碑等歷史紀念物前遊行。

　　即使德國國內已經將否認納粹對猶太人實施種族屠殺的言行和炫耀納粹標誌等行為列為犯罪行為，但目前擔任歐盟輪值主席國的德國（從2007年1月起擔任主席國6個月），更企圖立法將此法擴大到全歐盟國家實施，違反者最高將處徒刑3年。雖然這項做法可以向歐洲逐漸興起的種族主義釋出強烈訊號，鑒於其他會員國考量到公民的言論自由權，因此對此議題仍處於立場分歧。

　　不過對於納粹時期的歷史解釋問題，意欲從理性思維上「克服過去」，情況就遠較法律面複雜的多。其中所牽涉的不僅是法律規範或是歷史書寫的問題，而是德國人如何從歷史集體記憶與歷史意識的矛盾糾葛中脫出，並重行凝聚新的社會意識與國家認同。

　　事實上，第二次世界大戰結束之後，德國史學界對有關第二次世界大戰的戰爭罪責、納粹罪行與歷史定位等重要議題多所著墨。近20年來，隨著新史料的發掘與新觀點的提出，有關上述

議題的歷史論述也變得更爲多元與更具爭議。而分別就在大屠殺
紀念碑構想成形，與德國國會通過建碑決議之前兩年，德國知識
界先後發生了兩次關於納粹屠殺猶太人等歷史問題的重要並且
影響深遠的公共辯論[12]，其代表意義也標示出，德國知識界對此
段歷史的看法在不同時期的轉折與再思過程。

1.「歷史學家論戰」

「歷史學家論戰」乃是指1986至1987年間，一系列有關納粹
之屠殺猶太人在戰後德國歷史觀中應如何定位的學術辯論。此論
戰源起於柏林自由大學歷史系教授諾帝[13]於1980年7月發表於
《法蘭克福廣訊報》上的一篇文章，文中反駁納粹犯行的絕對性
與獨特性。諾氏表述：「奧許維茲所代表的事件(指大屠殺)主要
並非淵源於傳統的反猶太主義，本質上它也不是一種種族屠殺，
它主要是出自對共產革命所引起階級屠殺過程的恐懼而做出的
反應。」

根據諾氏的研究，種族滅絕可以在一個更大的歷史架構下，
與他種犯行放在一起思考，甚至在猶太人大屠殺之前的歷史，已

---

12 事實上，1970年代初期漢堡歷史家費雪(Fritz Fisher)以其《邁向世
   界強權》(*Griff nach der Weltmacht*, 1961)一書挑戰了傳統保守主義
   歷史學派觀點，開啓戰後第一波相關議題的歷史論辯。

13 諾帝(Ernst Nolte, 1923-)於大戰期間，因手部畸型因素並未服兵
   役，1945年自大學畢業，1952年於弗萊堡大學取得博士學位。1965
   年執教於馬堡大學，1973年於柏林自由大學執教以迄1991年退休。
   2003年底德國右翼政黨CDU國會議員Martin Hohmann因發表對於
   德國統一的談話，被視爲具有反猶太意涵，而遭黨團除名並被開除
   黨籍，諾氏卻公開讚揚Hohmann爲勇敢並值得尊敬的意見自由捍衛
   者，諾氏之思想行徑及其政治立場可見一斑。

經出現了類似的犯罪，例如蘇聯的階級鬥爭而出現的階級屠殺。
他強調，納粹滅絕猶太人的犯行，在本質上與古拉格群島的階級
屠殺並無兩樣。該篇文章當時並未引起公眾的太多注意，直至
1986年6月6日諾氏再在該報上論及俄共古拉格奴工營與納粹奧
許維茲集中營的因果關聯，舉例蘇聯共產階級屠殺事實上即為納
粹種族屠殺的原型。諾氏這種對共產主義與納粹主義之間因果關
聯的論述，引起德國著名的社會哲學家哈伯瑪斯強烈的批判。他
為文反駁並指出，諾帝的論點是將納粹犯行「相對化」（Rela-
tivierung），也是欲將德國的過去「常態化」（Normalisierung）。
他認為「在現今德國現代史學中一種損害管制（Schaden-
abwicklung）的趨勢在增長」，而這種趨勢是危險的，德國必須去
面對他的黑暗過去，而不是將這段不光彩去差異化，甚至漂白除
罪化。他同時強調，那些想將德國人對於屠殺猶太人的罪疚感驅
走，並將其導向保守型態之民族認同的作為，無異將摧毀德國與
西方文化聯結的唯一可靠基礎[14]。

隨後數月，在報章雜誌上出現一系列互相論辯甚或抹黑式的
筆戰，哈氏以及自由派歷史學者，甚至被反對派的歷史學者貶斥
為左派的宣傳人員。不過諾帝的主要論述：俄共的暴行是納粹大
屠殺的原型之一，已不為今日大多數歷史學家所接受。此外，納
粹有計畫的滅絕猶太人，應視為歷史上獨一無二的事件，其獨特
性在於：一個現代國家首次試著系統性的、且以精準的現代方
法，將整個特定族群根除，因此它是無法與其他的種族屠殺事件

14　Jürgen Habermas, Eine Art Schadenabwicklung: Die apologetischen
Tendenzen in der deutschen Zeitgeschichtsschreibung. *Die Zeit* 29/1986.

作比較研究[15]。

2.「第二次歷史學家論戰」

就在「歷史學家論戰」10年後，1996年美國哈佛大學政治學教授高哈登以其博士論文爲基礎出版《希特勒心甘樂意的劊子手》[16]一書後，新一波有關猶太人屠殺罪責與第三帝國歷史定位議題的論戰，再度於德國史學界引爆[17]，其辯論議題的深度以及引起公眾迴響的廣度，均較第一次歷史學家論戰猶有過之。

該書不僅在短期內成爲歐美暢銷書，僅精裝本即銷售了20萬冊，1997年高氏更因此榮獲德國及國際政治月刊社頒發之民主成就獎（Demokratiepreis）。戰後德國尚未曾有一本關於猶太人大

---

15 「歷史學家論戰」的中心議題有四：一是大屠殺是否應視爲單一獨特現象，抑或納粹種族淨化罪行可與發生於其他國家中的類似事件比較？並視之爲其必然的結果？二爲納粹政權是否歸類於極權國家類型中之一，或是因大屠殺之緣由而將其視爲一個獨特歷史現象？第三，德國位居地緣政治的「中間位置」，而導致大戰的悲劇，第四，戰爭罪責問題。這四項議題均有一個共同點，在於提供一個論述基礎，將德國的罪責相對化，因爲他者也應同樣對上述事件擔負罪責，加上地緣政治的原罪，德國人不應將所有罪責一肩承擔。唯有將過去除罪化，德國才能了結過去的陰影，成爲自信的國家，並且再度成爲強權國家。

16 Daniel Jonah Goldhagen, *Hitler's Willing Executioners: Ordinary Germans and the Holocaust*（*Hitlers willige Vollstrecker. Ganz gewöhnliche Deutsche und der Holocaust*. Berlin 1996）。該論文曾獲得1994年美國政治學會 Gabriel A. Almond 獎。下文引該書時，直接在文中註明德文本頁數。中譯見戈德哈根著，賈宗誼譯，《希特勒的志願行刑者》（北京：新華出版社，1998）。

17 相關討論可參見柏林歷史學者 Wolfgang Wippermann, *Wessen Schuld? Vom Historikerstreit zur Goldhagen-Kontroverse*（Berlin 1997）。

屠殺的學術論著，能像這本一樣在德國國內引起如此激烈的討
論。高氏主要論述的重點在於：真正的大屠殺兇手究竟是哪一些
人？是什麼原因導致如此眾多的德國人被納粹動員，並直接或間
接的參與大屠殺的行動？而一般普通的德國人，是如何在納粹時
期一個個變身為集體屠殺者？大多數的德國人，又是如何被動的
接受猶太人遭屠殺的事實，並對受害者表現出漠不關心的態度？
高氏企圖為兩個自半世紀以來困擾德國史學界，甚至在德國社會
中形成兩極意見的問題提出總結性的觀察：第一，大屠殺這種人
類集體犯罪型態中最殘酷的罪行是如何能發生的？第二，為何只
有在德國發生？

　　戰後的德國歷史學家，傾向將大屠殺的一切罪責歸諸希特勒
的瘋狂理念以及一小撮狂熱黨衛軍（SS）分子，將這種瘋狂理念轉
化為具體行動。對此，高氏認為沒有一個地區像19世紀末以來的
德國一樣，受種族思想支配的反猶太主義影響其政治文化與社會
各階層如此之深[18]。而這種深化的反猶太主義，更逐漸在社會意
識中轉化成一種集體思想傾向。高氏將此種深植於德國社會文化
中的反猶太主義，稱為「祛除異質式的反猶太主義」（eliminationist
anti-semitism）（Goldhagen 166），就像電流通過變電器傳輸到電
路末端般，只要希特勒一啟動消滅猶太人的運動，整個社會就被
徹底動員，將猶太人排除於德國社會以外（Goldhagen 541）。

　　高氏著作中的研究對象並非猶太受害者，而是德國加害者。
他以黨衛軍行動隊、警察營、集中營與猶太區警衛成員，亦即直
接參與滅絕猶太人行動之成員為研究對象。事實上，這群特定對

---

18 19世紀末著名音樂家華格納（Richard Wagner, 1813-1883）就曾將猶
　　太人描繪為「人類墮落的惡魔」。

象並非全爲狂熱的黨衛軍成員，同時這等人也絕非具有虐待狂傾向的精神病患，而是一般的德國國民(328)。他們可能是善良的人父或普通的德國人，可謂具代表性的社會小市民。然而他們並非出自被迫、盲目服從命令或是害怕受罰，而是自願、積極，沒有任何道德顧忌地參與滅絕猶太人的行動(487)。

　　高氏指出，正是長久以來支配德國人對猶太人的負面民族觀感，造成一般普通德國人成爲有組織殺害成千上萬手無寸鐵、無助猶太男女老少的冷血劊子手(22)。該書結論強調，反猶太主義導致數以萬計的普通德國人成爲冷血殺害猶太人的屠夫，反猶太主義乃是德國人集體精神狀態中的一部分與確信，因此換做其他百萬計的德國人處於上述人士一樣的位置，也將會做出同樣的暴行。

　　大屠殺到底是如何造成的，這個數十年來深深困擾著德國史學界與造成德國人原罪的問題，迄無定論。高氏在書中多次反駁了過往許多歷史學家的論點，即不僅僅是黨衛軍人員或是納粹黨員，而是來自社會各階層的普通男女公民，自願並積極的參與凌虐與殺害猶太人。他並指出，不僅反猶太主義早在希特勒執政前就已深植於德國社會之中，同時，將猶太人逐出德國社會的願景，也廣傳於德國大眾心間(97)。此外，高氏亦駁斥由來已久所謂一般德國人普遍對納粹屠殺罪行不知情的論點。他強調，自1933年起，納粹持續的將猶太人排除於德國社會各階層，這些過程完全是在公開的情形下進行。如果不是在絕大部分社會大眾默認與協助下，這樣赤裸裸的政治暴力如何能實現？高氏更進一步質問：「1930年代到底有多少德國神職人員，不認爲猶太人是一種威脅？有多少軍方將領，不認爲應將猶太人自德國清除？又有多少司法人員、醫生與知識分子，認爲希特勒的反猶太主義與對

猶太人的迫害是愚蠢躁進的行為？」[19]

高氏著作能在德國引起激烈論辯，不在於其著作中的缺失疏漏，而是他的論述以及書中隱含對全體德國人「集體罪責」（Kollektivschuld）的指控，觸及了反對者最敏感的神經——種族滅絕的原罪與其歷史責任——而這也正是反對者們長久以來所不願意面對與承認的。這其中，自然以民族情緒為主，但也包含著反猶太思想。藉由對高氏著作的批判，在德國也引起一陣對過往納粹時期歷史進行論辯與重新詮釋的呼籲。事實上，在此一呼籲背後，隱藏著一種德國人意欲將過去的晦暗歷史相對化與正常化，亦即擺脫過去歷史晦暗——尤其是奧許維茲所代表的屠殺猶太人事件，以及對統一後逐漸型塑之民族榮耀的渴望與追求。

傳統上德國人根深柢固的反猶太主義觀念，乃是大屠殺的主要驅動力量，已是今日德國人不願承認卻又不得不接受的合理解釋。它不但提供希特勒決心消滅歐洲猶太人的行動理由，同時它也建構了德國人殘忍虐待並殺害猶太人的心理基礎。事實上，在人類歷史上，任何時間或地點都可能發生人類因出於某種野心，對被征服者實施令人驚恐的大屠殺。日本人在南京犯下屠殺中國軍民的罪行即為一例。而納粹屠殺猶太人更是一個典型例證，人性是可以在某種意識型態的灌輸下，被塑造成為兇殘且瘋狂到對被征服者進行一種毫無道德愧疚的虐殺與滅絕的劊子手。

由這本書所引起的論辯風潮來看，第一次史學家論戰有關德國罪責問題的辯論既未解決，也未隨著時間而消逝，而是進入一個新的階段。當德國仍有人沉醉於第二次世界大戰結束，以及納粹覆滅60週年的和解氣氛中，同時確信德國自此可以走出這段歷

19　Wolfgang Wippermann, *Wessen Schuld?*, p. 127.

史憂鬱，毫無負擔的邁向新的歷史正常化過程，高哈根的著作卻戳破了他們的美夢與幻想，同時也讓德國人了解到，德國人想要擺脫他們歷史上最晦暗一章的努力，還有很長的一段路要走[20]。而這本備受爭議的專書在德國被公眾接受的程度如何，也正足以反映出德國現今的歷史意識。藉由公共辯論，德國大眾可以有更多機會了解本身文化母體中病態遺傳的部分[21]，並且認識到爲何德國人應該共同承擔這樣的歷史責任，而對於造成上一代災難性事件的歷史根源——文化傳統中的反猶太主義——在今日是否仍然繼續在統一後的國家中發酵並產生負面作用，更是值得社會共同檢視與關注。

五、結語

納粹對歐洲猶太人的集體屠殺罪行，在20世紀人類歷史乃至於人類良知上都烙下不可磨滅的印記。這種出於種族上的歧視，而對被主觀認定爲劣等的民族所犯下的泯滅人性之大屠殺的歷史事實，是不容否認的。雖然直至今日，人們仍試圖從人類的道德與理性角度來審視與解釋大屠殺的成因，不過更重要的是，從

---

20 2006年9月被稱爲「德國良心」的諾貝爾文學獎得主作家葛拉斯（Günter Grass, 1927- ），在他的回憶錄《剝洋蔥》（*Beim Häuten der Zwiebel*）中首度披露自己在17歲那年曾經加入納粹黨衛軍的事實，震撼文壇。他坦承「這個緘默是個錯誤，它將受到譴責」。在過去半個世紀被視爲是德國的道德指標，高齡78歲的葛氏自責不應該對過去參與納粹黨衛軍的事情保持緘默這麼久，並呼籲德國人誠實的面對過去的歷史。

21 Jürgen Habermas, Warum ein " Demokratiepreis " für Daniel J. Goldhagen? Eine Laudatio. *Die Zeit* 12/ 1997.

大屠殺的歷史事實中，我們應當學習到對生命的重視以及體認民
主政治的可貴，也唯有重新確立對人性尊嚴與民主價值的尊重，
始能防止歷史事件重演，並有效遏止世界上類似的獨裁政權，再
度利用種族主義幽魂，塗炭生靈[22]。

　　一個國家，在自己政治中心的心臟位置，特別建立一座龐大
的碑林，紀念它當年暴行的受害者，毫不掩飾的將自己歷史上最
黑暗的一面向世人展示，這在世界歷史上是極爲罕見的自省與贖
罪之舉。這不禁令人想起和納粹德國同爲第二次世界大戰侵略者
並犯下南京大屠殺暴行的日本，不但迴避、甚至否認南京大屠殺
的事實，首都靖國神社裡卻依然供奉著遭國際法庭定罪的甲級戰
犯的牌位[23]。日本當年的侵略罪行帶給亞洲各國人民巨大的苦難

22　今年適逢南京大屠殺70周年，報載國外有多部關於此議題的電影即
　　將開拍，除了日本右翼的導演宣布要拍的否認南京大屠殺電影，目
　　前已知年底前各國將有7部以南京大屠殺爲主題的影片問世或開
　　拍。其中全球最大的媒體和娛樂聯合企業「美國線上」（America
　　Online, AOL）董事長雷昂西斯（Ted Leonsis）出資製作的紀錄片《南
　　京》（Nanking）1月27日在「日舞影展」（Sun Dance）獲美國出品紀
　　錄片類最佳剪輯獎。該片製作群曾親赴大陸、日、美、德等地蒐集
　　資料，包括傳教士馬吉用老式16釐米膠片在當時拍攝的105分鐘珍
　　貴紀實。「南京」以身歷其事者所拍攝的影片，將近80位倖存者的
　　口述及相關檔案，呈現當時城裡的歐美教士、商人、醫師和教師保
　　護將近25萬南京軍民的實況。

23　相對於日本在教科書中淡化其於第二次世界大戰中的對外侵略行
　　爲以及否認南京大屠殺的存在，作爲日本侵略受害者之一的臺灣又
　　是如何透過集體記憶來檢視這段歷史，或可反映出當前臺灣的歷史
　　意識取向。報載，在國內95年度新編高一下學期歷史課本中，不僅
　　日本殖民臺灣時期的表述，已由「日據」改爲相對化的「日治」一
　　詞；南京大屠殺這段歷史更是遭大幅刪節。2月才出爐的翰林版，
　　只用了22行課文談及「八年抗戰的歷史意義與影響」，其中隻字未
　　提南京大屠殺。在總共5個版本中，關於南京大屠殺的記載，龍騰

與傷害，在日本可曾尋見哪一處有悼念其他各國受害者的建築物？

　　德國爲何要建造這樣的紀念碑？德國政府指出，這是德國第一座關於納粹殘害猶太人的紀念館，也是第一座德國官方的大屠殺紀念中心，它不僅僅是爲那些無辜的猶太人建造的，更是爲德國人自己建造的，因爲它將作爲一個「永久埋在心底、並時時發出警告」的象徵，矗立在德國的土地上。一方面作爲對當年納粹受害者一個明確的認罪表示，同時也是今天統一的德國同納粹德國在歷史傳承上根本切割的體現。

　　如果從狹隘的現實政治考慮出發，德國並不需要特別修建這樣一座紀念碑。戰後60年來，德國長期不斷地反省並透過實際行動表達贖罪之意，不但已得到國際社會的肯定與諒解，同時並與猶太人受害者以及當年各受害國達成和解，如今作爲一個歐盟主要領導國家又再度活躍在世界政治與經濟舞臺。正如德國總理施洛德爲全國性《南德日報》撰文時說道：「過去已發生之事既不能挽回也無法消除，但是我們可以從歷史中記取教訓，德國人做了這些事。我們了解自己所應負的歷史責任，也應認眞對待這份責任。回憶戰爭、回憶種族屠殺和犯罪成了我們國家認同感的一部分，這是一種永久性的道德義務。」[24]

　　第二次世界大戰結束至今已60年，戰爭的親歷者也日益凋零。藉由紀念碑的表達，下一世代的德國人將牢記國家歷史中最黑暗的一頁，因爲沒有哪個國家能像戰後德國那樣，如此全面和

深刻地反省歷史，也正由於德國不迴避的承擔歷史責任，才重新贏得了今天在歐洲與世界上的地位，而不似日本在亞洲那樣處境尷尬。由此觀之，柏林建成猶太人大屠殺紀念碑，不僅是德國人克服過去的象徵，也是德國眞正面對歷史的開端，而不是結束。

陳郴：中央研究院歐美研究所副研究員，主要研究領域為德國現代軍事史與德台軍事外交關係，曾發表 "Deutsche Militärberater in Taiwan. Die deutsch-nationalchinesischen Beziehungen im Kalten Krieg"（2003）、〈冷戰時期的德台軍事交流1961-1975〉（2004）等論文，目前主持「冷戰時期德國海外軍事援助」計畫。

孤墳下的歷史：

張志忠及其妻兒　　　　藍博洲

　　一年容易。

　　在早春時節，人們迎來了一年一度的「二二八事件」週年祭。既是年度的「祭典」，各色人等，總要戴上歷史賦予的或各自選擇的假面，粉墨登場。於是我們在二二八事件60週年，看到了大小政客們敷著「轉型正義」面膜，穿著華麗西裝禮服，在應該是嚴肅哀傷的「國殤」典禮中，因為政治鬥爭上的一時優勢，竟露出無法掩藏的嘻笑……！於是一些對「二二八事件」渾然不知的市井小民，竟以為那些官員們是在「慶祝」二二八！

　　嗚呼哀哉！沒有比「二二八事件」60週年祭更讓人感到反感的戲劇演出了。歷史走到今天，「悲情」的台灣沒有比此刻更讓人感到悲哀的了。

　　從1987年的二二八事件40週年起，我投入了尋訪二二八及1950年代白色恐怖民眾史的工作。20年來，許多人問我：「究竟是什麼力量，讓你可以如此長期一直做下去？」有些人甚至批判說，我的寫作，目的只是宣傳「社會主義」（尤其是中共式的）罷了！其實，我並沒有認真思考過這個問題，只是覺得，作為一個台灣人有必要認識台灣的歷史，就這樣一路做了下來；沒想到，就這樣匆匆過了20年。

20年來，太多的意識型態的偏執，使得島上的人們（尤其是我們這種讀過幾本書的小知識分子）喪失了眞誠對待的做人道理！僅僅因爲「左」與「右」或「統」與「獨」的立場分歧，就讓人們不經論辯而鬥得你死我活！知識人該有的良知與風骨，就在這樣的社會情緒下逐漸喪失。因爲這樣，在人們口沫橫飛，高喊清算二二八「元兇」或是爭論是否「官逼民反」的60週年，事件的眞相反而更在人爲製造的迷霧中消逝。

「二二八」不是孤立的歷史；往前，它必須聯繫到殖民地台灣人民反對日本帝國主義鬥爭的歷史；往後，它又與1950年代白色恐怖時期的人民鬥爭有著一脈相承的思想聯繫。因此，理解「二二八」，顯然不能忽略作爲人民民主運動主流的日據以來的台灣左翼運動。

透過長期的調查研究，我初步認識到：那些參與「二二八」鬥爭而倖存的台灣青年，大多經歷過熱烈迎接台灣的光復，到對陳儀接收體制的腐敗和獨占忿然抗議，繼之投入1947年2月的人民蜂起，再經蜂起全面潰敗的絕望、幻滅與苦悶，然後在當時全面內戰的中國的激越的歷史中，找到新的民族身分認同的思想歷程。然而，1950年韓戰爆發，台灣納入以美國爲首的資本主義陣營，這些無以計數的一世代熱血台灣青年，也在左右體制對立下堅定而廣泛的紅色肅清中，在馬場町刑場濺血；而他們的狂飆歷史，也隨著台灣資本主義社會的發展，在人們怯懦的刻意遺忘中，長埋地下，任歲月沖刷、湮滅。

歷史，就這樣在國際冷戰與國共內戰的雙戰構造下形成的反共戒嚴體制下失落了；也就在這種充滿禁忌的歷史時空下，國民黨執政時期的政策性掩飾，再加上當今執政的民進黨從在野時期即刻意地策略性扭曲，使得人們的集體記憶出現了一段刻意遺忘的眞空。殖民主義與病態反共的意識型態，因此始終未能在思想上得到徹底

的清理。恰恰因爲這樣的「意識型態恐懼症」，造成今天人們對「二二八」及其以後的歷史，產生嚴重的認識黑洞。我想，只要我們不敢正視歷史的事實，「二二八」恐怕還是未來台灣永遠的夢魘吧！

要如何才能走出這樣的歷史夢魘呢？要如何才能讓過去的歷史悲劇眞正成爲過去，不再繼續成爲未來民族相殘的禍源呢？我想，那就需要更多的知識分子超越統治當局「掩飾」與「扭曲」的歷史解釋，克服自己既定的意識型態偏見，首先客觀地去認識歷史的原始面貌，進而做出合乎客觀事實的歷史解釋。這樣，我們才能讓歷史不再有禁忌，讓人民不再有悲情！

因爲這樣，在「二二八事件」60週年的此時此地，我願意將自己在海峽兩岸尋訪十幾年後勉強寫出的台灣歷史人物張志忠的輪廓，呈現給願意獨立思考的讀者，並藉著這樣一個領導「二二八事件」人民武鬥的台灣人走過的道路，共同省思歷史留給我們的課題。

一座孤墳與一則檔案

在嘉義新港通往雲林北港的縣道公路旁，有一處雜亂無章、蔓草叢生的墓地。墓地裡安靜地座落著一個矮小而不起眼的紅磚砌成的墳墓。這座立於1968年（丁未）的墳塚，墓碑上頭的刻字顯示：死者祖先的原鄉在福建詔安；內葬逝者張公梗、季氏澐夫婦附男楊揚。

幾十年來，沒有人會注意到這一家三口的簡陋墳墓；更沒有人想到，這座尋常的墳墓竟然埋藏著一段不爲人知的傳奇而悲壯的台灣近現代史，以及被黑暗的歷史侵奪的一家三口的悲劇。

故事要從張梗講起。

問題是，張梗是誰？

張再添與被埋在蔓草叢下的張志忠一家三口的孤塚。（藍博洲攝）

　　張梗，就是「二二八事件」期間在嘉義地區組織、領導台灣自治聯軍戰鬥的張志忠的本名。

　　1991年12月31日，李敖出版社翻印了國家安全局的機密文件《歷年辦理匪案彙編》第一、二輯，其中，第一輯第12頁的一則檔案記載了台灣光復以後，中共在台灣地下黨的組織、活動與潰敗過程：

> 1945年8月，抗日戰爭結束，日本殖民地台灣回歸中國。為了開展日後的台灣工作，中共中央派任台籍幹部蔡孝乾為台灣省工作委員會書記；9月，蔡孝乾由延安出發，間道潛行3個月，於12月抵達江蘇淮安，向華東局書記張鼎丞，組織部長曾山，洽調來台幹部。1946年2月，

蔡孝乾率領張志忠等幹部，分批到滬，與華東局駐滬人
員會商，並學習1個月；同年4月，張志忠率領首批幹部，
先由上海搭船潛入基隆。

事實上，中共在台灣的地下黨組織、活動與潰敗，恰恰是從
張志忠抵達台灣而展開，並以張志忠的犧牲爲結束的長達8年的
「新民主主義革命」的鬥爭史。

貧農子弟

1910年（明治43年）11月26日，張梗生於日據下台灣台南州新
巷庄新巷267番地（今嘉義縣新港鄉福德村）的赤貧農家；父親張
禮，「在溪邊種菜維生」，母親張林氏廳；上有大姊、大哥張棟
（駕駛牛車爲業），下有兩個妹妹及幼弟張再添（小名豆芽菜）[1]。

據新港鄉民陳秀巒說，張梗在新巷公學校（第20回）就學時，
「不太讀書，整天在玩，卻總是第一名，用錢很省儉。……畢業
後，到合隆商號工作。後來偷渡到中國大陸，他跑去大陸後，日
本人抓他媽媽在街上跪，說張梗去大陸的路費是她提供的。」[2]對
此，張再添說，以他們家當時的經濟條件來說，他母親不太可能
有辦法拿錢給張梗去大陸；他認爲，因爲新港鄉的前清秀才林維
朝（1868-1934）非常疼惜張梗，所以有可能是得到他的資助。

總之，張梗到了大陸，並且進入廈門的集美中學就讀。

1　張再添口述，1993年12月22日，嘉義市張宅。以下張再添證言皆同，
　　不另作註。

2　張炎憲等採訪記錄：《嘉雲平野二二八》（台北：台灣史料中心，
　　1995年2月一版一刷），頁231。

參與兩岸的反日帝運動

　　1924年，由於受到當時中國學生運動日漸蓬勃的影響，以集美中學的翁澤生（台北市人）等人為主的在廈門的台灣學生，於4月25日及26日，召開了閩南台灣學生聯合會的成立大會。從此以後，閩南台灣學生聯合會就一直在閩南一帶持續著活潑的反日運動。同年5月，閩南台灣學生聯合會又創設共鳴社，籌畫刊行該會的機關刊物《共鳴》雜誌；張梗不但參加了該會，並且與嘉義籍的莊泗川共同主持《共鳴》雜誌的編務[3]。

　　嗣後，閩南台灣學生聯合會卻因為學生離散與情勢變遷，變得有名無實。

　　1925年後，原本就和大陸方面的學生聯合會有所聯繫並共同活動的部分成員，和上海台灣學生聯合會取得聯絡，並且在共產主義運動的影響下，準備策動閩南台灣學生聯合會的再起；然而，它還沒有進展到確立組織的地步，就因為種種主客觀的因素而消失無形了。

　　在閩南地區台灣學生的反日運動處於低潮的這段期間，張梗一度回到台灣，並在故鄉嘉義地區從事運動。

　　1925年11月27日，台灣島內最早的無政府主義團體「台灣黑色青年聯盟」成立，主要成員包括後來成為台共領導幹部的王萬得、蔡孝乾等人；1926年12月，為了擴大黑聯及無產青年會的組織，王萬得等人展開一次全島演講旅行，並於5日晚上來到張梗

3　《警察沿革誌──台灣社會運動史：第一冊文化運動》中譯版（台北：創造出版社，1989），頁131。

的家鄉——嘉義地區；6日，他們在北港集合文化協會系統的青年演講，並分發《告青年》與《革命的研究》等小冊子；8日晚上，在朴子進行戶外演講；9日在東石演講。基於地緣關係，張梗應該參與了這幾場演講活動。也因此，當1927年1月2日，王萬得、蔡孝乾等人在彰化倡組「台灣無產青年會」時，張梗也被推舉為嘉義地方的負責人。然而，2月1日，日警當局即全面檢舉「台灣黑色青年聯盟」，逮捕了包括張梗在內的44名有關人員；同年10月，豫審終結，張梗等17人判決豫審免訴，其他王詩琅等4人於隔年2月公判[4]。

回台重建台灣共產黨

1927年，無論是台灣島內，祖國大陸或是殖民母國日本的政治經濟形勢都有巨大的變動。

首先是島內的文化協會，因為「民族運動」與「階級鬥爭」的路線不同而演變為左右分裂。其次，3月有日本的金融大恐慌。4月12日，蔣介石在上海清共。11月，日共渡邊政之輔由莫斯科帶回「台灣建黨」指令及佐野學的「日共台灣民族支部」政治綱領，台灣共產黨的建黨工作，進入實踐的階段。1928年3月15日，日共遭到檢舉破壞；儘管如此，4月15日，台共還是在中共的協助下，以「日本共產黨台灣民族支部」的名義，在上海成立。

1929年年底，具有中共與台共黨員身分的上海台灣青年團領導者翁澤生，為了在全中國的台灣學生間廣泛地擴大台灣青年團

---

4 前引《台灣社會運動史：第四冊無政府主義運動》頁18-21。原載名字是「張棟」，估計為手民誤植或張梗以大哥之名活動。

的組織，特別派遣幹部侯朝宗等人南下廈門，聯絡在當地活動的潘欽信、詹以昌等人，設置社會科學研究會，聯合各學校的台灣學生會進行左傾的指導。這樣，閩南地區的台灣留學生又再度集結起來，開展潑辣的反帝運動。

1930年6月9日，以「團結被壓迫的台灣民眾與革命的中國民眾，共同起來與日本帝國主義進行鬥爭」為目的的閩南台灣學生聯合會，在廈門中學的禮堂秘密舉行成立儀式。此時，張梗也回到閩南；除了參加該會之外，並於同年9月參與了由侯朝宗擔任講師的共產主義理論學習班[5]。

1930年12月，瞿秋白接見翁澤生，轉達第三國際東方局對謝雪紅的意見，認為她們領導的台共的「機會主義」路線實屬錯誤，並任命翁澤生、潘欽信（化名黃長川）與蔡孝乾（化名楊明山）3人，作為國際代表小組，成立對台指導部；12月20日，台共黨員陳德興由上海帶回東方局指令，但遭到謝雪紅拒絕；王萬得與蘇新等成員則遵奉東方局指令，於1931年1月27日另外成立「台共改革同盟」；3月20日，翁澤生又命李清奇帶回東方局〈致台灣共產主義者〉函（原文是日文，翁翻譯成中文），台共據此於5月31日至6月2日在台北觀音山召開臨時二大，並開除謝雪紅等一派的黨籍。

另一方面，以台共黨員趙港被捕的3月24日為始，日本當局針對台共黨員展開了全面性的檢舉，謝雪紅、王萬得、潘欽信、蘇新等領導幹部陸續被捕；台共組織遭到全面破壞。

為了重建台共組織，翁澤生於5月分從上海來到廈門，同時指派具有共青團與中國革命互濟會（赤色救援國際的中國支部）

5　前引《台灣社會運動史：第三冊共產主義運動》，頁372-373。

身分的集美中學學生王燈財(台中豐原人，今名王碧光)，在廈門負責訓練台灣青年，準備以後回台再建台共黨組。

就在這段期間，從集美中學轉到漳州八中就讀的張梗來到廈門，找王燈財，並向他表示準備回台，參加實際工作。此後，張梗就與王燈財住在一起；然後又透過侯朝宗介紹，加入了「中國革命互濟會」；再透過王燈財介紹，加入共青團。王燈財認為，張梗的年紀比一般學生大，又有回台工作的決心，於是讓他「升大學」(入黨)，並參加廈門市委黨的訓練班。當王燈財把張梗的情況向翁澤生報告以後，翁澤生很欣慰，並且在親自同張梗談話後決定派他回台重建台共黨組。

張梗回台後，隨即寫了一封信給王燈財，向組織報平安；王燈財把信交給黨組織，再由組織轉交給在上海的翁澤生。以後，張梗跟黨組織的聯絡就由翁澤生另外安排[6]。

在保釋中逃回大陸的傳奇

據日本警察廳檔案所載，張梗回台以後卻因為受到「上海台灣反帝同盟」檢舉事件的牽連而被捕。

1931年4月，「上海台灣反帝同盟」在台共領導幹部翁澤生、林木順等人指導下成立。同年7月，以盟員陳炳燹與董文霖(據王燈財說他是廈門共青團負責人)兩人被捕為線索，一直到1932年7月8日為止，日警當局陸續逮捕了63名上海台灣反帝同盟的「關係者」。張梗顯然也在這波大檢舉中被捕，並於1933年6月29日

6　王碧光口述，1993年6月7日，北京王宅。以下王碧光證言皆同，不
　　另作註。

移送檢察局；最後，在「保釋中逃走」[7]。

關於張梗的被捕與逃走，有幾種傳奇的說法，至今仍留傳在他的故鄉新港與老同志之間。

首先，王燈財認為，張梗之所以能在「保釋中逃走」，是因為他辦了「假自首」的緣故！「如果他是真自首的話，」王燈財說：「他和我的關係應該會暴露才對。」但是，事實是，張梗「只暴露廈門的台灣學生運動，黨的身分都沒暴露。」

張梗的同鄉則說，張梗被捕後即在獄中開始裝瘋，鬧得日本當局束手無策，只好將他遣送新巷（今新港），責令當地巡查與壯丁輪流看管監視。返鄉以後，張梗經常跑到離家不遠的舊學校（今新港農會），時而狂顛亂嘯，時而喃喃自語，甚至於抓起地面的狗屎、雞屎，往嘴裡吞……。這樣，新港鄉親都因為張梗的顛狂感到憐憫與嘆息！而負責監看的巡查與壯丁也在十幾天後稍為鬆懈。張梗就這樣突然失蹤！後來，基隆海關查獲一封張梗從天津寄發的報平安的家書，這才證實張梗已經偷渡大陸[8]。

張梗偷渡大陸以後的行蹤，也有幾種不同的說法。

首先，是張志忠的妻子季澐的說法。她在1946年11月11日從嘉義寄回江蘇南通的家書中，就她與楊春霖（張志忠當時的化名）的結婚日期，向父母稟報時，提到他逃離台灣以後的行蹤。季澐在信上說：「春霖提議是10月25日台省光復紀念日，原因是當年離家，從日本逃往大連，大連至青島，處於日本警察監視之下，是九死一生。10年未和家中通訊，他母親逢年過節都哭哭啼啼紀念他，全家以為他被秘密處死，如今光復安然歸來，所以光復紀

7　前引《台灣社會運動史：第三冊共產主義運動》，頁350、381。
8　鄭坤霖〈此生死而無悔的張志忠〉，未刊稿。

念日是最合式（適）的一天。」

其次，國民黨調查局的內部「機密」資料則說，張梗「日據時代化名爲鹿某，後在中共匪區改名爲張志忠，曾在抗大受訓，並在劉伯承部工作過。」[9]另外又說他「加入十八集團軍」[10]。

最後，前八路軍129師冀南軍區敵工部部長張茂林則說，1939年，有一個延安抗大畢業、化名張光熙的台灣青年，從延安來到八路軍129師冀南軍區敵工部日軍工作科擔任幹事。張茂林與張光熙爲敵工部懂日文的兩人。他說，印象中，張光熙的身材較高，長臉、膚色較黑；業務能力較強，個性頑強，不怕困苦，話不多，是個正派人物。張光熙曾經向他談過，他從台灣回到上海時，因爲與組織失去聯繫，曾經四處流浪過一段時日。

張光熙在冀南軍區敵工部從事對敵宣傳的工作，曾經帶「在華日本人反戰同盟」成員秋山良照，到敵人的碉堡下喊話。1943年，張茂林離開冀南軍區，調到太行山區；他說，從此以後就沒再見過張光熙。1945年5月，當張茂林調回冀南軍區司令部時，他聽人家說，張光熙已經與蔡前一同派回台灣了[11]。

「抗戰勝利後，」1942年在冀南軍區與張光熙一同從事敵工工作的黃景深也說：「張光熙要離開時告訴我，他將經由香港回去台灣⋯⋯。」[12]

台灣光復後曾經與張志忠密切來往的台灣地下黨人吳克泰

9 郭乾輝《台共叛亂史》（中央委員會第六組印國民黨「保防參考叢書之一」，1954年4月），頁57。
10 1950年5月14日台北《中央日報》。
11 張茂林，大連人，早稻田大學畢業，解放後擔任六機部部長，改名張有軒。張有軒口述，1993年6月10日，北京張宅。
12 黃景深口述，1993年6月8日，北京黃宅。

說，冀南軍區的司令員爲陳再道，政委爲宋任窮；管轄範圍，北
爲德州至石家莊，東爲德州至黃河，西至津浦路，司令部在南宮
威縣一帶；是一個鞏固的根據地，也是新四軍與延安之間必經之
地，劉少奇從蘇北回延安時經過此地，同理，由延安出來至新四
軍的蔡孝乾也必定經過這裡。所以，他認爲，張光熙「此人爲張
志忠無疑」。[13]

領導二二八的武裝鬥爭

吳克泰說，1946年4月，張志忠率領首批幹部入台以後，首
先到彰化永靖找集美同學王天強，然後到台北找老台共林樑才，
開展地下組織。6月，完成組建工作，赴上海匯報工作，並與季
澐偕同回台。

嘉義商工專修學校畢業，抗戰時期在上海某公司任職，勝
利後偶然與張志忠同船返鄉，二二八事件期間由張志忠直接領導
的黃文輝也說，「張志忠一到台灣便四處探勘地形，曾與謝雪紅
商定，一旦發生武裝暴動，便將隊伍撤入埔里、阿里山、太平頂
壽山地（帶）建立游擊基地。」[14]

安全局的機密文件記載：

> 1946年7月，蔡孝乾回台，台灣省工作委員會正式成立；
> 張志忠擔任委員兼武工部長，領導海山、桃園、新竹等

---

13 吳克泰致筆者函，2000年7月6日。
14 古瑞雲《台中的風雷》（台北：人間出版社，1990年9月初版），頁
35。

地區工作。然而，一直到1947年二二八事件爆發，當時
台灣省工作委員會僅有黨員七十餘人[15]。

儘管如此，回台以後便「積極準備建立游擊基地」，並且「在
工農中發展黨員」，又「有實戰的豐富經驗」的張志忠，在事件
爆發後立即透過他在嘉義電台職員中建立的一個以黃文輝為核
心的外圍組織，把嘉南地區自發的武裝群眾組織起來，統籌指
揮。其中，台南地區由舊農組的李媽兜負責，斗六地區由「台灣
游擊戰」創始人之一的陳篡地負責，嘉義地區由許分負責，組成
「台灣民主（自治）聯軍」。在行動中，所有聯軍成員都佩有賴象
與許分訂製的識別臂章。各地民軍之間互相沒有橫的聯繫，張志
忠則透過聯絡人謝富與省工委書記蔡孝乾聯絡[16]。

安全局機密文件載稱：

> 李媽兜，台南人，於1946年由崔志信介紹與張志忠，而
> 加入「匪黨」。同年11月成立台南市工委會，自任書記，
> 陳福星、陳文山則分任市委。張志忠並介紹李媽兜與省
> 委書記蔡孝乾相識。……李的組織深入鄉鎮基層，主要
> 行政幹部大部為其吸收……[17]。

陳篡地，雲林縣斗六鎮人，1933年畢業於日本大阪高等醫學
專門學校，並因加入日本共產黨，被捕兩次，在大阪坐牢兩年，

---

15 前文《歷年辦理匪案彙編》第一輯，頁12、18。
16 前引古瑞雲《台中的風雷》，頁53。許分口述，1993年1月6日，台
   北市許宅；以下許分證言皆同，不另作註。
17 前引《歷年辦理匪案彙編》第一輯，頁135、137。

1935年始被釋放。抗戰末期，當過日本海軍軍醫一年。，一直在
斗六鎮經營眼科醫院，約10年之久。1952年12月25日《中央日報》
第三版，以〈反省的結論〉爲題，刊載了他的自首談話。他說：
「不幸的『二二八』事件發生時，我爲了感情衝動，並沒有考慮
到不幸的後果及共匪的陰謀擾亂，起而參加。」

　　3月4日早上，在台灣民主（自治）聯軍各部隊大規模的進攻
下，「嘉義市的軍、黨、政各機關，以及水道、電力、電報、廣
播電台、鐵路交通，均掌握在人民手中。」其後，「經三晝夜激
戰，蔣軍終於把（紅毛碑）軍械庫炸毀，全部退到飛機場。……於
是，嘉義飛機場的攻防戰開始了。」[18]

　　許分說，張志忠和舊農組領導人簡吉也一起前去進攻飛機
場。

　　簡吉，高雄鳳山人，台南師範畢業。安全局機密文件記載：
簡吉於日據時代，即已參加台共組織，且曾發動農民運動，任台
共農民組合中央委員長，被日本政府先後逮捕多次，禁錮十餘
年。台灣光復後，爲政府工作，擔任三民主義青年團高雄分團書
記，新竹桃園水利協會理事，台灣革命先烈救援會總幹事等職。
1946年9月，由「台灣省工委會武工部長」張志忠，持書記蔡孝
乾之介函往晤（蔡與簡係遠在「台共農民組合」時相識），於是簡
吉之「叛國思想復熾」，遂與張志忠開始聯絡，並協助其建立嘉
義、台南等地區群眾工作，「二二八」事件發生時，又幫同張志
忠組織「自治聯軍」[19]。

　　3月5日，「過午時分，由台北飛來一架飛機，向蔣軍陣地投

18　蘇新《憤怒的台灣》（台北：時報出版社，1993年初版），頁133。
19　前引《歷年辦理匪案彙編》第二輯，頁72。

擲相當數量的彈藥和糧食。蔣軍……立即……突圍衝出，向人民軍開火。」[20]

由於情勢對人民軍不利，張志忠於是「寫信向蔡孝乾呼援，希望從台中開飛機去嘉義助陣」；因為當時「火車全都停駛」了，張志忠於是要求一個「在嘉義鐵路局機關庫的火車駕駛員」，「特別開火車」到台中，要他把這一封信交給楊逵，然後由楊逵「轉交給蔡孝乾」[21]。

從各種相關的史料記載來看，顯然，楊逵並沒有收到這封信；張志忠所盼望的飛機也沒有開到嘉義「助陣」。

儘管如此，「在雙方混戰當中，市面（卻）忽（然）發現數量卡車，滿載著武裝青年，卡車兩旁大書特書著『台灣民主（自治）聯軍』，到處粉碎蔣軍，於是人民軍士氣大振。在6、7、8的3日混戰中，嘉義一切男女學生都出動協助『民主（自治）聯軍』，男的參加戰鬥，女的編成救護隊，救護負傷者。蔣軍看見全體市民的英勇抗戰，再退入飛機場，堅守不出。12日下午，大批蔣軍空運到嘉義，從此以後，便是蔣軍的大逮捕、大屠殺。」[22]

謝雪紅渴望他來台中指揮戰鬥

除了張志忠領導的「台灣民主（自治）聯軍」在嘉義地區的戰鬥之外，二二八期間比較具有代表性的武裝鬥爭，就是舊台共謝雪紅所領導的台中「二七部隊」了。

---

20 前引蘇新《憤怒的台灣》，頁133。
21 《楊逵口述：二二八事件前後》，收錄於葉芸芸，《證言228》（台北：人間出版社），頁19。
22 前引蘇新《憤怒的台灣》，頁133。

　　安全局的機密文件說：「匪黨在『二二八』事件中，所領導之台中謝雪紅部，及嘉義之張志忠部，因無聯絡配合，又互存依賴心理，各自爲戰，致遭全部覆沒。而軍事幹部缺乏，部隊未經政治教育，工農群眾毫無鬥爭經驗，均屬失敗之主要因素。」[23]

　　事實果眞是這樣嗎？如果不是的話，那麼，張志忠和謝雪紅之間的關係又是如何呢？

　　前「二七部隊」重要幹部古瑞雲說：

　　「3月4日，一度鳥獸散的（台中）處委會委員們，重新集合，再次掛起牌子，他們企圖控制人民武裝，邀請謝（雪紅）加入處委會當委員，同時設作戰部（或「武裝部」？），任命吳振武爲部長，謝爲參謀。」然而，謝雪紅「無實戰經驗」，因此「苦於無力指揮迅速擴大的大部隊」。就在這個時候，「她所盼望的張志忠來了。儘管蔡孝乾不承認謝爲中共黨員，謝卻自以爲加入了黨，並願置身於張志忠領導之下。謝渴望他來台中指揮戰鬥，但張已在嘉義紮根，無法脫身。對處委會，謝原想不理，可是張勸她與之合作。理由是處委會中有一些人有聲望，有影響力。可藉助他們的社會地位籌糧籌款。她同意張的規勸，參加了處委會」。

　　到了3月6日，「有人向謝傳話，說：『昨晚，吳振武擦洗手槍時，不愼走火打傷了自己的腿。』……從此不見吳的人影。……事至於此，謝、楊（克煌）與張志忠商量決定，挑選最精良隊伍集中起來編成基幹隊伍，並命名爲『二七部隊』。……他們還商定，一旦蔣軍反撲，就將二七部隊和自治聯軍分別撤入埔里和竹山。……他們還計劃在條件成熟時，召集全島各地武裝隊伍首領來二七部隊組成聯合指揮部。」

　　古瑞雲認為：「謝、楊的意圖（或許也是張志忠的意圖）是：建立全島性的人民軍，進而建立自治聯合政府，以既成事實逼迫蔣家王朝承認。」而且「他們的策略正與3月8日中共中央對台廣播（後於3月20日以「台灣自治運動」為題，發表於延安《解放日報》）相符。該文說：『……組織基幹的正規自治軍，掌握在最忠心最堅決最有能力的革命者的手裡。……要迅速在蔣軍鞭長莫及的地方，派出重要的領導人員和大批幹部，去建立自治運動的根據地……』。」[24]

　　3月14日，陳篡地率領民軍在斗六街與蔣軍展開小規模的市街戰，因寡不敵眾，於是將部隊帶往小梅山中，展開另一場游擊戰。3月16日，退據埔里的「二七部隊」因為「武器彈藥無法補給，又兩路受敵，不能與別地方友軍聯絡，故決議暫行化整為零，退到小梅地方，再度合流，繼續鬥爭。」[25]

　　據張志忠的左右手之一的許分說，張志忠後來也將民軍帶入山去，與陳篡地會合；由於當時他們都使用假名，所以也沒多少人知道「許分」和「張志忠」。

　　中南部地區的二二八武裝鬥爭，就這樣告一段落了。

奪取西螺派出所的武裝

　　事件後的1947年4月18日，陳儀發布「二二八事變首謀叛亂在逃主犯名冊」，除了呈報國防部外，並下令憲四團加緊通緝歸

24　前引古瑞雲《台中的風雷》，頁53-56。
25　前引蘇新《憤怒的台灣》，頁134、132。

案[26]。其中包括與省工委有直接、間接關聯的謝雪紅、林日高、林樑材、王萬得、潘欽信、蘇新、陳篡地等。顯然，在事件中一直以化名活動的張志忠，身分並沒有暴露。

「6月，台北工委林樑材因私藏8麻袋武器遭國民黨通緝，轉移到嘉義郊區隱避」；1988年11月25日，林樑材的妻子柯秀英於致張志忠夫人季澐之弟季鑫泉函寫道：「我在自己的家中收到給林樑材同志明信片，估計是張志忠同志寄來的。寄信人的落款姓氏，經常更動，署吳或署周不定。他們以明信片中的暗號進行聯絡，明信片是由我交給四弟再轉交林樑材同志的。」

柯秀英透露：「47年那年，天氣還很熱的時候，曾由我領張志忠同志，到彰化農村我三叔公家的菜園子，挖取10支手槍（原是我們埋藏的），他用麻袋裝後再由我領他出村。」

那麼，張志忠挖取這些手槍的用途何在呢？

安全局的機密文件透露：9月間，「自治聯軍搶劫嘉義縣番路鄉茶公店合作社資金，及搶奪雲林縣西螺警察所武器」，案發後，張志忠在老台共張溜（化名老夫）引導下逃亡，張溜「並負責代為處理及保管搶獲之槍彈」[27]。

根據許分的敘述，具體的情況大致是這樣的：

「事變後，我在台中軍法處被關了14天。」許分說：「回來後，我知道張志忠因為台北的地下工作人員在走路，急需軍火。而當時，我們的口號是：『我們的火藥庫在敵人的手上！』因此，當我聽說西螺地區的民眾對西螺分局警察貪污、歪哥的作風，普

---

26 《台灣省警備總司令部檔案，案犯處理（三）》，頁55-56；轉引自「行政院研究二二八事件小組」《「二二八事件」研究報告》（台北：時報出版，1994年2月20日初版一刷），頁285。
27 前引《歷年辦理匪案彙編》第二輯，頁303。

遍感到不滿與反感時，我立即找他商量，並擬定搶奪西螺派出所
武器的計劃；進行前，我專程到台北接他。7月21日晚上，張志
忠就以『長腳仔』的綽號率領17個武裝人民去包圍西螺分局（我
只動員人去，本身沒去）；激戰結果，分局的警察都被縛，並繳
出機槍數架。後來，警察的大批援軍趕來，發生了一場市街戰；
在戰鬥中，一個原本是一家木屐店師傅，綽號『唐老板』的同志，
因為車胎被射破，來不及跑而被捕；後來因為熬不住嚴酷的刑
求，而把參加者都講了出來，由於他並不認識張志忠，只知道『長
腳仔』，所以就說領導人是許分。後來，過去與我同團體的人，
為了保護張志忠，一旦被捕以後就把張志忠的事情統統推給我。」

　　許分又說，當張志忠和許分得到這個情報後，立即安排其他
人和自己都疏散。

香港會議前後的工作

　　安全局的機密文件記載：

> 從「二二八事件」到1948年6月「香港會議」期間，台
> 灣省工作委員會的組織工作有較大的發展，黨員人數也
> 從原先的七十餘名，增加到四百人左右（「二二八」的
> 死傷逃亡不在此內）[28]。

　　這段期間，張志忠所負責的「武裝活動」方面，也有了更開
闊的發展。

28　前引《歷年辦理匪案彙編》第一輯，頁18。

　　首先，在1948年「二二八」週年紀念日的前2天，張志忠領導系統下的群眾黃培奕與石聰金，在桃園到鶯歌下坡路段前2公里處的山邊駁崁上書寫標語：「毋忘228，……血債血還；記住228，台灣青年起來……」。張志忠看了這標語，非常滿意。其後，張志忠就以黃培奕爲細胞，發展出鶯歌一帶的組織[29]。

　　5月，張志忠前往竹山，與李漢堂、施部生、呂煥章等黨員，洽商籌組地下武裝組織之事；最後決議眾人分任「中部武裝委員會」委員，成立地下黨「武裝工作隊」。張志忠並供給李漢堂手槍五枝、手榴彈廿餘枚、卡賓槍一支、軍用地圖一分[30]。

　　6月，張志忠前往香港，參加「台灣工作幹部會議」。

　　據情治機構調查，從「香港會議」一直到1949年底爲止，台灣省工作委員會的組織增強，包括三個全省性的「工委」，專做學運、工運及高山族工作；實際發展了1300名黨員，群眾兩千餘名；全省總計有17個「市（區）工委」及205個支部，以及近10個「武裝基地」[31]。

　　在安全局的機密文件中，我們可以看到的關於張志忠的組織活動，至少如下：

　　　　一、1949年夏天，張志忠面示北部負責人陳福星「將
　　　　台北縣海山區（鶯歌、樹林、三峽三個鎮），桃園縣大溪、

29　石聰金口述，1987年10月14日，苗栗苑裡石宅。以下石聰金證言皆同，不另作註。

30　前引《歷年辦理匪案彙編》第二輯，頁334-341。

31　中共問題原始資料編輯委員會編《中共的特務活動原始資料彙編——附錄伍，中共特務對台工作》（香港：阿爾泰出版社，1984年1月），頁332。

龍潭(地)區，新竹縣關西、新埔、竹東(地)區，苗栗縣大湖(地)區，各地黨的組織積極整頓，進行深入隱蔽之群眾運動，挑選積極分子，策動進入山區，設法購買槍彈藥，編組小型武工隊，開展地下武裝活動，逐步壯大，擴展成為游擊根據地，然後始能做到裡應外合，配合解放軍之攻台」等語。10月，張志忠、陳福星進入海山區鶯歌鎮之烏塗窟山區，召集上述各地區幹部，開辦「集體訓練班」，並以5000元交與「海山桃園地區負責人」黃培奕向地方駐軍「不肖」官兵購買槍彈，計購得步槍一枝，短槍15支，……全部武器除一部分短槍由陳福星先後分交新竹、苗栗兩縣山區各逃亡幹部佩用外，所賸武器則交由黃培奕負責組成「武工隊」，建立「烏塗窟基地」，形成「游擊根據地」之雛形。到了冬天，張志忠、陳福星二人又在烏塗窟附近之十三分山區開辦第二次幹部集體學習會，參加者有黃培奕、林元枝、簡國賢等20人，著重研究台灣山鄉地形及游擊戰術[32]。

二、7月，師範學院學生自治會理事林希鵬因「四六事件」身分暴露逃亡，由張志忠移交陳福星領導，開展桃園至新竹鐵路以西海岸地帶工作[33]。

三、8月下旬，基隆光明報事件發生，張志忠領導的中壢義民中學教師黎明華(先後吸收張旺、姚錦、宋增勳、范新戊、周耀旋等桃園、中壢一帶青年參加組織，建立中壢、楊梅兩個支部)因「基隆市委會」被破而逃，

---

32 前引《歷年辦理匪案彙編》第二輯，頁393-394。
33 同上，頁207。

並將「中壢支部書記」姚錦交由張志忠領導；張除了把姚錦交給在竹東林場的殷啟輝之外，並將黎明華交由老洪，帶到三灣地區[34]。

「後來，張志忠指示我，召集竹南地區幹部」，1949年11月9日，黎明華先生在台北市重慶南路金池塘咖啡室接受採訪時告訴我。「於12月下旬，在神桌山搞了一個星期的學習班。」

以上所舉，只是安全局所載關於張志忠組織活動的部分內容而已，基於當年地下工作的保密需要，我們相信，張志忠仍有許多工作內容是我們所無法全面理解的。

被捕

據安全局機密文件所載，1949年8月下旬，國防部保密局通過偵破「基隆市委會」組織，獲得「台灣省工委會」秘密組織之線索，經綜合研判後，隨即展開嚴密偵查，並於10月31日下午6點，首先在高雄市，逮捕「台灣省工委會副秘書長」陳澤民；接著又於1950年1月29日，在台北市將「台灣省工委會書記」蔡孝乾逮捕；然後再根據供詞，逮捕另外兩名「省委」洪幼樵與張志忠[35]。

然而，提供調查局「中上級保防幹部參考研究之用」的《台共叛亂史》一書，對於張志忠與蔡孝乾的被捕經過，卻有不同的說法。

---

34 前引《歷年辦理匪案彙編》第二輯，頁207。
35 同上，頁5。

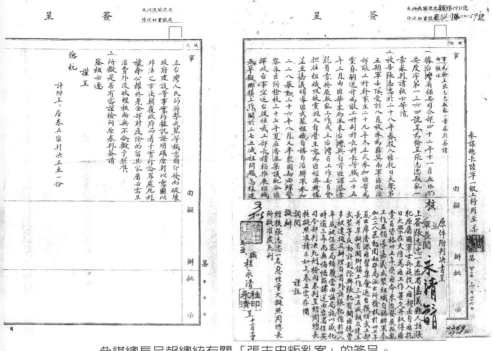

參謀總長呈報總統有關「張志忠叛亂案」的簽呈。

張志忠判決書首頁。

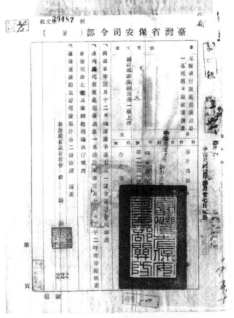

台灣省保安司令部呈報參謀總長有關
張志忠執行死刑的簽呈。

　　作者郭乾輝說，台北國府「治安情報機關」在破「基隆市工委支部」時，偵悉「省工委」的最高負責人爲蔡孝乾，於是加緊深入窮追「省工委」之秘密組織；後來，他們「運用」已經被捕的基隆中學圖書館管理員戴芷芳，「予以政治說服，又供出了台北市前大同中學女教員季澐與老鄭（蔡孝乾之化名）建立有組織上的關係。」

　　台北國府「治安情報機關」「於是，根據此一線索，再著手追查，始悉季澐已離開大同中學，賦閒暫住在台北市衡陽街8號生春藥號內，乃派『工作同志』秘密監視季的動靜，結果，發現季有丈夫叫楊春霖，但查核戶籍，戶長仍是季澐，楊反爲家屬，楊本身又交游廣闊，情形非常可疑，經不斷的跟蹤守候，確認嫌疑重大，乃決定於三十八年（1949年）的除夕開始行動，將楊某加以逮捕，⋯⋯隨即將他的妻子季澐加以逮捕」[36]。

　　1950年9月15日，季澐從軍法處看守所寫給妯娌「芬姐」的信中提到：「我是去年12月31日晚離家」的。這樣看來，關於張志忠被捕的上述兩種說法，應該以郭乾輝的說法比較接近事實才對。

　　5月13日，國防部總政治部主任蔣經國在政府發言人（沈昌煥）中外記者會上宣布「共匪台灣省工作委員會秘密組織」破獲經過。5月14日，台北《中央日報》除了詳細刊載蔣經國的談話內容之外，並且登出蔡孝乾、張志忠、洪幼樵與陳澤民等4名「匪首」的照片與「親筆簽名」的《聯名告全省中共黨員書》。

　　如果張志忠的確在這分「轉向」的聯名文告上頭簽了字的話，那麼，他就和蔡孝乾等3人一樣，成爲一個爲世人所不恥的

36　前引郭乾輝《台共叛亂史》，頁56。

叛變的共產黨人了！但是，當蔡孝乾等三人苟活下來以後，張志忠卻以最後的坦然赴死，向歷史證明他的清白與堅持！

妻子季澐先被槍決

1950年9月2日，季澐與兒子楊揚（1947年6月4日出生）被移送到軍法處看守所第45號押房；9月5日，法官答應讓楊揚回嘉義，季澐也寫報告，請求批准；9月14日，張志忠托人帶口信給季澐，表示他「人很健康」；9月15日，季澐寫第一封家信給妯娌「芬姐」。

9月25日，季澐在寫給「芬姐」的第三封家書稍稍透露了一點張志忠在獄中的情況：

> 起初八個月和他爸爸在一處，天天散步時，小羊（楊揚的乳名）可以給他爸爸抱，我從小門裡偷看到。……這兒有筆，每天寫字、看書，只是不好寫信給他爸爸，我下次請求法官，送幾件衣服去不知道肯不肯。……

10月3日季澐在給「芬姐」的信中提到，9月27日，小叔張再添坐夜車來接小羊回新港。她在信中強調：「是真的，他爸爸很好，認識他的人都說他人好，只是因為事情沒有清楚，沒有到軍法處來……」。

10月30日午，季澐在給小叔再添的信中特別交代：「家中爸爸媽媽年紀太大了，現在知道小羊爸爸和我坐籠子，一定日夜不安，心中難受，請你好言安慰兩位老人，說我們不是流氓小偷犯，不過是思想成問題的政治犯，不要什麼緊，小羊爸爸是個比較有

季濤給妯娌芬姐姐的信，信中說明楊揚（小羊）已由叔叔領回新港老家了。

地位的省委，大家對他很客氣，在那裡吃三頓，每頓都是白米飯，吃得很飽，還有散步、洗澡，從前還每天抱小羊散步呢！」接著，她又給芬姐寫信，安慰她說：「我是沒有什麼事的，不過因為小孩的爸爸事情大，陪他坐籠子，等判決，看是個什麼結果。」

從此以後，季澐就不再有任何一封信從軍法處看守所寄出。11月19日，台北各大報刊載了包括季澐在內的「六匪諜處決」的消息；報導說：

> 省保安司令部昨（十八）日清晨六時在本市馬場町刑場槍決男匪諜4名，女匪諜2名。
> 女匪諜季澐，廿九歲，江蘇南通人，無業。……專門負責刺探政府高級人員行動情報[37]。

季澐犧牲以後，張再添夫婦始終沒有接到她的槍決通知。因此，一直到現在，人們仍然不知她埋骨何方？

最後的鬥爭

張志忠被捕後的1950年1月，原本屬於他的領導系統的，以陳福星為首之北部黨組的地下黨人們，便開始重整省委組織；最後，由陳福星、黃培奕、林元枝、周慎源（原師院學生自治會主席）組織「臨時領導機構」於烏塗窟，並於1951年春，深入牛角山，形成另一新基地[38]。

---

37 1950年11月19日《台灣新生報》。
38 前引《歷年辦理匪案彙編》第二輯，頁394。

　　同年5月，以陳福星為中心之北部黨組已設法與中共中央取得聯繫，接到所謂中共中央「1950年4月指示」，密定「採取『合法性』、『社會性』、『地方性』之鬥爭方式，將主力轉入鄉村山區，並選擇有利地形建立武裝基地，俟機結成游擊武力，擴大成為游擊根據地，以配合『匪軍』進攻⋯⋯」。陳福星領導之「重整後省委會」所屬各地黨組織之一切活動，於是都根據此一指示而進行，並且在「無數溪川沼澤與綿密之森林所組成之縱深地形」的「西部平原以東丘陵地帶」，建立「游擊武裝基地」[39]。

　　為了逮捕這些「武裝的殘匪」，情治機構於是以種種嚴属的酷刑，逼迫張志忠供出一些線索。然而，據許多曾經與張志忠同時關押的倖存的1950年代政治受難人說，張志忠不但始終堅持到底，絕不出賣同志和組織，而且總是向剛入獄的難友大聲喊道：

　　「早講早死，晚講晚死，不講不死。」

　　也許，這就是張志忠遲遲沒有被槍決的理由吧！

　　1951年2月間，北部海山區黨組織全部被摧毀[40]。

　　6月1日，台灣省情報委員會、台灣省保安司令部、台灣省調查處三單位組成「特種聯合小組」，專門偵辦「重整後台灣省委組織」[41]。

　　8月，「重整後省委會」主力被迫從桃園、新竹，轉移至苗栗地區[42]。

　　1952年4月，「重整後省委會」領導幹部蕭道應、曾永賢及陳福星（老洪）等人，分別在24日、25日、26日三天，在三義魚藤

39　前引《歷年辦理匪案彙編》第二輯，頁205及394。
40　同上，頁392。
41　同上，頁211。
42　同上，頁214。

坪基地被捕；「重整後省委會」的領導機構徹底瓦解[43]。

8月，調查局針對台北縣山區的「殘匪」，成立「肅奸工作專案小組」[44]。

1953年春天，調查局開始布署所謂的「肅清殘匪工作」，首先在元月上旬釐訂所謂「肅清殘匪計劃」，動員「新生小組」及「自首人員示範小組優秀自首自新分子」，陳福星、劉興炎等20人，配合「專任工作同志」，組成「肅殘工作隊」，運用政治方式，爭取「逃匪」家屬與地方人士之真誠合作，斷絕「逃匪」之經濟供應，摧毀其群眾據點，迫使其生活陷於絕境，而以達到策動該等「逃匪」投案自首為目的。2月10日，以陳福星為主之策反小組，首先在彰化二水，說服黃培奕出來「自首」。接著，黃培奕又於3月4日策反「牛角山基地」所有幹部出來「自首」。5月17日，國防部核准此一「自首案」[45]。

在苗栗地區，首先是孫阿泉與鐘二郎於3月中旬，出來「自首」；並供出與劉雲輝會面時地。3月17日，劉雲輝出來自首；並交出謝裕發與羅吉月。5月17日，國防部核准劉雲輝等5人之「自首案」[46]。

其後，在苗栗一帶山區流亡的地下黨人，不得不陸陸續續地出來「自首」！

12月14日，流亡在大安溪出海口附近農村的石聰金被捕。

「陳福星在十三分被破後拍拍屁股就自己跑回來苗栗地區，同時還將苗栗的基地封鎖住，不讓其他人來」；石聰金被捕

43　前引《歷年辦理匪案彙編》第二輯，頁217。

44　同上，頁394。

45　同上，頁396-397及406。

46　同上，頁386-391。

後曾經與張志忠同房，他沈痛地向張志忠報告：「到最後，黃培奕等鶯歌所有的黨員都自首了！陳福星在鶯歌的組織也全都自首了。……」

「唉！」張志忠聽了以後感慨地搖頭說：「我錯了！」然後他跟石聰金說：「這些人裡頭，唯一有流血的就是蕭道應啦！你出去後要和蕭道應多連絡、聯合。」

石聰金被捕以後，與張志忠有關的地下黨人大體已經被「肅清」了；此時，對國民黨來說，始終拒絕投降的張志忠的生命，也已經沒有存活的必要了。

臨死之前，張志忠的表現不但讓其他難友感到敬佩，而且也贏得了劊子手國民黨難得的尊敬。日據時期的台灣民眾黨秘書長陳其昌原在軍法處東區的樓下押房，後來移到樓上，恰好與張志忠同房。張志忠看到他，就安慰他說：「石聰金來這沒幾個鐘頭就調走了！你的事情我很清楚，我也告訴石聰金，你的事情不要談！」後來，張志忠又和陳其昌談到家裡的情形，並且提到要寫信給親戚，交代如何安排孩子？

「我每天等著他們來槍斃我！」張志忠說。

陳其昌看到，張志忠每天一早起來，總是如常地唱著《赤旗歌》或《國際歌》來鼓舞其他難友；並且仍然安靜地閱讀獄中只能看到的共產主義批判之類的書。他心裡頭敬佩地想道：

這個人，說不定明天就要槍斃了，怎麼今天還看得下書啊！

幾天後，陳其昌調往西區押房。透過西區押房的小窗口，他可以清楚看到法庭的情形。他算了算，一個月不到就有50個難友被判死刑，他就沒有勇氣再算下去了！慶幸的是，他還沒看到張

志忠[47]！

　　然而，1954年3月16日下午2點，45歲的張志忠還是被槍決了。兩天後(18日)的下午5點，他的屍體於台北市公設火葬場火化[48]。然後由弟弟張再添帶回新港家鄉安葬。

楊揚之死

　　季澐與張志忠先後被槍決後，關於楊揚及其妹妹的下落，卻一直有著這樣那樣不符實際的傳說。

　　首先，「以前在警察機關做事」的新港鄉民林玉鏡說：

　　「他(張梗)被抓到後，要槍斃，**兩個孩子在大陸。他要求見孩子一面**，後來共產黨才把孩子送到香港，又送回台灣來，交給張梗的弟弟，帶去給他們父母看。張梗的兒子5歲時從大陸送過來的，後來就跟著阿叔過活。**當時是政府沒注意才讓他們進來的**。來了後住在新港，戶口不知道怎樣去報的，變成說是他阿叔從海口分來的，**我想那時大概有共產黨在幫他們的**。他們夫婦被槍斃後，孩子變成附匪家屬，從小學起就很反抗。無父無母，住在叔父家，就很不願讀書。他兒子的老師蘇某就說：『你不讀書是要像你父親做共產黨嗎？』給他買簿子、鉛筆等，鼓勵他讀書。該上學時他不去上學，去養鴨；他不上課，但考試都會，所以還是讓他畢業。畢業後去學做布袋戲，沒時間讀書，但他還是考上新港中學初中部。初中畢業後不知他去哪裡。後來他去當兵，長官一天到晚找他麻煩，晚上12點、兩三點，叫他起來讀三民主義，

47　陳其昌口述證言，1987年3月9日，台北市陳宅。

48　台北市「市衛火字第0321號」火葬許可證。

一直到他受不了，有一次放假出來，就在一間旅社自殺了。」[49]

新港鄉民林玉鏡所說的內容，凡是黑體字的部分都可說是道聽塗說的傳說，不是事實。其他部分，雖然離事實不遠，但基本上也還只是傳說。

其次，是自稱於1950年「2月7日深夜」，在台北新公園附近的中西大藥房二樓逮捕張志忠的「白色恐怖」執行者──保密局老特務谷正文的說法：

「楊楊(揚)陪伴父母親在看守所內度過了大約1年的光陰，直到張志忠、季雲(澐)被由李元簇手擬的，〈懲治叛亂條例〉的第2條第1項(所謂的二條一)執行槍決才離開看守所，經由保密局一位同事收養監護……。

「楊楊(揚)在同事家中，是一個不愛讀書、很不聽話的小孩，這樣的結果使得收養他的同事大失所望，他曾不只一次向我抱怨楊楊(揚)偷竊、逃學和頂嘴，……。

「小學畢業後，楊楊(揚)沒有升學，有一天，他偷了錢蹺家。大月兩個月後，……在台中火車站前面……心不甘情不願地被領回保密局。楊楊(揚)表示不願再回監護人那裡，因此，我替他安排到保密局汽車保養單位擔任修車學徒，我認為不久的將來必是汽車的時代，楊楊(揚)既不肯讀書，學得一手修車技術，也足夠使他安身立命。可惜，事情的演變並沒有如此樂觀，修車技術尚未學到，楊楊(揚)已經從單位裡的士兵那裡學得了一身惡習，抽煙、喝酒、賭博……。

「16歲那年，楊楊(揚)學會了嫖妓，賭膽也變大了，這使得他欠下了一筆債務，汽車保養廠裡的阿兵哥要不到錢的時候，每

---

49 前引張炎憲等採訪記錄《嘉雲平野二二八》，頁271。

以拳腳相向。

「艱難的處境逼使他不得不祭出最後一件法寶——一封密函——那是張志忠夫婦臨刑前不久，替他逢在衣領內的，他們交代他：『……這封信很重要，平常不要拿出來，要是有一天你遇上了什麼很大的困難再把它打開，拿去找劉啓光伯伯。』」

於是，谷正文繼續說道，為了償還債務，楊揚就憑著這封密函，先後向劉啓光訛索了500元與3000元；第三次，他又要了5000元，但那封密函也被劉啓光搶走，撕碎。

「楊楊(揚)失去法寶之後」，谷正文說：「曾經戒賭數月，最後卻仍舊經不起誘惑，一夜豪賭，又欠下了一筆鉅款。……在萬念俱灰的情況下，他逐漸萌生了輕生的念頭。有一回，他寫信給自己最景仰的作家柏楊，希望獲得一些啓發，尋得一條坦途。不過，柏楊除了在回信裡勸他安分向上之外，對於他燃眉的困境也是愛莫能助，於是他選擇在修車廠裡上吊自殺。……他沒有留下遺書，但警方卻在他衣袋裡找到一封柏楊的回信。不久之後，柏楊將楊楊(揚)的故事，寫成一則感人的報導，在報紙上公開發表。大部分讀者都深受感動，認為是一篇難得的佳作……。」[50]

恰恰是同一個老特務谷正文，當年曾經對他「到台灣第一次捉的匪諜台大政治系學生許遠東、戴傳禮等4人」說：「我因為怕自己還有一點人性，所以早上起床從不洗臉，也不刷牙。」[51]可四十幾年後，同一個老特務竟而在晚年的回憶錄中大言不慚地搖身一變為自稱慈祥的「谷叔叔」了。問題是，老特務這段「歷

50　谷正文《白色恐怖秘密檔案》（台北：獨家出版社，1995年9月），頁122-127。

51　戴傳李口述證言，1990年5月30日，台北市戴宅。

史證言」果眞是歷史的事實嗎？如果是的話，我們要問問「此公」，究竟是什麼原因讓你突然「良心」發現了呢？如果不是的話，我們更要問，事隔多年之後，爲什麼你還要虛構這段情節呢？

歷史的諷刺與荒謬，恐怕莫過於此吧！因爲，人們無法理解的是：作爲人所共知的「狠毒」（毛人鳳語）的白色恐怖加害者的保密局特務，怎麼會突然大發善心，收養那些受害者的孤兒呢？

事實顯然並不是老特務所說的那樣。

事實是，1950年9月27日，張再添坐夜車到台北軍法處看守所，把楊揚接回新港之後，楊揚和小他3歲的妹妹張素梅就在新港老家，跟著叔叔張再添一起生活。

「小揚新港國校畢業後還繼續讀初中。」張再添說：「初中畢業後，他就不願繼續升學，出去做事。他一直認爲，我對他的管教對他是一種束縛，所以總是反抗。後來，他不知怎麼又跟那些坐牢出來的阿姨們連絡上；我覺得那是最大的錯誤！因爲這些阿姨們太疼惜他，對他太寵了，不敢管教他，也就讓他養成依賴的心理。」

對此，張再添所說的「阿姨們」之一的1950年代白色恐怖受難人許金玉女士說：

「小揚在龍泉當兵的時候，透過難友劉玲玲的介紹，放假的時候常常來屏東找我們，吃飯、洗衣服。我先生辜金良以前就跟張志忠有關係，所以我們對他就特別的照顧。他聰明，做事乾淨俐落。後來他想躲開辛苦的操練，去做文書工作，就漸漸掉入圈套。有一次，他向我們透露，他蓋了印，寫了什麼切結書，要被派去大陸作情報工作。我和老辜及劉玲玲就和他商談，勸他絕對不可以去！老辜邊說邊哭！他知道問題嚴重了，可不知怎麼甩開問題，很痛苦。後來，他就沒再來找我們。不知多久以後，人家

告訴我，柏楊在一篇雜文裡頭有談到小揚的事，說他在艋舺一家旅社自殺了；自殺前留了遺書給柏楊。」[52]

許金玉和谷正文所說柏楊寫的雜文或報導，是1968年元月26、27、28日，在《自立晚報》「挑燈雜記」專欄，連續發表的題為〈楊揚之死〉、〈心情沉重〉和〈一時想不開〉等3篇短文；藉由這三篇雜文，柏楊詳述了楊揚在台北市長沙街二段星光旅社自殺事件的處理經過與個人感想。

楊揚在留給柏楊的遺書上白紙黑字寫道：

> 柏老：
>
> 以你老的盍（蓋）世聰明，大約不難想像，我是誰了吧！現請你馬上轉告華銀（華南銀行）那個劉啓光小子，當年在夏（廈）門的朋友的孩子自殺。吾父自被執法以來，該小子從未到過我家，料想為我花一點錢也不感到心疼才對罷！
>
> 以往，感謝你的鼓勵，特此為謝！吾父為張志忠，除了要劉董事長為我火葬，別無他事。
>
> 獎券兩張，請柏老核對。
>
> 　　　　　　　　　　　　　　　楊揚（思中）上

柏楊在文章中寫道，楊揚是他的讀者，去年（1967年）10月間，曾經寫了一封信給他；通訊處是：「屏東縣枋寮鄉加祿村會社路25號之2」。在信上，楊揚說，他是江蘇南通人，自幼隨父來台；然後問了柏楊兩個問題：一、是不是沒有同父母兄弟或父

---

52 許金玉口述證言，1995年12月14日，屏東許宅。

母已死的人可免服兵役？二、如現役中，有右列事項，是否可申請退役？要如何辦理？

柏楊對兵役問題一竅不通，當即回信建議楊揚：一、直接向台灣省政府新聞處去信請教，蓋新聞處有一個「省政信箱」，辦理的有色有形，是國民與政府間溝通的最有效機構。他們會很耐心的一一答覆。二、當兵不但是義務，也是權利，更是光榮，一個年輕人要受得了苦才算英雄，否則只能算是狗熊，同時不能太嫉世憤俗。

柏楊想著：遺書中說到「感謝你的鼓勵」，大概就是指第二點而言吧。

除了留給柏楊的遺書之外，楊揚還有一封留給叔叔張再添的遺書：

> 叔叔：
>
> 　我不知應向您說些什麼，事已至此，不必為我婉【惋】惜，多我一個，於事何補呢？是不是應高興我這樣的決【抉】擇，自此以後，您又可少掉一宗煩腦【惱】了。很多事要說，但都說不出，如您要留下回憶的話，附上軟片一張，不要的話敬請毀掉罷！祝我完成願望！
>
> 　　「我閉目沉『思中』國的一切，我熱愛它」
>
> 　　　　　　　　　　　　　　混蛋的傢伙
> 　　　　　　　　　　　　　　　　楊揚上

張再添接到部隊通知楊揚自殺的消息之後，隨即於元月2日

上午趕到台北殯儀館，處理善後。元月3日，楊揚在殯儀館火化。張再添又像當年一樣，抱著楊揚的骨灰罈，回到新港老家，把他附葬在父親張志忠與母親季澐（衣冠塚）的墓穴裡頭。

　　1993年12月22日，歷經多年的探聽尋訪之後，我終於在許金玉與辜金良夫婦的陪同下，找到了蟄居嘉義市區的張再添先生，並且在他的帶領之下驅車前往那座寂寞的墳塚，向張志忠、季澐與楊揚祭拜致意。

　　「我知道，小揚十二萬分不願意去當國民黨的兵；而他在部隊也常常受到欺負。」張再添在墳前告訴我們。「我認為，這應該是他自殺的原因吧！」

　　午後4點鐘左右的冬陽暖暖地照著荒涼的墳地，風吹過來，這裡那裡的雜樹與恣意生長著的茂密的雜草於是隨風搖擺。

　　「小揚的妹妹素梅是在馬偕醫院出生的，大約差3歲」，張再添似乎是在向兄長的同志交代，繼續感傷地說：「我們夫婦一共養6、7個小孩，她算是衛生習慣最好的，可她卻在高雄工專畢業之後，不幸得了大腸癌，前後動了3次手術，還是在26歲那年過世。」

　　風繼續吹著。

　　我看到許金玉與辜金良夫婦不約而同地掏出手巾，擦拭著眼睛。

　　火紅的落日已經掛在遙遠的西邊田野的地平線上了。

　　「時候不早了，該走了吧！」張再添提醒兩位老人家，然後他又回頭望了望映照著夕陽餘暉的墓碑，感慨萬千地說：「一個一生為台灣人民謀求幸福的民族民主運動的鬥士，就這樣長埋地下，永遠被人們所忽視竟至遺忘了。」

結語

尊敬的讀者朋友們，關於張志忠的傳奇及其妻兒季澐與楊揚的悲劇故事，我只能講到這裡。當你們耐心地讀到這裡，我相信你們一定對這一家3口的命運有一定的看法。

然而，不管你們是同情、尊敬或是敵視，我知道，在海峽分斷、民族分裂的不正常歷史條理下，張志忠與季澐的歷史仍然要長久被湮滅。儘管如此，我卻更加相信，就像魯迅在紀念左聯五烈士犧牲的〈為了忘卻的紀念〉一文所說，只要我把它記錄下來，「將來總會有記起他們，再說他們的時候」吧！

歷史的是非就留給後人評說，我們就這樣結束這個故事吧！

藍博洲：1960年生，1983年開始發表短篇小說。1987年初，加入陳映真先生創辦的《人間》雜誌報告文學隊伍，迄今主要作品包括：《幌馬車之歌》(1991)、《尋訪被湮滅的台灣史與台灣人》(1994)、《麥浪歌詠隊——追憶一九四九年四六事件(台大部分)》(2001)、《消失在歷史迷霧中的作家身影》(2001)、《紅色客家人》(歷史報導，晨星，2003)、《消失的台灣醫界良心》(2005)、《五○年代白色恐怖台北地區案件調查與研究》(歷史報導，台北市文獻會，1998)、《我們為甚麼不歌唱》(五○年代白色恐怖紀錄電影，1995)、《台灣思想起》四十集(五○年代白色恐怖紀錄電視，T.V.B.S，1997)。

思想狀況

當代中國人精神生活的自我理解

陳贇

1990年代以來中國人精神生活特徵的變化，是在一個巨大的遠景歷史空間中展開的，這一歷史空間與中國從傳統社會到現代國家的轉變密切相關，過程中發生的一系列事件，如新文化運動、文化大革命、改革開放與市場經濟的啓動，等等，始終是當代人精神生活展開的現實背景。本文試圖勾勒人文知識分子對當代精神生活狀況的理解，這一理解本身就是當代精神生活的一個構成部分。

一、從主體性的確立到個人主義

當代中國人精神生活演變的軌跡，可以理解爲世俗化不斷擴張、逐步深入的過程，這個過程既包含著共產國家確立的「神聖」世界觀的解魅，又內蘊著對一切神聖性價值乃至深度精神生活的拒絕。就這個過程的開端而言，自我或主體性的發現是值得注意的事件，它將我們引向1980年代。

如林同奇所見，1980年代的根本特徵是發現或者說重新發現如下兩個長期被遮蔽的中心論題：自我（即「主體性」）與文化。這兩個主題在文學作品與一般討論中迅速地演變成一種話語，這

就是「自我回歸文化」。也正是這一話語，構成了當代中國人精神生活的序曲。

1.自我或主體性的覺醒

步入近代以來，構成文化敘述主體的與其說是個人，毋寧說是民族與國家，以及普遍歷史規律等宏大敘事。個人總是世界觀、歷史觀與時代精神的一部分，只能從「世界—歷史—時代」中爲自己定位，根本沒有個人生活、自我意識的獨立位置。1980年代以來一個重要變化，就是從政治化的總體性邏輯中解放自我或主體性。楊揚如此表述精神生活的這一轉換：

> 對於習慣於在一種傳統的宏大思想體系下生活的人們，可能總以爲人的思想只能按照一種總體或整體的思想系列來安排自己的思想，換句話說，他們在思考問題時，首先要確定現在的時代思想是什麼，然後再來確定自己該思考些什麼。

但新的狀況是，「在上帝死了之後，人們各行其事，儘管沒有一個明確的總體方向可依靠，但對於每一個人而言，需要依據自己的判斷來做精神選擇。」[1]不是抽象的總體性來安排人的精神生活，而是在個人的獨特生活經歷中，打開自己的精神天空，這成爲一個逐漸在深化、擴展的精神生活新景觀，這意味著「自我」的發現：個人不再是國家、民族與世界歷史實現其自身目的

1　楊揚〈論90年代文學批評〉，《90年代批評文選》〈代序〉，（上海：漢語大詞典出版社，2001）。

的一個工具，而是一種不可化約的獨立存在。

這一新景觀包含著對人生意義的重新理解，1980年發生的「潘曉現象」，就是這一理解的體現。潘曉來信肯定了個人的價值的獨立意義：

> 任何人，無論是生存還是創造，都是主觀爲自己，客觀爲別人。就像太陽發光，首先是自己生存運動的必然現象，照耀萬物，不過是它派生的一種客觀意義而已。所以，只要每個人都儘量去提高自我存在的價值，那麼整個人類社會的發展也都成爲必然的了。」[2]

這一討論宣告了自我或主體性的發現，並成爲當代個人主義潮流的先導。

與此相應，主體性成了當時最重要的思想範疇，李澤厚在1981年發表〈主體性論綱〉，直接影響了當時得思想狀況。在文學領域，劉再復等人發動了關於主體性的論爭；在思想界則有「康德與黑格爾之爭」。就後者而言，當時的人們幾乎不約而同地倒向了康德，藉助於康德爲個人或自我的主體性確立正當性。「告別黑格爾」意味著從集體主義、總體性中解放；「轉向康德」則意味著「回到人本身」，「回到人的個體、感性和偶然」，「回到現實的日常生活。」[3]

2.個人主義的確立

2　〈人生的路啊，怎麼越走越窄〉，《中國青年》1980年第4期。
3　單世聯，〈告別黑格爾：從張中曉、李澤厚、王元化到顧準〉，見其《反抗現代性：從德國到中國》（廣州：廣東教育，1998）。

　　主體性或自我的發現導致了新的精神生活的體驗結構的形成，這「就是對當下的『我』的肯定。這個世界是以『我』為中心的，所以一切從我的感覺、我的身體、我的標準出發。」「從自己的個體感受出發來判斷，不再相信，或者說，躲避一種終極的價值。」一種更為個人化、更為情感化、更為民間、更為世俗化的人生態度流行開來，「跟著感覺走」成了年輕一代精神生活的最精煉濃縮。年輕一代開始留長髮、穿喇叭褲、讀沙特與佛洛依德，搖滾音樂也開始流行⋯⋯共同塑造了一種標新立異的精神氛圍，凸顯自我的與眾不同的個體性。

　　如果說在1980年代，與主體性聯關的還有現代化、世界歷史規律等目的論框架，那麼，伴隨著1990年代個人主義價值觀的，則是目的論框架、總體性歷史觀與世界觀的徹底後撤，精神生活指向了個人自身，個人成了精神價值展開的起點與終點。事實上，「價值」在1980年代後期「一經提出，很快就引起了社會的關注，並迅速成為一種日常語言。」由於擺脫了宇宙、歷史等宏大存在圖景，個人主義便不得不蛻變為由主體之人發動創制的價值觀，在這種價值觀中，「個體的生命是一切價值目標的出發點和歸宿」，宇宙人生的「大世界」讓位於身邊日常生活的「小世界」，甚至大世界也必須以自我為其根據。

　　向著個人主義的回歸，不可避免地回落到感性之我。人們不再從公共的與普遍的道德範疇出發，而是從個人的審美的、趣味的視角來確證自我，精神生活因而出現了根本特徵的變化：「以審美對生活的證明來代替宗教或道德。」[4]這一過程與個人主義

4　丹尼爾・貝爾，《資本主義文化矛盾》（北京：三聯書店，1989），頁98。

價值觀的結合，導致了「心理主義」對精神生活的深度介入，「即依據我們的內在反應並作為一個內在世界來體驗和解釋世界，把固定的內容融解到心理的流逝因素中。」[5] 從普遍的道德到感性的審美，又從審美蛻變為個體的心理感覺。當代的個人主義由於削弱了生存之普遍的、公共的基礎，因而愈來愈缺乏深度。

從體制方面看，個人主義與市場密切關聯。現代中國曾經以民族國家的觀念與體制瓦解家庭、地方等中間組織，將個人直接交付給國家來使用，由此導致了對機構的單位化、對個人的原子化理解。而當代市場則使得個人更為徹底地原子化：一方面個人被拋向「普遍的各自為戰的生存壓力」[6] 中去；另一方面，社會的、政治的、文化的諸種系統的矛盾與壓力，被轉嫁到個體身上去。於是，「把一切可能有的社會問題統統化約為『個人能力』的社會」[7] 得以正當化。在這種情況下，經濟關係與利益原則漸漸成為個體感覺世界的重要尺度，而以傳統的方式積澱的道德意識，也愈來愈趨於瓦解。於是，在個人主義幾乎成為唯利是圖的個體主義或利己主義的代名詞的市場經濟年代，精神生活中文化的、精神的要素也趨於瓦解。在此過程中，市場經濟的尺度介入社會政治秩序、經濟發展壓倒一切、片面逐利提供了合理性。市場的啟動雖沒有導致完善的經濟秩序，卻在公私生活層面產生了巨大的效應：它催化了個人主義的利己品質，完成了個人生存方式從1980年代「文化人」到1990年代「經濟人」的過渡。在這種

5　轉引自劉小楓，《現代性社會理論緒論：現代性與現代中國》（上海：三聯書店，1998），頁302。

6　查建英，《八十年代訪談錄》（北京：三聯書店，2006），頁251。

7　韓毓海，〈市場意識形態的形成與批評的困境〉，《天涯》1998年第2期。

狀況下，主體性已經不再被追求，個人主義喪失了它的解放功能。不是解放的灑落與自在，而是緊張、壓力與焦慮等等，成為精神生活自我表達的新辭彙：「1990年代我覺得最主要的就是兩個東西：利益和壓力。」[8]耐人尋味的是，即便是緊張、壓力與焦慮也被納入經濟語境中，成為社會生產新方式的源泉。

當然，對當代精神生活而言，無論是自我的發現，還是個人主義的興起，都是時、情、勢的推動，以某種風尚的方式來到的。在這個意義上，自我的覺醒中究竟有多少來自自我深處的準備？根植於個體生命中的道德或思想力量，在這個過程中究竟佔據著多大份額？這些深層次的問題，都還是值得進一步考慮的課題。

二、去政治化的邏輯與公共意識的衰退

1.從廣場到民間：自我確證方式的去政治化

「周作人說他心中有兩個鬼——流氓鬼與紳士鬼。這一百年來，許多中國人心中也有兩個鬼——政治鬼與文化鬼。」[9]當代精神生活正是在政治鬼向文化鬼的轉化中確立起來的。政治鬼把整個世界捲入到政治中，一切都變成了政治，而透過這一方式，達到對個人及其主體性的徹底剝奪。在政治鬼瀰漫的世界中，甚至連「歷史都是國家、民族的歷史，即所謂『大敘事』」，而不是個人的、家庭的、某個特殊集體的回憶[10]。

在1980年代，傳統中國入仕為官的廟堂意識與修齊治平的天

8 查建英，《八十年代訪談錄》，頁157。
9 《韓少功王堯對話錄》，頁56。
10 《李歐梵季進對話錄》（蘇州：蘇州大學出版社，2003），頁30。

下意識，以及西方民主文化的政治參與意識，融和爲新的政治幽靈——「廣場情結」。「廣場」在希臘是聚會、議事的地方，是公共政治展開的空間。在中國，它又特指著具有神聖感的天安門廣場——當代中國的政治中心，因而它指涉一個獨特的記憶與文化空間[11]。在這個空間中，人們思考問題的出發點與價值取向選擇，都是在政治法則之內的。另一方面，廣場既是群眾宣洩激情和交換資訊的場所，也是知識分子布道的最合適地點。當知識分子在現代被拋出了傳統仕途之後，他們一直尋找著一個可以替代廟堂的場所，而廣場最終成爲知識分子以啓蒙者身分面向大眾的最好場所，一個從廟堂與民間的夾縫裡產生的空間。在1985-89年代，知識分子的精英意識快速滋長，表現爲要求參與改革的急功近利態度，以及重返政治中心的迫切熱情。藉助於人道主義、啓蒙思想與現代化意識型態，態度與熱情獲得了具體的現實性，從而賦予廣場情結以歷史的內容[12]。

但針對廣場情結的僭越與猥褻，也已悄然開始。在1987-88年間，廣場與社會主義革命時代神聖的禁忌開始成爲遊戲和調侃的對象：1987年在電影《搖滾青年》中，出現了天安門紅牆下的搖滾場景；1998年在兩部自王朔小說改編的電影中，出現了主人公在天安門廣場上惡作劇的插曲；而1989年央視元旦聯歡晚會，相聲演員姜昆用天安門廣場改農貿市場的「謠言」令觀眾大爲開心[13]。這表明，自我確證領域從作爲政治象徵體系的廣場退卻。而歐陽江河作於1990年的〈傍晚穿過廣場〉，則意味著對廣場情

11　戴錦華，〈大眾文化的隱形政治學〉，見韓少功、蔣子丹主編，《失控與無名的文化現實》（昆明：雲南人民出版社，2003），頁63。
12　《90年代批評文選》，頁154-157。
13　韓少功、蔣子丹主編，《失控與無名的文化現實》，頁63。

結的哀悼。詩中寫到：「有的人用一小時穿過廣場／有的人用一
生──」正如一行所說：

> 在一小時的穿過中，廣場不過是達到目的地所要經過的
> 一個中間地點，是回家或去逛商場時的一段道路而已，
> 它不引導人進入公共生活，因而「穿過」意味著對政治
> 生活的冷漠。而「用一生」的穿過，意味著集體生活對
> 私人生活的剝奪及這種剝奪帶來的反抗的持存性，它同
> 樣是畸形的生存方式，因為生存的維度並不只是政治，
> 人應該在家中而不是在廣場上老去。這一開篇說出了某
> 種制度的詭異語境：一方面是對公共生活的改善無動於
> 衷的人群，一方面是被迫犧牲生活的其他維度投身政治
> 的少數人。二者從來就是這一國度的喜劇和悲劇的兩
> 極。

在這種對廣場的態度中，作為獨立個體之間自由論辯和交流
的公共空間的廣場卻沒有出現，出現的卻是牆壁上「露出大腿的
混血女郎」與「安裝假肢、頭髮再生之類的誘人廣告」，是經濟
語境對政治語境的替代：「在這裡，出現了生活重心的轉換，即
從(畸形的)公共生活轉向(畸形的)私人生活。」[14]另一種更有威
力的商業霸權進入到廣場，侵蝕著廣場生活，廣場情結終成哀悼
的對象，在價值上愈益顯出某種虛幻的性質。

廣場情結的終結，意味著自我確證方式的轉移：「從過於濃

---

14 一行，〈公共生活的個體立場──試論歐陽江河〈傍晚穿過廣場〉〉，
參看靈石島網站(http://www.lingshidao.com/shilun/xinshi/29.htm)。

厚的意識型態興趣轉向廣闊的民間大地」，「這已不僅是80-90
年代文學的一種演化趨勢，也可以說是世紀末中國知識分子的一
種精神自覺。」[15]陳思和指出：民間就是政治意識型態無法涵蓋
的廣闊博大的生活世界和想像的空間，是相對於政治意識型態而
言的另一種生活存在。

> 比起意識型態的流行性、懸浮性和聒噪性，民間世界就
> 顯得永恆、沉穩而緘默。意識型態是呼嘯而過卻不知止
> 於何處的風，民間則是萬古無言卻始終在場的大地。大
> 地是民間本己的象喻。大地沉穩而厚實，無言卻又孕育
> 著世間所有的語言。民間生活的豐富內容從大地中湧
> 出，又復歸於大地。敘述民間故事的文學，就是傳達大
> 地深處的聲音[16]。

民間轉向，在個體的存在方式上，意味著政治的與啓蒙的視
角從精神生活的自我確證中淡出，取而代之的是平平淡淡的日常
生活。這正是「當代人尋求精神家園的指歸所在。」[17]

從廣場到民間的轉向，展現了一種去政治化的邏輯。一方
面，它解構政治對一切的替代，瓦解意識型態對生活世界與日常
感覺的圍攻；另一方面，它意味著體驗到了政治作爲一種志業、

15　王曉明等，〈民間文化 知識分子文學史〉，見《90年代批評文選》，
　　頁141。

16　郜元寶，〈中國當代文學中的民間和大地〉，《90年代批評文選》，
　　頁171-172。

17　陳思和，〈民間的還原——文革後文學史的某種走向的解釋〉，《90
　　年代批評文選》，頁166。

一種自我確證的方式的虛幻，它最終瓦解了人們對政治與公共生活的熱忱。事實上，劉心武在其小說〈「五一九」長鏡頭〉中業已揭示，歷次的政治運動不但降低了人們對政治的興趣與熱情，而且摧毀了政治在人們心目中的可靠與安全感。蕭功秦看到，1990年代以來，知識分子直接參與政治的程度比過去明顯降低，相對於改革初期的政治參與的亢奮心態而言，歷史進入到一個政治淡化的階段[18]。在校大學生群體已經成為缺乏政治激情的一代，言必談政治的時代被替代為言必談「三星」（歌星、球星、影星）的時代。

2.公共性的退隱

在當代社會，「與普遍的經濟衝動形成反差的，是普遍的政治冷漠，公民的民主參與能力的削弱。『大眾明哲保身主義』的流行，公民與國家之間的距離的擴大。」[19]作為廣場替代者的民間世界，是一個被經濟語境操控的私人世界。在其中，政治隱身於經濟過程，並藉由經濟過程顯現自己的威力；市場不再作為經濟活動的規則，而是滲透到社會文化的一切領域，透過單向度的利益原則而構建秩序，因而，構成強大的離心力，將人們從共同生活中分離。

> 與其說社會的功能出現了障礙，不如說可以對政治或政
> 治與經濟的重新一體化實行監督、制衡的「社會」本身

---

18 〈走向新現實主義：轉型時期知識分子的心態變化〉，見蕭功秦，《與政治浪漫主義告別》（武漢：湖北教育出版社，2001）。

19 韓毓海，〈市場意識形態的形成與批評的困境〉，《天涯》1998年第2期。

> 作爲一種力量正在日漸退出歷史舞臺。它突出地表現爲
> 把社會凝造成一個「公共空間」的那些方式正在被瓦
> 解，這是指民眾參與政治的方式和能力，整個社會透過
> 公共媒體交換意見，從而對意見產生質疑或形成共識的
> 方式，以及大學作爲提供理想的人際交往方式的場所的
> 作用，這一系列使社會成爲『公共的』前提都已在發生
> 轉化。」[20]

　　正如甘陽等人所見，今日的中國社會已經由「過度政治化」
蛻變爲「過度私人化」或「經濟化」。個人經濟利益的最大化成
了普遍追逐的目標。與此相應的是，價值觀上的相對化成爲人們
普遍接受的信條，這種信條拒絕普遍的倫理。「潘曉現象」中，
個人的道德疑慮還能訴諸社會公共討論，且能夠形成廣泛熱烈的
對話，由此形成公共性的精神氛圍。如今，這個可能性已經喪失。
　　於是，外部有著滲透力量強大的市場，以及把一切社會問題
化約到個人層次的社會；在內部則是自私自利的個人主義與相對
主義，結果，公共性無法立身。「經濟生活逐漸上升爲全社會關
注的焦點，其他的都是空的，多掙幾個錢要緊！……在社會生活
的幾乎每一個角落，你都會看到『短期目標』的膨脹，看到這類
目標如何一步步壓倒和毀滅一個人、一個集體甚至一個地區的長
遠的生活。」[21]而作爲新意識型態的發展觀念，則強化了這一趨
向。

20　同上。
21　王曉明，〈九十年代與「新意識形態」〉，見韓少功、蔣子丹主編，
　　《失控與無名的文化現實》。

　　另一方面，公共性賴以依託的社群或共同體的闕如，也使得公共性無法立身。

> 　　中國的公眾卻苦於沒有合適的表達自己情感的方式，過去我們都是被動地表達民族情感的方式，一旦有了自覺表達的需求，卻喪失了表達的空間、儀式和渠道。……人的聯繫方式主要有國家、市場與社群，但在中國現代化的過程中，國家權力不斷以內捲化的方式向社會底層滲透，傳統的社群遭到了極大地破壞。建國以後，在計劃經濟和全權政府的蘇聯模式指導下，更是只有國家而沒有社會。這就使得從民間生長起來的社群或具有歸屬意義的共同體無法確立。」[22]

　　當公共性不能依託於自由社群時，它便被推向了個人內在的道德修養，但結果就是社會在制度層面未能給公共性提供滋生的土壤。另一方面，隱身於經濟語境中的文化政治，引導人們各自沉浸在自我的私人世界。作為政治隱身處的市場，恰恰以滿足底層生存的要求來「回報」其對公共性的瓦解。因而，在當代出現的政治冷漠與公共意識的萎縮，無疑是特定政治文化長期經營建構的結果。

　　公共性的喪失，不僅是政治性公共空間的瓦解，而且是人與人之間的相與、相通、相感、相應能力的衰退。近10年來，媒體上經常有類似於兇手持刀殺人但圍觀眾多人群卻無動於衷的報

---

22 許紀霖，〈從非典危機反思民族、社群和公民意識〉，《天涯》2003年第4期。

導，顯示了公共性的喪失對生活世界所造成的災難性後果。這就是，人與人之間不再相互承擔責任，不再尊重作爲他者的個人，以至於對他人喪失了最基本的同情心。作爲共同生活基礎的公共性，正在從當代精神生活中不斷地瓦解。這已經不再是個人的問題，而是涉及整個民族的前途問題；由於瓦解了民族共同體的根本基礎，因而它阻礙著當代中國人走向政治成熟。甘陽指出：改革業已使中國只有日益分散的社會離心力，卻無法藉由一種制度化的全國性政治過程，來整合多元分散的社會利益。國民藉由政治參與而對本民族整體長期利益具有高度的政治認同感所形成的政治向心力，還缺乏一種制度性的保障[23]。當代中國人作爲一個群體在精神生活上面臨著的最大考驗，無疑是「能否走上政治成熟」。

三、文化意識的衰落與精神生活的世俗化

1.從人文精神到世俗生活

當人們的關懷從政治與文化轉向被市場侵蝕的日常生活世界時，文化與歷史的意識也開始了從精神生活中的後撤。人文精神討論，即是對這一後撤的回應。作爲一個歷史事件，人文精神討論發生在1993-95年間。最先是1993年《上海文學》上關於人文精神的對話，然後是從1994年《讀書》雜誌上關於人文精神的對話。這個討論很快就變成爲一個「媒體事件」，引起了國內外的關注。

作爲討論的發起人之一，王曉明提出：在20世紀的中國，文

---

23 甘陽，〈走向政治成熟〉，《讀書》2003年第4期。

學是我們發展精神生活的主要方式，當代的「文學危機是一個觸目的標誌，不但標誌了公眾文化素養的普遍下降，更標誌著整整幾代人精神素質的持續惡化。文學的危機實際上暴露了當代中國人人文精神的危機，整個社會對文學的冷淡，正從一個側面證實了，我們已經對發展自己的精神生活喪失了興趣。」[24]文學的創作本身已經陷落在「文化廢墟」中，並成爲建構文化廢墟的一種方式，而不再是從廢墟中振起的一種精神努力。在王朔爲代表的「痞子文學」與沉迷形式技巧、玩弄光景的文學創作中，這一點尤爲明顯。這兩種創作都顯示了精神關懷在文學創作中的退隱。

在1980年代，一個青年若不是詩歌愛好者或文學愛好者，便是哲學、美學或其他文化形式的愛好者，文化在那個時代是個人自我確證的崇高方式。但在1990年代，經濟成了文化的對立面，個體回歸文化的熱情被強有力地扭轉爲一切向錢看，經濟優先。於是，人們發現了「一個無文時代，一個貧乏時代」。因而，人文精神的討論「基本聚焦在文化與市場的問題上」。

人們不僅對詩歌小說冷淡，對政治、對哲學等也同樣冷淡，諸種文化形式都面臨著衰敝，文化正在從精神生活中退縮。

> 今天不是詩歌的時代，同樣也不是哲學的時代。那麼今天算是什麼時代呢？我想就是「大家過平常日子的時代」，說得文縐縐一點是所謂「日常生活的時代」。這日常生活並不需要詩人把它提升到詩的境界，也不需要把它提升到要理念的世界，倒是詩人哲學家需要明白自己過的也是「平常日子」，不必以爲自己讀點詩歌就比

---

24 王曉明等，〈曠野上的廢墟〉，《上海文學》1993年第6期。

讀武俠小說的人來的高雅，也不要以為自己讀點哲學就
比聽流行音樂的更為深沉，無非都是打發時間、消磨日
子，各有一套「過平常日子」的方式而已[25]。

　　由文化塑造的精英意識在瓦解，甚至連文化與文化生產者
（人文知識分子）本身都在不斷邊緣化。市場意識型態加劇了這一
邊緣化過程，因而，士大夫情結、知識分子的精英意識與文化意
識，最終還是被世俗化的日常生活意識所替代；而在知識分子之
外的社會下層，本來就是日常生活主導一切，只是自私逐利的傾
向被市場空前地激發甚至生產出來，成為市場實現自身的一個工
具，而對讀書與讀書人、文化與文化人的那種尊重，在短效功利
的目光中，逐漸瓦解，甚至成為褻瀆的對象。
　　過平常日子，成了宏大敘事瓦解以後人們的精神歸宿。在本
來意義上，日常生活滲透著文化傳統的自發積澱，回歸日常生
活，在1980年代的語境中，意味著從啟蒙的立場、從意識型態的
虛幻中解放出來，回到歷史中形成的文化世界。在這個意義上，
回到民間本應是自我回歸文化的主題的一個繼續。沒有歷史與傳
統的生活世界，如同沒有自然的生活世界一樣，顯然並不是真正
的民間、並不是健康的日常生活世界。在這個意義上，李澤厚道
出了一個來自民間的希望：精神生活的回歸民間，應該回到由
天、地、國、親、師共同撐開的生活境域。人的歸宿最終在「人
際的關係中、人與自然的關係中」，也就是在天、地、國、親、
師共同支撐的生活世界中，才得以真正呈現。「這完全是一種情
感的歸宿，而不是政治的、社會的，甚至也不是思想的。」在李

25　甘陽，《將錯就錯》（北京：三聯書店，2002），頁55。

看來，文化只有回到這種最基本、最自然的層次上去時，權力—知識的結構對生活世界的侵略與占據才無有用武之地[26]。這樣一個立足於活著的自然與活著的文化心理積澱的生活世界，才是知識—權力結構如啓蒙思想與意識型態等所無法窮盡的剩餘物，在這裡，精神生活被引向的將是那些最基本、最普通的事物，在「它們之中蘊含的因素使人驚訝，最終將被牢記」。

　　然而，日常生活是否還是外在於一切權力—知識結構的民間世界的源泉？在當代中國式的市場經濟、世俗化過程中，韓少功發現的卻是大眾文化對民間文化的替代。「這個大眾文化不是民間文化，不是民間產生的，恰恰工業文化製造出來然後強加給民間的。民間文化的萎縮是工業文化造成的災難之一。」[27]而這種替代導致了作爲廣義意識型態對立物的民間大地與日常生活的貧瘠。當文化本身已經成爲速食，民間已經遭到市場、消費主義等新意識型態侵蝕的情況下，精神生活將在何處自我確證呢？

2.生活在當下：從歷史目的論到偶在論

　　人文精神討論中所揭示的實情，不僅僅是文化意識的衰退，而且是與崇高性關聯在一起的歷史感的喪失。李陀指出，1980年代的一個特徵，就是人人都有繼往開來的激情，那時候的人，甚至連普通老百姓，都是有歷史觀和歷史意識的，都相信自己對歷史有責任[28]。但在1989-92年間，一系列重大事件，在當代中國人的精神歷程中劃出了一條非常清楚的界線：「在這之前，差不

26　李澤厚〈與王德勝的對談〉，《世紀新夢》（合肥：安徽文藝，1998），頁288-289。

27　《韓少功王堯對話錄》，頁116-117。

28　查建英，《八十年代訪談錄》，頁251-253。

多整個1980年代……絕大多數人都相信，存在著一個歷史不斷進步的規律，而這個規律在當時中國社會的體現，就是現代化。……大家都認定這是不可抗拒的歷史潮流，是歷史發展的正確方向。」可是，在這界線之後，「那種樂觀和自信迅速崩潰了，取而代之的是深深的困惑。」[29]

1980年代的現代性想像與近代以來的世界－歷史的必然進步的規律意識相聯繫，在某種意義上，現代性想像立足於近代進化論的地基上。但1990年代以來，不僅這種歷史規律及其背後內蘊著的歷史目的論，甚至連作爲其思想基礎的進化論本身，都成了質疑的對象。1998年，《讀書》發表了關於達爾文進化論的討論，近代以來的目的論的進化論被替代爲隨意性、無目的性的天演、自然過程，進化論不再作爲歷史規律話語，而是成爲非目的論話語的一部分。這也可以視爲爲偶然性本身以及人的偶在性所做的一次理論辯護：「達爾文主義最重要的影響就是把自然選擇的隨意性和無目的性延伸過來，否定關於人類社會和歷史發展的目的論。……如果人們要想從其中揭示的自然規律中尋找精神寄託，那將是徒勞的。」[30]與此相應，自然與社會歷史規律不再被理解爲自然與社會的固有規律，而是被看作是人的敘述[31]。

與非目的論相應，人的存在方式也導向了偶在論。2000年，

---

29 王曉明，〈人文精神討論十年祭——在上海交通大學的演講〉，《當代文化研究》網站（http://www.cul-studies.com/community/wangxiaoming/200505/1939.html）2005年5月28日。

30 土木其，〈關於達爾文主義的討論及其引申〉，《讀書》1998年第9期。

31 王曉明，《半張臉的神話》（南方日報出版社，2000），〈自序〉，頁2。

張志揚出版了《偶在論》，他強調，「讓個人成其爲個人而拒絕
參與剝奪自身的類的同謀」即是「一個偶在論者」所選擇的道路。
個人主義的個人進入一種尚未被規定的偶在狀態，伴隨著偶在的
是對世界觀的拒絕，後者正是個人主義在當代中國得以可能的條
件。對世界觀的拒絕本身，導致了當代中國人沉浸於瑣碎的日常
生活，以及那種屬於世界整體的世界利益、世界制度和世界秩序
的世界視野的闕如。趙汀陽將之概括爲「世界觀的逃逸」。世界
觀逃逸的進一步展開，便是對世界與歷史本身的拒絕，而與此相
應的是，「無法無天的一代」人的出現[32]。然而，伴隨著這一代
人的卻是個人無能爲力的虛無感覺，這種感覺又形成了「現代人
形形色色的心理癥兆」[33]。

文化歷史意識的後撤，導致了人們自我確證方式的重大變
化。

> 80年代過於關注人的上半身，而且對人的精神的理解也
> 太狹隘，當時人們心目中的偶像是哲人、詩人、政治的
> 改革家，是慷慨、沉思和浪漫等等，而到90年代，風氣
> 大變，人們競相把那些精神的東西排除在對個人生活的
> 想像之外，心目中的偶像也隨之換成老闆，有車有錢，
> 豪宅美女，似乎只注重下半身了。……80年代那種片面
> 的上半身與90年代這另一極端的下半身，他們彼此脱
> 節，卻共同構成了近20年來中國人對現代化的個人生活

---

32 張宏傑，〈所謂七十年代人〉，《天涯》2001年第3期。
33 土木其，〈關於達爾文主義的討論及其引申〉，《讀書》1998年第
9期。

的基本想像[34]。

> 人們關心的已經不再是「國家」的「強盛」，而是「個
> 人」的「發達」；這「發達」通常也只有一個意思，就
> 是過上目前「新富人」階層享有的那種極具特色的奢華
> 生活。……精神的自由、政治的民主、社會分配的公正、
> 環境保護、性別平等、文化、教育和道德狀況的改善，
> 等等，都被擠到了邊上[35]。

不難看到，在歷史文化意識衰退的當代，在「偶在」中自我
定位的人們，開始滿足於不僅短暫、易逝、切近，而且繁瑣、卑
微、渺小的當下，「不在乎天長地久，只需要曾經擁有」。這種
精神態度，在以追求瞬間體驗的色情上得到了體現：沒有哪個時
代像今日這樣，如此地「面臨著性的通貨膨脹。」

四、生活世界基本元素的變異

當人們從政治、文化、歷史中退出，將精神生活的歸宿交付
給日常生活世界時，卻發現，生活世界的基本元素業已被侵蝕，
正在發生著質的變異。以經濟發展為中心的「現代化不一定能提
高我們的生活質量，相反地，它還經常降低我們的生活質量。比
如，友情、愛情、親情，這都是構成生活質量的重要元素，可是
現代化並不能提供。」[36]這是李陀的發現，他試圖向我們表明，

---

34 王曉明，《半張臉的神話》，頁47。
35 同上，頁36。
36 查建英，《八十年代訪談錄》，頁265。

友情、愛情、親情等等，這些生活世界的基本元素，在當代發生了質性的變異。

當代詩人於堅用「最基本的東西」、「基本事物」來指謂生活世界的基本元素：「有一些事物是人所離不開的，即便看起來你離開了，事實上，你還是無法離開。」例如，故鄉就是這樣一種基本事物，你在這裡生活過、感受過、愛過、恨過，這樣一種經驗，它會一直存在於你的生活中。「故鄉不僅僅是一個地理學意義上的物質空間，它也是一個精神學意義上的想像空間，一個精神紮根的地方，一個精神的來源地。」[37]生活世界由諸多基本元素構成，正是這些基本元素，托舉、撐開那被我們稱之為生活世界的東西。

1.生活在別處：存在方式上的離家出走

的確，用「家」、「家園」或「故鄉」、「家鄉」等表達的家居、居住經驗，是生活世界的最為原初的經驗。在家中發生的事件，如此深遠地影響著生命，甚至這種影響會伴隨著生命的始終，可以說，家是人性展開自己的最為重要的始點，也是終點。即使是在家園之外也仍然會眷戀著家鄉，回家、想家的感覺因而也是在家園之外的遊子的基本感覺。然而，在當代，這種原始的最基本的家的經驗與感覺遭遇到了侵蝕與破壞。

報載，河南某鄉村的幾個女孩到鄭州打工，回到在農村的家鄉之後，集體自殺了，原因是她們覺得自己投錯了胎，不該生在自己的家鄉，而希望來世能夠投生到鄭州。這故事令人震撼。人們對家鄉的那種基本感覺已經極大地扭曲了。事實上，在農村生

---

37 《于堅謝有順對話錄》（蘇州：蘇州大學出版社，2003），頁18。

活的青年人，普遍不願意留在家中，而希望到城市過另一種生活，即使在城市中作為被人鄙視的邊緣人存在，也認為比呆在農村好。「整個國家在城市化、現代化的過程哩，越來越多的人卻對故土喪失了本應有的那種骨肉般的感情。」與此相應，村莊被廢棄後的那種荒涼的感覺瀰漫著農村。顯然，家的觀念發生了變化，它不再承擔精神安頓的內涵。在當代人熱衷的搬新家的經驗中，總是伴隨著那種在家中找不到家的感覺，這一感覺甚至成了今天家居經驗的主體內容。

如同農村青年嚮往著城裡人的生活，城裡人則嚮往著異國的生活。有人問詩人芒克說，為什麼不出國。好像留在祖國是恥辱、是背叛[38]。芒克的例子在大學中更具有普遍性，一個教師如果沒有出過國，就被人看不起，好像沒有水平。這顯示了當代精神生活的一個痼疾：「中國的知識分子這100年來，總是認定西方的某一種價值觀就是他的生活的『別處』，而很少從中國、從自己故鄉、從個人經驗的立場上獨立地思考他是如何生活在世界上的。」而這種「生活在別處」，「是整個社會的思維方式，是瀰漫在我們的細胞和血液深處的價值觀。」[39]

因而，生活方式上的離家出走，在更大的視角看，就是在精神與文化深處的「去中國化」。朱學勤指出：「生活在別處最時髦的樣式，就是使用西方的『根』。他們不可能生活在別人的問題哩，卻能夠生活在別人的話語裡。」[40]「中國的傳統棄之不顧，西方帶來的東西又沒有一個積澱的過程」，這種精神生活上的「雙

---

38 《于堅謝有順對話錄》（蘇州：蘇州大學出版社，2003），頁18。

39 同上。

40 朱學勤，〈城頭變幻二王旗〉，見其《書齋裡的革命：朱學勤文選》（長春：長春出版社，1999），頁139。

重匱乏」，使當代中國人喪失了存在方式上的那個與過去相聯繫的當下，於是不得不在別處建家。「幾十年來，中國人對自己的傳統、對自己腳下這塊土地的蔑視和摧毀達到了匪夷所思的地步，它已經給新一代造成了一個錯覺：我們這個國家已經沒有什麼好東西了，好東西都得靠拿來。」「什麼都是一無是處，連天空、大地都是需要改造的。」[41]

存在方式上的離家出走，形成精神生活的無根綜合癥候：「老是在急急忙忙的趕場，……工作起來很容易抱投機甚至賭博的心理，玩起來呢，又可能是一種昏天黑地及時行樂的放縱。」這種綜合癥候集中表現為人心底的不安全感，後者與百年來變動甚至斷裂的歷史密切相關。「因為這個社會一百年來不斷在變動，而且一變就非常劇烈，最後大家覺得什麼都不可信不可靠，除了眼前看得的利益和快樂。」[42]

無根的狀態甚至擴展在日用語言層面，歐陽江河在詩作〈漢英之間〉中寫到：「如此多的中國人移居英語／努力成為黃種白人，而把漢語／看做離婚的前妻，看做破鏡裡的家園？……更多的中國人躋身其間，／從一個象形的人變成一個拼音的人。」在「漢英之間」的尷尬位置，標誌著當代精神生活的無根痼疾。

2.友情的變異與倫理的失序

作為生活世界的基本元素的友情，在1980年代，無論是社會生活、政治生活還是其他社會層面，都扮演了非常重要的角色，是經歷過那個時代的人們最難忘懷的東西。詩人柏樺在〈左邊〉

41　《于堅謝有順對話錄》，頁95。
42　查建英《八十年代訪談錄》，頁395。

中對當年活動在四川的詩人們的友情，還有友情與詩的關係，有
生動的描寫。

> 而1990年代以來，我們的生活裡再找這樣的友情已經很
> 難了。不過才二十多年，我們的生活裡的友情已經大大
> 貶值、變質了，我們願意也好，不願意也好，都被緊緊
> 織進一個天羅地網一樣的功利主義的網路裡頭，朋友的
> 意義和作用也完全變了。現在我們和朋友聊天的時候，
> 已經很難再像八十年代那樣：第一，可以直言不諱；第
> 二，可以誓死捍衛自己的觀點，跟人家炒得面紅耳赤；
> 第三，相信朋友不會為這個介意；第四，覺得這爭論有
> 意義。這一切都不可能了[43]。

李陀發現，1980年代的友情由某種關懷來推動，那時候朋友
之間的聚會、吃飯，往往與政治、哲學、文學等問題的討論聯繫
在一起，那些誠摯的討論影響並規定了友情的性質，襯托出友情
中某種不凡的品質。1980年代出現了很多的共同體，其實就是以
朋友聚會的方式展開的。這種由友情推動的群體聚會，在當時十
分普遍，甚至延伸到官方組織的會議上，遂有了「會中會」、「會
外會」，以至於它構成了「一種非常特殊的公共空間」。也許正
是基於友情，1980年代的文化界「似乎有個共同的『場』，大學
生、學者、作家、藝術家，有一種精神上的聯繫和互動。」[44]在
這個場中，由於友情的維繫，以至於大家可以以那種無所顧忌的
坦率與真誠來討論問題。

43　《八十年代訪談錄》，頁254。
44　同上，頁157。

友情「對形成社會融合，對建立人和人之間的信任和情誼，或者對建構某種公共空間，友情都是必不可少的一個環節、一個層面。」在中國傳統社會，友情的社會－政治意義得到了特別的重視。友情「不是可有可無，或者可多可少的社會關係，而是中國倫理體系和社會結構中絕不可缺少的方面……」，以至於「在中國經過那麼多年的革命和動盪以後」，友情「還是中國的社會能夠和過去、歷史保持聯繫的一個非常非常重要的脈絡。」但在1990年代以來，「這個脈絡也在被衝盪動搖，離瓦解消散的日子恐怕不遠了。」事實上，朋友的品質業已發生深刻的變化，友情不再導致共同體的誠摯討論、精神上的相互扶助，而是蛻變爲相互謀利的關係網絡，而「宰熟」現象的出現，則「是一個重要的象徵性事件，」不但朋友「變得可疑，更嚴重的是，它說明我們的生活的倫理基礎出了問題。如果生活是一棵大樹，那麼，現在這棵樹不但枝幹已經長蟲、生病，而且根部也開始腐爛。」[45]換言之，友情的匱乏顯示的是倫理生活的危機。

在傳統社會，本有以各種宗教或準宗教爲基礎的道德信條，以及建立在血緣、鄰里關係之上的貧富相助、患難提攜等樸素的道德習俗。儒家思想所以能成爲中國傳統社會的主流文化，就在於它維護並提升了這些信條與習俗，並使之倫理化，深刻地進入到制度、法律、公私生活之各個面向。但百年來的歷史卻是對儒家倫理的有意識破壞，而後植入、推行主義－政黨倫理，後者構築了現代中國的宗教性的與國家性的倫理秩序，「提供對世界和人生的意義解釋，規定國家倫理秩序的正當性，劃定社會精神生

---

45 同上，頁262-267。

活的方向。」[46]但這種由上而下人為推行的倫理觀念與日用生活中自發形成的倫理秩序之間存在著難以協調的緊張關係。

隨著意識型態性的全民動員在公私生活中的失效，就會出現倫理資源的虧空。這正是近年來中國政治—經濟之結構性的根本變化之一：「擁有社會法權的政黨倫理在現代化經濟—政治轉型過程中逐步式微……精神倫理之社會化和制度化機制不能再靠與政制結盟的方式來達成，精神倫理的社會化機制面臨危機。這正是當代漢語世界中民族性的國家倫理建構的根本問題所在。」[47]倫理的失序最集中體現在日常生活禮儀上，在今日，「諸種禮儀，包括怎麼吃飯，怎麼睡覺，怎麼穿衣，怎麼走路，怎麼跟人談話，基本上都處於失序狀態。」地名、街道名、稱謂等等，都幾近混亂，這種混亂，反映的是一個國家倫理秩序的失序[48]。

當然，就生活世界的基本元素在當代的變異這一主題而言，教學、消費等等的變異，都可堪探討，其重要性絕不亞於以上內容。但作者希望在他處加以探討。

五、結論

毫無疑問，20世紀最後20年間，在中國人的精神生活中出現了急劇的結構性變化。在私生活世界，主體性與個人主義以價值觀的方式的出現，是這種變動的肇始，而後這種價值觀透過市場

---

46 劉小楓，〈中國國家倫理資源的虧空〉，《這一代人的怕和愛》（北京：三聯書店，1996），頁206-208。另見新版，〈國家倫理資源的虧空〉（北京：華夏出版社，2007），頁290。

47 同上，另見新版，頁292。

48 〈禮儀與文化傳統的重建〉，《光明日報》2003年4月28日。

等社會建制方式進入公共生活的每一個角落，從而深刻地改變了精神生活的整體風貌。在這種情況下，我們看到了去政治的趨勢與公共性的喪失等現象，此一現象與新的極權方式相互配合，作為個人主義價值觀公共化的產物，在客觀上，它可看做是特定政治文化長期建構的結果。個人主義價值觀的進一步擴展，便是從去政治化到進一步地去歷史與文化，後者表現為對人文精神，對世界觀與歷史觀，乃至對世界與歷史本身的拒絕。在一切宏大事物被褫奪之後，人們在精神生活上便不得不立足於非目的性的「偶在」與世俗的日常生活。然而，真正的困境是，日常生活世界的那些基本元素，如家、友情、教學、需要與消費等，卻被權力－知識結構等腐蝕，以至於發生變形與變異。對當代精神生活的上述理解，無疑伴隨著一種深深的困境意識，健全的精神生活的開啟，必然要面對這些困境。

陳贇：華東師範大學哲學系副教授、中國現代思想文化研究所研究員。著有《回歸真實的存在——王船山哲學的闡釋》(2002、2007)、《困境中的中國現代性意識》(2005)、《天下或天地之間：中國思想的古典視域》(2007)、《中庸的思想》(2007)。

從精神史看當代史

賀照田

　　我想從我一位韓國朋友的經歷說起。李珍景是韓國1980年代學生運動中湧現出的重要理論家。他從馬克思主義、列寧主義和20世紀社會主義的思想與實踐中汲取資源，展開了他1980年代一系列的思想、理論活動。1980年代後期他被捕入獄，在他入獄期間，發生了蘇東巨變。巨大的衝擊與困惑使他1990年代一出獄便動身到中國來，他要親眼看看社會主義。這次中國之行最讓他印象深刻的就是：社會主義實踐並沒有相應產生社會主義的主體。這一印象與問題讓他如此不能忘懷，不僅是理解他1990年代以來思想工作的重要線索，也是我們2004年以來幾次見面交流中的重要話題。

　　對他的這一問題高度共鳴，在我不是因為社會主義在世界範圍內的挫折和這一問題有關聯，而是因為此一問題實和困擾我思考的如下幾個時代課題密切相關：一、中國傳統上本是一個高度關注倫理的社會（梁漱溟更是把中國社會此種特點稱為「倫理本位」），中國社會主義教育又是一種「強理想主義」的教育，那為什麼在改革開放啟動不到20年的時間裡，中國卻變成了日常生活最被商業邏輯穿透、日常心態最受商業氛圍干擾的社會了呢？二、中國人向來被認為是有很強的享受生活、承受苦難的能力（李

澤厚曾命名爲「樂感文化」），那爲什麼在短短的時間內，中國的自殺率卻如此高速攀升呢？諸如此類現象，只是其他民族共同具有的資本主義問題、現代性問題和社會不公正問題所導致的？還是在資本主義、現代性和不公正問題之外，還和李珍景所注意到的中國社會主義歷史有關？

我的回答當然和李珍景有交集的一面，但問題的緣起和處理進路卻是不同的。我是歷史的進路，他是理論的進路。站在歷史的視角，當然會覺得李珍景的問題不夠準確。畢竟，中國努力打造和社會主義、共產主義理想相配合的社會主義、共產主義新人，主要是在1950到1970年代，而李珍景敏銳看到、感到的中國主體狀態，則是1990年代中國人所表現出的狀態。這兩者之間有關聯，但其相關關係，則需要歷史的分析維度。

簡要地說，由於中國在建設現代國家上所經歷的坎坷，大多數中國人對中華人民共和國的建國抱持了高度的期待與熱情，而建國後新國家在對治先前遺留下來的問題、開創新局面的成效與新氣象，更使得大多數人熱烈地信任乃至信仰國家領導者毛澤東與共產黨。領導者對自身所選定的邏輯、所認定的理想有著高度自信，社會、民眾對毛澤東、共產黨有高度信任乃至信仰，而其時之社會又被國家高度統合，結果國家、社會一起展開對中國傳統倫理的批判與破壞，以期用共產主義倫理、情操取代中國傳統倫理，以期造就擁有這些倫理和情操的社會主義、共產主義新人，承擔在中國乃至全世界實現共產主義的歷史重任。

中國傳統倫理情操和1950到1970年代強調的共產主義倫理情操之間的不同，重要的不僅在兩種倫理情操內容要求上的差別，更在這些被提倡乃至教導的新倫理、情操，立足點乃在於當時所講述的意識型態正確之上，在國家領袖與共產黨的領導正確

之上，而不像中國傳統倫理，立足於宇宙、天地的構造、日常生活組織情境和個人的責任與義務，以及相關的人生境界、個人身心狀態、行為所獲得的價值感和意義感。而新倫理情操這種過分依賴意識型態正確、國家領袖與共產黨的領導正確之上的倫理構造方式，一旦遇到大的歷史挫折，必然造成對先前狂信的意識型態邏輯的不信，對先前狂信的國家領袖和共產黨的不信，連帶產生了對先前試圖獲得與擁有的倫理和情操的不信，乃至反感。這種心理，加上傳統倫理被強烈打擊後的虛弱，到文革結束後，在一部分人群中造成了因狂熱而虛脫、因熱烈而冷漠、因狂信而虛無的社會精神狀態與心理。

但在文革這一大的歷史挫折中，仍有相當一部分人，雖然先前心中高漲的理想主義精神亦受到歷史挫折的打擊，卻沒有影響到他們對歷史、對國家、民族、社會承擔責任的精神取向，以及所構成的理想主義內核。而這是中國革命和中國社會主義實踐留給文革後的中國最寶貴的遺產之一。當時如果能面對此一方面虛無情緒、心理蔓延，一方面理想主義猶強的精神史局面，清醒考慮如何轉化這種理想主義——也就是一方面不放棄為歷史、國家、民族、社會承擔責任並於此獲得意義感，同時將對歷史、政治課題的關懷，和在日常工作、生活情境中找到自己的位置和意義給結合在一起；另一方面，在前述基礎上考慮，如何轉化、吸收當時的虛無心理、虛無情緒，克服個人在歷史挫折的遭際中所形成的身心問題，那麼，中國當代精神史的局面，肯定會和我們後來看到的歷史局面大不相同。這麼說，是因為文革結束時的虛無心理，多半還只是一種情緒、一種因挫折而對先前狂熱狀態的反彈反應，也即當時虛無者的心情深處，並非真以沒有責任感、沒有擔待的生活為好。而這些，在在都為當時可能的精神史新局

面之開展，提供著有利的歷史條件。

令人遺憾的是，當時的國家乃至於知識界，對上面所述的這樣一種精神倫理狀況，並沒有清醒思考與意識，否則一方面正視現存資源與問題，一方面謹慎對待傳統倫理資源的復甦和轉化問題，並尋找和引入可配合這樣一種歷史問題意識的外部相關資源，中國今天的精神倫理狀態一定是完全不同的一種局面。然而，事實卻是我們今天看到的這樣一種歷史展開，而這樣一種歷史展開的背景，正是國家對問題沒有有效的關心，知識界的思想、觀念，也對文革後該如何規劃自己的精神倫理格局沒有清醒認識，於是流爲盲動。從國家和知識分子對「潘曉討論」的反應，便可以清楚地看到這一點。

文革中許多問題乃至罪惡，是在盲目理想主義的推動下出現的。以一代人理想的破滅爲背景，在1980年代初出現了高度撥動其時社會心弦的「潘曉討論」[1]。當代中國大陸精神倫理所以演變至今天這樣一種狀況，「潘曉討論」可說將其時之歷史、觀念背景集中表露無遺。從討論展開之最主要場所《中國青年》介紹的情況和發表的討論文章來看，無論是官方理論家還是知識界，當時都未能找到具有足夠說服力的方式，準確把握、整理此討論所以產生、所以如此表現的歷史、觀念原因，更遑論透過此討論，

1　此討論最初被稱做「人生的意義究竟是什麼？」的討論，由於其最初發端起源於一篇讓無數讀者特別是青年讀者深深動心的署名潘曉的信〈人生的路啊，怎麼越走越窄……〉，所以通常被稱爲「潘曉討論」。「潘曉討論」引起的廣泛反響，僅從7個月內便收到了6萬封討論來信便可窺見一斑。很多媒體也都捲入此一討論，其中，討論的主陣地《中國青年》雜誌上所發表的討論文章，分別見1980年第5-12期和1981年的第3期、第6期。

把此討論所涉及的精神問題、主體問題，開展爲中國當代史必須特別省思的歷史基點。因此，當時不論是被看成改革派活躍人物的阮銘的文章〈歷史的災難要以歷史的進步來補償〉，還是經過中宣部修改審定過的署名本刊編輯部的文章〈獻給人生意義的思考者〉，其核心都在呼籲青年投身正確的歷史進程。這樣的呼籲當然沒有錯，但卻不能深入此一討論之精神、主體方面的深層含蘊，因而不能準確地理解「潘曉」所以從她的經歷中引出的如下結論：「任何人，不管是生存還是創造，都是主觀爲自我，客觀爲別人……只要每一個人都盡量去提高自我存在的價值，那麼整個人類向前發展也就成爲必然的了。」結果，當然也不可能眞正貼近、解決潘曉的問題。因爲很明顯，潘曉的問題不可能僅僅藉由政治、經濟路線的調整加以解決，這在她的來信中可以看的很清楚：「有人說，時代在前進，可我觸不到它有力的臂膀；也有人說，世上有一種寬廣的、偉大的事業，可我不知道它在哪裡。人生的路啊，怎麼越走越窄，可我一個人已經很累了呀，彷彿只要鬆出一口氣，就意味著徹底滅亡。」

當時不曾有足以洞識與揭明「潘曉」所以如此得出其結論的背後之歷史與觀念機制，一個重要的後果便是「潘曉」的結論「主觀爲自我，客觀爲他人」脫脈絡的流行，而這一基於自己經歷和對先前歷史反彈的結論，所以能脫脈絡流行，其間所表徵的時代歷史和時代主體的問題，不僅未能成爲時代關注和思考的焦點，反而在接下來改革的歷史展開中，被各種「人是自私的動物，但人只要理性地追求自利，便可導致好的現代社會」這類有關現代社會構成想像的思潮所補強。

如果說「潘曉討論」未能充分意識到其時的理想主義轉化和虛無主義吸收課題，對理想主義造成了傷害，那麼蔓延於文學藝

術和相關思想領域的對先前集體主義的反彈與反動，由於焦點在處理主體問題，對此理想主義的毀棄就堪稱釜底抽薪式了。因為不論是「潘曉」被抽離脈絡的結論，還是那些關於現代社會如何構成的想像如何問題重重，都還爲有關主體問題的思考展開，留有相當餘地。畢竟，「何謂自我？」「何謂自利？」「何謂理性？」等問題本身，還充滿著可能性——也即，人們既可在不直接挑戰「潘曉」結論的情況下，藉著重塑對自我的理解與感覺，來實際重構「潘曉」的問題；也可以從正面來思考：如何才能形成理想的自我狀態？如何在當時的環境條件下，開展出有效的工作實踐、生活形式，實現此理想的自我狀態？如此做法，不啻既在文革後特定歷史語境中思考主體問題，也由此角度對中國革命和社會主義歷史有所剖析，這樣一來，所達致的思想結論不僅可針對並隱含「潘曉」的問題與經驗，又會比「潘曉」的整理和結論更有說服力和建設性。如此開展出來的知識與思想局面，自會與我們實際看到的歷史展開相當不同。

　　自然，時代關涉主體問題的思潮，主要是在對先前極端集體主義進行反動的心理動力下展開的，而這一反動，並不是超越、轉化先前的集體主義，卻是直接對反此前的集體主義。這樣一種對集體主義的簡單反動，導致了1980年代各種相關思潮的背後充斥著以爲只要忠實地堅持自我，便是爲自己、爲時代負責任的個人主義邏輯。而這樣一種對「何謂自我」的個人主義感覺和理解，不僅在根本上取消了「潘曉」結論以及當時各種有關現代社會構成想像所留下的餘地與可能性，而且反過來規限著人們對社會和歷史、現實的感覺。

　　也正是在這樣一種意義上，我認爲1980年代中期前後這類有問題的思潮，一旦在中國當代史占據了關於自我思考的霸權地

位，要想在思想上轉化先前中國革命和社會主義實踐所遺留下來的理想主義精神遺產，也就再無可能。此外，爲了忠實於自我，由於在文學藝術中把對立於集體主義、理想主義的虛無、懷疑、犬儒、頹廢姿態和情緒審美化、意義化，結果一時的虛無心理，眞的往價値虛無方向定型（大家只要重新翻翻1980年代中期關於劉索拉《你別無選擇》和徐星《無主題變奏》的評論，就明白我此處在意指什麼了）。而這種過於以自我爲中心的個人主義，由於並沒有眞正認識自我充實、理想自我如何形成等問題，使得墮入此種個人主義的個人不僅不能眞的找到自我，反更容易受到各種社會風氣、欲望、好惡的左右。也即此種自我強調，反而導致墮入此種個人主義的個人缺少眞正思考自我、充實自我、保護自我、承受自我的能力，更容易受到各種社會邏輯、商業、大眾文化等所挑動的氛圍、欲望、矛盾的直接衝擊。

沒有如何張大、轉化的觀念、思考給予幫助，而只有不利的觀念邏輯在蔓延與斫傷，於是先前中國革命和社會主義實踐遺留下來的理想主義在1980年代的延續，主要仍以參與大歷史的方式存在。而在1980年代參與大歷史的主要形式，就是支持改革開放與反對反改革開放。在1980年代，理想主義雖有不斷被削弱、蛀空之勢，但在知識界，特別是青年知識分子中，這樣一種對歷史的責任感激情，卻仍然能制約、平衡虛無主義、自我中心的個人主義蔓延。可惜，這樣一種方式與力量，在1989年受到了沉重打擊，從而喪失了制約和平衡虛無主義與簡單自我中心個人主義的作用。而正是在這樣一種精神倫理情勢下，人們迎來了比1980年代更劇烈的1992年以來的全面經濟、社會、文化變動。

從精神史的視角看肇端於1970年代末、並於1992年充分鋪開的當代中國改革，一個需要首先關注的現實便是：大多數社會從

傳統到現代的轉型，都是一個相對較長的過程，在某種意義上是
現代進一步、傳統退一步的過程。相對完整的傳統型態，在相當
長時間內可以和現代型態共存。此當中的人們，也有相對充裕的
時間，較從容地省思轉化傳統，調適現代。相比之下，中國當代
的改革，則是受到具有高度緊迫感和操控能力的現代國家所主
控，並在短時間內從一種現代形式轉向很多方面差別極大的另外
一種現代形式。時間上的急劇、空間上的同時展開，和內容方面
的廣泛、幅度上的強烈，在在迫使此歷史進程很難有相對平穩的
心態、相對從容的時間和相對可靠的思考感受支點，來面對自
身、面對歷史，並以這相對充分些的整理爲基礎，思考自己的生
命連續感、生活意義感和身心的安定感諸問題，並在思考其他問
題時，能考慮從這些問題維度出發的要求。既然做不到這些，人
們便無法以自己相對完整、確定的感受爲線索來思考，當然也就
難免更容易爲外部氣氛過度撥動。

更不幸的是，中國的當代改革雖然確乎是從一種現代性轉向
另一種現代性的改革，但由於一方面，在城市，這意味著個體從
被包含了經濟、政治、倫理、精神、文化等多重意涵的社會主義
單位共同體中釋放出來；二方面，在農村，則意味著個體被從組
織嚴密、管理嚴格，同時規劃設計亦包含政治、倫理、精神、文
化內涵的農村集體經濟共同體中釋放出來。因此，可以這麼說，
在中國這種從一種現代性轉向另一種現代性的改革，同時也必須
承受從傳統直接邁入市場經濟的現代型的社會所要承受的精
神—主體問題，這是因爲，中國當代的改革事實上也伴隨著個體
被從「生活—倫理—精神」共同體中釋放出來這一問題。顯然，
中國當代的改革就精神—主體層面言，所遭遇的問題是雙重的，
亦即：此境遇中的個體必需同時承受從傳統到現代，和從一種現

代到另一種現代的雙重重負。

其次，中國傳統精神倫理既已在改革以前30年社會主義的歷史中，遭到長期嚴厲、全面的打擊，而中國革命和30年社會主義歷史所遺留下來的理想主義，又未經有意識地順承、轉化，反而遭到1970年代末以來一系列社會、文化思潮的侵蝕甚至狙擊，並在1989年遭到致命一擊。結果，在1990代最需要理想主義來平衡市場意識型態和簡單利益邏輯的時候，理想主義本身已先潰不成軍。我們可以看到，1992年中國大幅度邁向市場經濟的時候，有關經濟的感覺與邏輯不僅迅速左右著人們的經濟行爲，而且迅速籠罩乃至左右了人們有關政治、文化、日常生活的感覺與想像。

顯然，沒有先前30年對中國傳統精神倫理的激烈行爲，沒有改革時代對中國革命和前30年社會主義實踐所遺留下的精神遺產的失當措置，沒有1989年對這雖然越來越削弱、但力量猶存的理想主義能量的致命一擊，我們很難想像，此一被視爲有著幾千年倫理本位傳統的國家，有著幾十年理想主義強調和教育的中國，會在市場的降臨中潰敗到如此地步，且是如此一種潰敗方式——不僅長年積累下來的日常感覺和日常倫理感覺如此容易地被商業邏輯、商業媒體關於生活的理解與想像所穿透；有關何謂人生成功、充實的感覺與想像，也迅速變得如此貧乏，以致在太多人身上，主導的只是可計算的經濟擁有，和商業文化、大眾文化給定的所謂享受的多寡等等。這種關於人生的單一感覺氛圍，對那些在其他目標更能找到生命充實感和意義感的人們，除了誤導之外，基本上提供不了積極幫助的資源，反而使他們的人生取向遭致不必要的壓力和誤解；而對那些可主要從經濟成功獲致其人生意義感、充實感，也在經濟方面進展順利的人們來說，由於人生問題終究不能都用經濟的方式解決，一個完滿的人生也

要從文化和社會生活中汲取營養，因此還有飽嚐空虛感；更何況，還有太多無緣成功的人，這種表面熱烈、豐富而實質單一的氛圍，不將使得他們的不成功變得更加刺目、更加難以忍受嗎？

其三是，由於1980年代以來主導了社會文化基本走向與感覺的人文社會思潮，或對精神主體問題關注不夠，或其意識、無意識的中心和先前所過分強調的集體主義論題對反，或在此問題上延續了過去雖有效，但今天效果已經有限，乃至招人反感的分析模式、語言模式，或感覺到當代的精神倫理問題的重要性和複雜性，但由於不能釐清它們之所以產生、之所以如此表現的背後之社會、歷史、觀念、精神人格機制，所以，雖然會對過於關注與先前集體主義論題對反的思潮、氛圍感到不安，卻也無法找到自己的有效介入方式。因此，從共同體中被釋放、被拋入市場的個體，即便出現身心焦慮和意義危機感時，他也無法從時代思潮中得到幫助。不要說得不到直接對治的資源，甚至連認識自己的身心焦慮感、虛無感的認知幫助資源，也得不到。

筆者所以不避冗長地談論中國當代個人主體所處身的歷史條件與文化、觀念、氛圍，是要從歷史的維度揭明，中國當代的虛無情緒與意義危機感受，乃紮根於中國30年來的社會主義實踐挫折，而這30年對中國傳統精神倫理多方面的沉重打擊，又使得通過社會機制的自然運轉吸以收這些情緒和心理的能力大為削弱。在這種情況下，如何在有效轉化基礎上張大中國革命和社會主義歷史遺留下的理想主義，並用此理想主義來克服吸收虛無的情緒和心理，便變得極為重要。這種理想主義必須經過轉化後才能吸收，克服所指的虛無情緒、虛無心理，這是因為此理想主義和此虛無情緒、心理，乃是同一歷史的兩面，本身並不直接具有洞識此歷史、克服此歷史相關問題的能力。可惜當時的多數思想

者，對這種精神、主體局面不僅沒有清晰的認識，而且不少人提供的思潮氛圍和觀念邏輯，在實際效果上是削弱而不是轉化此理想主義，更是張大和合法化此虛無心理。而此中國革命和社會主義實踐遺留下來的理想主義，由於在1980年代仍然沿用先前30年來社會主義時期形成的植基於「大歷史」之上的慣性模式，因此在1989年的歷史頓挫中受到致命打擊。結果，虛無心理、極端的個人主義觀念、氛圍、市場邏輯等幾方面包圍，再加上鋪天蓋地的商業化大眾媒體，在在都使得這種氛圍中產生出的主體自我意識和主體狀態，深陷於缺少社會連帶感的、只以自我感覺為中心線索的個人主義。而這種個人主義由於沒有面對真實問題的能力，亦少能開創植根於自己真實狀況、真正配合自己實際需要的環境與氛圍，因此，個人一但必須面對外界時，便不得不是分裂的：一方面以自我感覺、自我利益為中心；一方面又強烈追求外在承認，並以外在主導性氛圍所規定出的路徑和標準為承認指標。這事實正好意味著不顧自己的精神—主體狀況，無批判地隨順外部氛圍、外部邏輯。確實，沒有這種廣泛的人格分裂作為背景，我們實在很難解釋，向來被認為具高度享受生活能力的中國人，何以在短時間內自殺率急劇攀升到如此地步。

不過，也正是因為這樣一些問題的存在，和這些問題所造成的對中國當代史中個體的傷害和社會的傷害，反過來也可讓我們清楚看到人文研究對此歷史中人的高度迫切意義——即在今天，人文研究絕不是錦上添花的裝飾，不是功能在於維持文明的環節，而是時代、歷史、歷史中人要真正走穩、走好的關鍵條件。在這一意義上，可以說時代已為人文研究發揮之作用，提供了重要的意義舞臺。也正是在這一意義上，我期待著，人文研究、人文思考在1970、1980年代的思想解放運動中有力地參與了歷史推

動之後，能重新出發，揭明今天精神—主體困頓的歷史與觀念機
制，並尋求安置此精神—主體的康莊大道。

賀照田：中國社會科學院文學研究所副研究員，曾主編《學術思
想評論》1-14輯，近年專攻中國現當代文學與思想，出版有論文
集《當代中國的知識感覺與觀念感覺》（台北：台灣社會研究雜誌
社，2006）。

新書序跋

重寫之必要，以及（他人的）洞見與（我們的）不見：《重寫台灣文學史》緒論

張錦忠　黃錦樹

> 台灣文學史書寫的多元化的訴求，以及對於以往的中心與邊陲的關係的質疑、反動與重新考量，都是一種「去中心」的作法（decentralization）──挑戰原有的中心，肯定自己在「邊緣」的聲音。
>
> ──單德興（1991）

《重寫台灣文學史》，張錦忠、黃錦樹編（台北：麥田出版，2007）。

　　1991年，單德興在《自立早報》副刊發表了短論〈洞見與不見：談書寫台灣文學史〉。單文可視爲台灣學界以「重寫文學史」的概念描述台灣文學的濫觴。不過，儘管單德興開了先河，「重寫文學史」的概念並沒有引起台灣學界的太多的反思、共鳴或爭論。單德興的文學史重寫脈絡，來自於他自1980年代末期開始對美國文學史的比較研究[1]，其中史畢樂（Robert E. Spiller）的美國文學周期論、勞

1　尤其是川特（William Peterfield Trent）主編的《劍橋版美國文學史》（*The Cambridge History of American Literature*, 1917-21），史畢樂主

特（Paul Lauter）的「重建美國文學」（reconstructing American literature）計畫，甚至更早時對美國文學經典文本的重探，對他重新思考書寫美國文學史的典律、文本脈絡、課程、議題、選集等概念尤其重要[2]。此外，白柯衛（Sacvan Bercovitch）在1980年代中葉亦以「重建美國文學史」為主軸，撰述與編輯相關論文集，單德興研究歐美文學，自然知之甚詳。當然，文學史書寫的問題一直是歐美文學研究的重要議題，也是比較文學的一環。早在1969年，當代美國理論界即有《新文學史》（*New Literary History*）學術期刊面世。1974年，該刊柯翰（Ralph Cohen）彙集相關論文出版，題為《文學史新方向》（*New Directions in Literary History*），對文學史熱也產生推波助瀾的作用。1970年代從後結構主義開始，各種後學與新潮（如新馬克思主義、新歷史主義）相繼湧現，加上影響焦慮論、女性主義等的影響，也促使學者以新視野重讀典律文本、重寫文學史。

　　西風東漸，美國學界對重建或重寫文學史的興趣，也在1980年代吹向亞太地區，香港大學在1982年12月即舉辦了第二屆文學理論

（續）─────────────

　　編的《美國文學史》（*Literary History of the United States*. 1948），艾理特（Emory Elliott）主編的《哥倫比亞版美國文學史》（*Columbia Literary History of the United States*, 1988，中譯見《哥倫比亞美國文學史》，朱通伯譯［四川：四川辭書出版社，1994］）這三部代表性美國文學史，以及勞特主編的《希斯版美國文學選集》（*The Heath Anthology of American Literature*, 1990）。

2　單德興在一篇陳述其學術歷程的文章中指出：「由梅爾維爾的作品研究以及他在美國文學史上地位的浮沉，可發現經典作家的形塑涉及不同時代的文學觀與文化品味。不同時代由於關懷之差異與價值觀之變遷，影響對於作家及文本的閱讀與評斷，所以文學史的地位並非一經評定便不得更改，而必須訴諸一次又一次的品評，文學史的書寫與重寫也就成為當然且必要的事。」（2003: 93）

國際會議，兩年後論文出版成書，題爲《重寫文學史》[3]。不過，這本黃德偉與阿峇斯（M. A. Abbas）合編的論文集裡的作者（其中包括詹明信）試圖重寫與新詮的是歐美文學史與議題，港台及中國的文學史的重寫方案，要等到1980年代後半葉才有眉目。在香港，陳國球、王宏志、陳清僑與盧瑋鑾等人努力不懈考掘香港文學的過去，或重估香港出版的幾部中國現代文學史，或重新爬梳香港文學史料，或提出文學史書寫的文化政治。中國文學界的「重寫文學史」運動，一般認爲發軔於1988年陳思和與王曉明在《上海文論》開設旨在重新評估新文學作家作品與文學思潮的「重寫文學史」專欄，儘管也有人認爲早在1985年於北京召開的「中國現代文學研究創新座談會」，以及錢理群等人提出的「20世紀中國文學」概念已爲文學史的重寫運動敲鼓鳴槍[4]。這個運動引起的迴響與反思，近20年過去了，餘音迄今仍然不絕，而且已有《中國現代文學史》、《中國當代文學史教程》、《二十世紀中國文學史》、《中國當代文學史》

3　Tak-Wai Wong and M. A. Abbas, eds., *Rewriting Literary History*（Hong Kong: Hong Kong UP, 1984）.

4　陳思和與王曉明主持的《上海文論》「重寫文學史」專欄從開張到結束，一年半期間共推出9輯［《上海文論》4（1988. 7）至6（1989.6）］。「二〇世紀中國文學」的提法是以20世紀整體概念取代過去「近代文學」、「現代文學」與「當代文學」的專斷三分法。作爲一個當代的文學論述運動，中國的重寫文學史最大的敗筆是言必稱堯舜者或好事之徒將之與中共十一屆三中全會連結，因爲這等於是（簡單化地）說，沒有鄧小平路線或黨的改革開放政策，就沒有重寫文學史這回事，而重寫文學史也就是文化大革命翻案文學史。這樣的邏輯如果有效，也就表明了現代中國文學還是一樹梨花壓海棠：政治性壓倒文學性，文學論述淪爲配合政治路線的工具。文學論述所聚焦的其實應該是文學內部律動邏輯如何和社會政治經濟互動的規律，而非成爲政治風向球，何況文學（書寫／論述）也有其抵抗性。

等多部重寫實踐成果，論述方面也累積了中國文學整體觀、潛在寫作、當代文學的多層次性、民間文化觀念、共名與無名等辭彙與概念，已足以成爲書寫20世紀中國文學史的學案了。上文試圖簡略勾勒「重寫文學史」作爲20世紀最後30年在東西方學界一種歷史書寫觀念的軌跡，目的僅在提供若干脈絡，而不在追溯其起點或史前史。單德興在《自立早報》副刊發表的短論固然可視爲在台的我輩重寫（台灣）文學史的啓發，但他借自保羅・德・曼（Paul de Man）書名的標題（「洞見與不見」），毋寧才是反思文學史書寫的切入點。

　　書寫台灣文學史，書寫的是「台灣文學」的「歷史」或「過去」，也就是對過去發生的文學事實的敘述與詮釋。儘管史家對「過去」或「事實」的界定及其再現的可能性眾說紛紜，書寫或重寫文學史的問題不在何謂過去發生的文學事實，而在如何書寫（敘述與詮釋）這些事實。西方現代歷史書寫之所以有所謂的「語言的轉折」或「敘事的轉折」，正是受到學科典範轉移而改變了敘述與詮釋的方法與觀念。以「台灣」命名的台灣文學史書寫遲至晚近才出現，是否意味著學界在思考與追尋方法論上花了相當長的時間？在過去相當長的一段時間，台灣文學史附屬／附錄於在台灣書寫的中國文學史裡，表示一個保守的、陳舊的、大中華或中原中心論典範的存在與被接受（不管是否基於政治考量）。儘管黃得時早在1940年代初即撰有〈台灣文學史序說〉等台灣文學史論述文章，到了1970年代下半葉台灣文壇才有陳少廷的《台灣新文學運動簡史》（台北：聯經，1977）出現，1980年代中葉以後葉石濤的《台灣文學史綱》才出版。彭瑞金的《台灣新文學運動四十年》則是1990年代以後的事了，顯示台灣文學史撰述之問題重重，包括命名與認同，到了相當晚近才被迫浮上檯面。究其緣由，台灣（國族／文化）主體意識在1980年代以後漸漸化暗爲明固然爲因素之一，更大的推力可能來自中國大陸學者

積極介入書寫台灣文學史。由此可見，（台灣）文學史書寫的問題，已不僅是如何書寫敘述與詮釋，還涉及由**誰**來書寫敘述與詮釋，甚至**誰有權力**敘述與詮釋（台灣）文學史，顯然文學史書寫已不僅是將講述「文學的過去」的故事印刷成書而已，而且還是現在進行式的論述權力爭鬥。

單德興的短論在1990年代初發表之後，台灣學界對文中的台灣文學史重寫論述（及其潛在的重寫呼籲）幾乎毫無反應，原因也在此。當時僅有兩本台灣文學史的文壇學界，普遍認為台灣文學史的**書寫**還是進行式（眾所週知的進行式例了為陳芳明），如何談得上**重寫**——沒有**書寫**，如何**重寫**？事實上，在後結構主義之後，我們的認知是：書寫、重寫、改寫、另寫、否寫、編寫、補寫等觀念早已糾纏不清，所有的書寫都總已是重寫。文學史書寫自不例外（確實言之，「文學史」作為一種書寫成品，已是文學史［一文學環境裡文學現象與產品的生成與變遷系譜］的重複）。因此，重寫文學史云云，也並非一定要「否寫」既有的（他人所寫的）文學史文本，儘管中國的重寫文學史的潛文本乃「否寫」毛澤東〈在延安文藝座談會上的講話〉與文化大革命的極左文藝政策，而台灣的文學史書寫除了旨在書寫「台灣人的台灣文學史」之外，顯然也是「對主流的中國文學史書寫的不滿與反動」（單德興，1991）。無論如何，進行式的台灣文學史書寫運動到了1990年代末以後，雖未在重寫文學史的概念下如火如荼展開，台灣文學史論述或課程已是建構本土文化系統的重要工程了，尤其是文化認同與文學主體的建構。這波台灣文學史建構熱背後的推力自然是台灣文學建制化，尤其是近年來不少台灣文學系所成立之後，（作為一種書寫成品的）台灣文學史除了有其文化符象意義之外，更有其市場需求。

台灣文學史書寫的建構台灣國族、主體性與身分認同功能，在

書寫「台灣人的台灣文學史」的慾望與焦慮裡表露無遺。這一點蕭
阿勤在他稍早的宏文〈1980年代以來台灣文化民族主義的發展：以
「台灣(民族)文學」爲主的分析〉論之甚詳。蕭文考掘台灣文學史
書寫的系譜，指出在建構「台灣民族主義文化論述」的前提下，陳
少廷與葉石濤等文學史書寫者都「重寫」（「否寫」）了他們自己書
寫的台灣文學史[5]，旨在「修改自己過去對台灣文學的看法，以符合
自己目前的台灣民族主義主張與當前民族主義政治發展。」他指出
「直到鄉土文學論戰時期，葉石濤仍認爲鄉土文學當然是中國文學
的一部分，而文學表現應追求台灣地域認同與中國民族認同的平
衡。對他而言，這兩種認同並非無法並存。」（蕭阿勤，1999: 34）
但是，眾所週知，葉石濤在後來的《台灣文學史綱》或其他台灣文
學論述裡莫不強調台灣意識與台灣文學自主性，顯然自我調整了對
台灣文學的定位與認同的看法。這裡引述蕭阿勤所指出的這個「重
寫」的案例[6]，旨在說明認同(的轉變)在晚近台灣文學史書寫(的歷

5　蕭阿勤指出，例如陳少廷爲他當年「『著力於闡述中國文學對台灣
　　新文學之影響』而表達歉意。……承認『台灣新文學有其獨特性及
　　其存在之社會文化背景，因此，把台灣新文學視爲中國文學之支
　　流，乃是不當之論。……日據時代的台灣新文學是台灣文學，不是
　　中國文學』。」蕭阿勤也發現葉石濤在1984年的一篇文章中批評《台
　　灣文藝》與《笠》因「過分注重本土現實及社會性觀點」而「失去
　　由整個中國或世界的立場來分析鄉土問題的巨視性看法以及歐美
　　文學嶄新思想的吸收和容納」，但是葉氏在《台灣文學史綱》中提
　　出類似看法時，「『整個中國』一詞已被刪除」（蕭阿勤1999: 34）。
　　陳少廷覺悟昨非今是的言論，見其〈對日據時期台灣新文學史的幾
　　點看法〉，《文學界》24(1987): 47-51以及〈不堪回首話當年：我
　　爲什麼要編撰《台灣新文學運動簡史》〉，《台灣新文化》18(1988):
　　58-61。葉石濤原文見其〈六十年代的台灣鄉土文學〉，《文訊》
　　13(1984): 137-46。
6　我們不妨視之爲蕭阿勤(借用薛福爾[Roy Schafer]的精神分析理

史過程)中的重要性，而且往往干預或左右了書寫者的敘述與詮釋，而其所講述的「文學史的故事」也另有一番新的文化政治意義。

蕭阿勤在本書裡的論文〈認同研究中的歷史：過去的事實、社會的過程、與人類經驗的歷史性／敘事性〉即建基於〈1980年代以來台灣文化民族主義的發展〉一文的論證——「台灣民族主義者的『人文知識分子』」在1980年代以前的文學理念與活動(實際的過去)，和日後為建構台灣民族主義所做的歷史敘事與再確認的認同意識有所出入。〈認同研究中的歷史〉藉反思作者自身過去幾年的(認同、歷史、世代、集體記憶)研究經驗與方法論心得，進一步指出歷史作為社會的過程及敘事、認同與社會政治變遷的結構性意義。作者在以認同作為社會學的研究對象的論述裡，帶入歷史與敘事，有助於陳述過去的歷史實際與社會過程，也彰顯了「歷史」與「敘事」理論在社會學研究中的跨學科關係與作用。文學史書寫(文學、歷史、書寫)本身的科際疆界原本就模糊重疊，蕭阿勤的研究提供了我們一個台灣文學史書寫方法論的可能典範——從社會學敘事理論出發論述台灣文學史與台灣國族主義文化。

「台灣民族主義者的『人文知識分子』」揚棄1980年代早期或以前的中華民族感情，重寫其(中國性與現代性)文學認同，主要還是為了符合不同時代對文學史的要求與政治正確性。到了2000年以後，台灣島內一片「江山錦繡開新國」(王德威在〈後遺民寫作〉文前所引林朝崧詩句)的氣象，政治反對人士對光復後即執政台灣長達五十餘年的國民黨的挑戰，以民進黨上台執政為高潮。新政府「得天下」之後，自然要以文化計畫落實黨意、建構國族論述與打造一個「想像的本邦」。毋庸質疑，在政治上政黨輪替自有助於台灣政

(續)————————

論)所説的：重寫也是產生「洞見」與差異的「重新訴説」(retellings)。

黨政治與民主發展。另一方面，就社會過程與現象而言，所產生的
卻是斷裂與不變的歷史情境，同時難免涉及認同問題，對新「遺民」
而言尤其如此。王德威的〈後遺民寫作〉言簡意賅而又化簡爲繁地
描繪了明末以降台灣歷經改朝換代、政權更替之際，從沈光文到駱
以軍等遺民、新遺民、後遺民文人騷客的書寫與延異。誠如王德威
在文中所指出，「台灣由於當下國族政治情勢使然，移民與殖民的
悲情常被大量渲染，遺民意識則被視爲保守懷舊的糟粕。但對於嚴
肅的台灣文學及歷史研究者而言，遺民文人所銘刻的家國創痛、歷
史糾結，是台灣主體建構不可或缺的部分。」擺在當代的文學史書
寫的脈絡，也許除了原住民外，台灣作家的書寫都是後遺(移)民寫
作[7]。或者倒過來說，遺民意識或後遺民書寫所彰顯的，正是書寫台
灣文學史者所尋尋覓覓，眾裡尋他千百度的「台灣性」：繁複多樣
的台灣經驗[8]。當然，時移事往，「江山錦繡開新國」，離散遺民也
可能當家作主，成爲新興國族。但是，任何「有關時間、有關記憶
的的政治學」從來就不是如此簡單的事。後遺民論述提供台灣文學
史書寫的，不是「前遺民」解構話語，而是辯證、提醒與(重寫的)
挑戰。

　　和台灣文人作家的認同立場與身分定義的複雜多樣比起來，台
灣文學複系統的多語現象並沒有比較簡單。語言課題往往涉及身分
與認同政治，其複雜性自不在話下。〈「台灣文學」：一個「台灣

7　王德威在論文裡頭細膩地提出這樣的思考：「已經被多重邊緣化的
　　原住民，是否也將成爲族裔與文明定義下的遺民？」

8　王德威在他所編近彙《台灣：從文學看歷史》(台北：麥田出版，
　　2005)中說明該書編輯意旨在於：「凸顯作家筆下台灣經驗是如此
　　繁複多樣，應該激盪出更多想像歷史的方法。」(5)《台灣：從文
　　學看歷史》一書可視爲王德威「後遺民史觀」的踐行。

文學複系統」方案〉一文在方法論上採取的是化繁為簡的做法，回
到最基本面的認知，描述台灣文學(的多語)語境與系統結構。這樣
或許有助於認清台灣文學的「台灣性」與「中國性」問題不必和台
灣文學的書寫媒語或作者的族群分類掛鉤。如果要以純正血統為準
繩對號入座，勢必產生許多定位的困難或疑義(例如以日文書寫的日
據時代台灣文學、原住民以華文／漢文書寫的原住民文學)。正是這
樣的「藍血」論調與疑義，促使〈無國籍華文文學：在台馬華文學
的史前史，或台灣文學史上的非台灣文學——一個文學史的比較綱
領〉藉尋找「在台馬華文學」的(沒有)位置提出「無國籍華文文學」
的概念。「在台馬華文學」以跨國華文書寫的面貌在台灣文學場域
冒現，台灣成為馬華文學境外營運中心，但是這些跨國生產的台灣
文學／馬華文學文本難免也造成文學屬性的錯位問題——既是台灣
文學也是馬華文學，也是馬華文學的流離失所：作品既不在馬華場
域發生，作者又非台灣人，卻又書寫膠園雨林。這批掉落時空縐褶
裡的文本可稱為台灣文學史的「(在台)非台灣文學」，在馬華文學
史則是「馬華文學的(在台)非台灣文學」。換句話說，以「在台馬
華文學」論述作為思考台灣文學史書寫的切入點，不僅是藉之思考
或區別或爆破馬華文學與台灣文學之間若即若離的關係，而是逼迫
文學史書寫者另尋出口：以一個「無國籍(華文)文學」的概念，彰
顯在台(非台灣文學)馬華文學——以及台灣文學——的弔詭[9]，同時
在「亞洲比較文學」的脈絡下思考走出國家文學、民族文學、有國
籍文學的迷思的途徑。

9　對黃錦樹此文的討論，或可參閱張錦忠，〈離散雙鄉：作為亞洲跨
　　國華文書寫的在台馬華文學〉，《中國現代文學》9(June 2006)：
　　61-72。

　　後遺民或無國籍也好，複系統或多縐褶也罷，論者無非是立足文學的當代，想像歷史的過去，理解其間的弔詭，藉以產生對話。在文學史的書寫與重寫之間，應該也有這樣的對話空間，尤其是台灣文學在1990年代中葉以後，已漸漸從民間論述進入學院建制（或學術體制），不同的對話尤有助於尋找新的文學史書寫理論架構或典範。另一方面，當前的台灣處於晚期或發達資本主義社會，消費主義與資訊主義對台灣文學的文化生態與文化生產空間影響之大，並不下於國族政治與意識型態的打造與建構，因此張誦聖的〈文學史對話：從「場域論」和「文學體制觀」談起〉認為文學史研究與書寫，「更有必要放在文化生產場域的整體脈絡中進行」。例如，張誦聖研究中文世界現代主義多年，覺得就文學史書寫的脈絡而言，台灣的現代主義論述涉及「如何對待『文學場域』和更廣大的社會權力場域之間的複雜對應關係」的基本問題，因此她借用威廉斯、布迪厄、紀登斯等人的「場域論」和「文學體制觀」進行脈絡式研究，提供國內學界一個較整體性、系統性的分析架構[10]。

　　本書第一輯為理論篇，幾篇論文皆涉及文學史書寫方法論（社會學歷史敘事、後遺民、無國籍、複系統、多縐褶、場域論和文學體制觀），第二輯則是文學史書寫的「實踐篇」。這幾篇文章大體上以一般文學史編年和斷代的歷時性順序排列。高嘉謙的〈時間與詩與流亡：乙未時期漢文學的離散現代性〉可視為台灣文學史上的後遺民寫作的分析個案，也可見地理政治學在文學史書寫的作用。過去的文學史往往以作家在境內生產的文學為中心，出走、旅外、僑

10　「場域論」和「文學體制觀」的研究踐行可參閱張誦聖，《文學場域的變遷：當代台灣小說論》（台北：聯合文學，2001），與Sung-sheng Yvonne Chang, *Literary Culture in Taiwan: Martial Law to Market Law* (New York: Columbia UP, 2004)。

居他鄉的作品通常沾不上邊，除了少數使外的外交官，即使作家後來回歸了，其境外創作多半還是「無國籍」的「海外」作品。然而這些離散、流亡或流寓域外的文本，卻是比文化翻譯或仿冒泰西更早的現代性經驗，故高嘉謙謂之曰「離散現代性」。李文卿的〈八紘一宇到大東亞共榮圈：台灣決戰文學總動員〉以日據時期日本殖民台灣的文學體制爲例，探討日本殖民政府以去漢化斷裂台灣人的文化根源，復藉同化政策收編台灣文學，使之成爲日本帝國主義侵略南方的「文學翼贊活動」與工具，至於「南方文學論」與「殖民地文學也因此得以進入日本文學史的系譜之中」，顯然和大東亞共榮圈一樣，乃軍國殖民主義的政治神話或謊言。君不見九七回歸以前的香港文學從來就沒有進入「英國文學史的系譜之中」。龍瑛宗不是說過「殖民地與文學的因緣是很遠的」嗎？

　　龍瑛宗的反思是在戰後初期（1945年12月）提出的。光復之後，台灣文學複系統嬗變，國語文學取代日語文學成爲主流，省內作家展開重建台灣文學的討論。徐秀慧的〈內戰與冷戰交迫的台灣新文學變奏曲：論戰後初期的社會主義文藝思想〉描述了風雨如晦的1940、1950年代台灣文學在內戰、冷戰與白色恐怖的縐褶裡的困境。國民黨政府主導的反共文學取代民間的現實主義成爲主流話語，形成「台灣冷戰文學總動員」的局面，台灣文學也再次爲官方論述所綁架。邱貴芬的〈「在地性」的生產：從台灣現代派小說談「根」與「路徑」的辯證〉有別於以往許多側重1960年代台灣現代主義小說的語言與表現技巧的論述，作者以文化翻譯與跨文化旅行理論探討台灣現代主義小說在那壓縮時空裡的生產，並指出這些小說文本的冒現與仿冒，其實「也反映了特殊的台灣式的現代性經驗」。這篇論文既是1960年代台灣歷史情境的想像，也是當前主體性論述與文化政治脈絡的投影。

　　1970年代以後，越戰終了，東亞政治經濟面貌也產生巨變。台灣文學面臨外交挫折、經濟起飛、政治漸變、社會多元等衝擊。從鄉土文學與民族文學到消費文化與文學分眾，整個文化場域生態變易，1980年代以後各波歐美後學新潮掩湧而至，而跨國主義與全球化相繼登陸。隨著政治解嚴、報禁黨禁解除，過去各種在檯面下波濤洶湧的語言、文化、族群、性別、環保等暗流紛紛在1990年代以後浮現。台灣文學在短短30年間所經歷的社會過程與歷史情境可以說是（借用邱貴芬的部分說法）「特殊的台灣式的（後）現代性經驗」。本書在這方面的斷代論述付之闕如，可謂憾事。不過我們原本就沒期望編輯一本全面性的文學史論述集，否則更多當代重要議題（例如女性主義、原住民文學、酷異論述、網路文學與小說以外的其他文類）都需要專章處理，全書才談得上完整。倒是黃英哲的〈香港文學或台灣文學：論「香港三部曲」之敘事視野〉以施叔青為案例，分析一個台灣旅外小說家的後殖民視野，有助於我們在論述台灣文學的定義、認同、身分等問題時，思考該以什麼視野定位像施叔青這樣不在台灣的台灣作家（或像「香港三部曲」這樣不寫台灣的台灣文學），或像陳大為與鍾怡雯等在台灣的非台灣作家。施叔青在紐約而不在台灣，李永平與張貴興在台北而不在馬來西亞，他們離開原鄉之後，或書寫台灣，或書寫異鄉，台灣文學史究竟要如何處理這些離散寫作，其實端賴書寫者要敘述的是怎樣的「台灣故事」。

　　本書始於蕭阿勤探討台灣「人文知識分子」的認同及其社會過程的論文，終於黃英哲論析小說家施叔青的身分與（我們的）認同焦慮的文章，算是有始有終。然而文學史書寫其實是有始無終，或者沒完沒了的事，故方有重寫之必要。

張錦忠、黃錦樹：重寫之必要，以及（他人的）洞見與（我們的）不見

徵引書目

單德興(1991)，〈洞見與不見：談書寫台灣文學史〉，《自立早報》，
　　4 May 1991: 19。

單德興(2003)，〈卻顧所來徑：一位英美文學研究者的學思歷程〉，
　　《中央研究院學術諮詢總會通訊》12.1: 93-98。

蕭阿勤(1999)，〈1980年代以來台灣文化民族主義的發展：以「台
　　灣(民族)文學」為主的分析〉，《台灣社會學研究》3: 1-51。

葉石濤(1987)，《台灣文學史綱》（高雄：文學界）。

張錦忠：中山大學外文系副教授，著有論文集《南洋論述：馬華
文學與文化屬性》等。

黃錦樹：暨南國際大學中文系教授，著有《文與魂與體：論現代
中國性》等論文集及小說集多種。

邊緣與中心的另類思索：

《邊緣與中心》自序
單德興

《邊緣與中心》，單德興著(台北：立緒出版，2007)。

　　中央研究院地處台北東南郊的南港，訪客查看院區圖，便會發現全院大致分為3個區塊：靠近新大門的是新興的生命科學各研究所，高樓林立，氣象新穎；位於舊大門的主要是行政大樓和數理科學各研究所，中間的椰林大道一向是院裡的幹道；面對胡適公園的則是最早的大門，那一區是人文及社會科學各研究所。這種地理位置的安排或許出於巧合，但也多少反映了生命科學、數理科學與人文及社會科學三個學組的發展與勢力消長。

　　最初的大門早已成為側門，只留下一旁的小門供行人出入，而位於人文及社會科學區塊盡頭的就是我棲身的歐美研究所。歐美所最早的大樓興建於1970年代初，建築師在設計時就將生態環境納入考量，平實中透出雅緻與巧思，至今仍不時有建築系師生前來參訪。一旁的四分溪平時細流涓涓，颱風過境時卻洪流滾滾，甚至氾濫成災，曾淹毀院內不少圖書、資料和儀器設備。歐美所由於人員漸增，原先空間不敷使用，16年前又在隔壁興建了研究大樓，當時特地保留了兩棟樓之間的幾棵大樹，如今樹下的小徑頗有野趣，雖然只是區區幾步，卻時而予人走在「叢林」裡的錯覺。

　　歐美所就某個意義來說是中研院的「異數」，因爲它原先是王世杰院長任內大力支持成立的「美國研究中心」，於1974年易名爲「美國文化研究所」，改屬中研院，後來爲了因應歐洲研究的需求，於1991年吳大猷院長任內擴充爲「歐美研究所」。這是中研院內唯一專注於西方文化與國外的區域研究之研究所（亞太區域研究專題中心是2003年才成立的），也是原先的社會科學研究所改制爲中心之後僅存的多學科研究所。由於學科眾多，所以和單一學門的研究所相比，每個學門的成員較少，雖然沒有完全達到科際整合的理想，但跨學科的交流機會卻明顯較多。早先美國研究以文史爲主時，文學學者的比例較高，但隨著學科的多元化而逐漸降低，近年來只有4位專職的文學研究者。總之，就中研院的學術生態而言，與生命科學、數理科學相較，人文及社會科學屬於邊緣；在人文及社會科學中，歐美研究又屬於邊緣；在歐美研究中，文學研究也漸趨邊緣。其實，這種情況多少也是國內學術生態的縮影。另一方面，與歐美學界相較，在重洋之外的台灣從事歐美研究則更顯得邊緣了。

　　1983年夏天，當時我還在台灣大學外文研究所攻讀比較文學博士學位，就懵懵懂懂進了中研院，開始我的學術生涯，轉眼度過了二十多年的悠悠歲月。與國內一般的外文系相較，歐美所文學同仁的人數明顯偏低，而且僻居南港，然而在精心擘畫、同心協力下，由原先的主流美國文學研究到文學的多元文化研究，多年來透過各式活動也引領了國內的一些學術風氣與方向，在華裔與非裔美國文學研究方面更是如此，多少符合了中研院的設立宗旨。如此說來卻又不是那麼「邊緣」，甚至在一些人眼中儼然成爲「中心」了。而在台灣土生土長並取得學位的我，則主要透過研究、翻譯與教學來分享心得。如果說論述與翻譯是我這些年來學術的「中心」，那麼本書所收錄的文章則屬「邊緣」了。話雖如此，但由於這些「副產

品」大都不是在專業期刊發表，反倒成為與社會互動較多、讀者較廣的作品，這麼說來卻又似有「中心」的意味了。

本書收錄了自1991至2006年在不同場合發表的39篇文章和一篇附錄，依照性質分為六部分：人物剪影，薩依德現象，華美文學，在地觀察，國際交流，評介與解讀。第一部分所描繪的人物，除了一位之外，都是我曾經受教與接觸過的老師與學者，在各自的領域裡都具有代表性。余光中老師以文學創作聞名，是我大學時代文學與翻譯的啟蒙師，有關他的兩篇文章中，一篇側寫他在政大兩年的教學、行政與影響，展現他鮮為人知的面向，一篇則是晚近我以讀者和譯者的角度重新閱讀他的詩作及自譯，並向一甲子創作不懈的作家致敬。另一位身處學院也投入創作的就是王文興老師，他因對文學的堅持與寫作的嚴謹而有「文學苦行僧」之譽。我跟隨他在台大研讀英美現代小說轉眼已是30年前的事了，他的上課方式可稱一絕，而我與他在1980年代初的深度訪談，取法享譽國際文壇的《巴黎評論》（*Paris Review*），也開啟我日後從事訪談與口述史的興趣。這兩位老師扮演著有如「駐校作家」的角色，傳達對文學的衷心喜愛，並教導精讀細品的技巧。

朱立民老師在許多人眼中是「台灣的美國文學教父」，也是英美文學與比較文學在台灣的教學、研究與發展上的重要推手。收錄在這裡的文章敘述了為他進行口述歷史的始末，也是我唯一的哀悼文章。當初找他做口述歷史的動機其實很單純，就是要把這位頗具代表性的外文學者置於台灣的學術建制脈絡，成為中研院近代史研究所目前唯一有關外文學者的口述歷史，只可惜該書尚未出版而朱老師即已辭世，但至少為台灣的外文學界保存了一份難得的史料，也為其家人留下了珍貴的紀念。我雖無緣與季羨林先生見面，但閱讀了他的文革回憶文集及印度史詩中譯《羅摩衍那》後深有所感，

該文係以一位太平時代學者與譯者的身分，表達對在大陸文革時期九死一生中猶以獨特方式進行翻譯大業的學者與譯者的崇敬。

至於兩位外籍學者，一位是以解構批評聞名的米樂（J. Hillis Miller），一位是以後殖民論述聞名的薩依德（Edward W. Said），都是我有緣接觸並訪談的對象。1989年與米樂相識於美國西岸加州大學爾灣校區（University of California, Irvine），當時我剛服完兵役，重返學術界，還是初出茅蘆的傅爾布萊特博士後訪問學人，有幸接受他的指導和照料。我除了旁聽他兩學季的課，後來還做了兩篇訪談，並邀請他首度來台訪問。至於薩依德則是聞名已久，1997年終於在東岸紐約哥倫比亞大學以他的第一本中譯專書《知識分子論》（*Representations of the Intellectual*）的譯者身分進行訪談，到他於2003年病逝前一直保持聯繫，可惜他礙於健康因素始終未能如約來台訪問。這兩人學識淵博、見解深刻、態度誠懇、口才便給，在在都是我學習的對象，而薩依德的胸襟器識與道德勇氣更讓我衷心欽佩。

薩依德享譽國際，對於人文學科的影響尤鉅，然而中文世界卻有很長一段時間僅止於耳聞。1997年我初次與他見面，數年間又進行兩次訪談，並譯出700頁的《權力、政治與文化：薩依德訪談集》（*Power, Politics, and Culture: Interviews with Edward W. Said*），於海峽兩岸出版。在華文世界中，知道我是「薩依德的譯者和訪談者」的人可能遠超過對我專業身分的人，對此我不僅欣然接受，也盡可能撰文引介。第二部分「薩依德現象」的11篇文章就是這種情境下的產物，其中包括了台灣接受薩依德的情況，對於知識分子薩依德的觀察，薩依德對於911事件的反應，上述兩個中譯本於中國大陸印行簡體字版的意義，以及有關台灣出版的薩依德專書中譯的三篇書評／譯評。這些都涉及了狹義與廣義的中文再現——前者如翻譯，

後者如評論。薩依德曾在〈理論之旅行〉(Traveling Theory)和〈理論之旅行的重新省思〉(Traveling Theory Reconsidered)二文中探討理論由一地旅行、流傳到另一地的模式與實例，而「薩依德現象」所收錄的文章則是我以譯者與學者的身分，見證薩依德的思想與理念旅行、流傳到中文世界(尤其是台灣)之後的現象以及可能具有的意義。

第三部分有關華美文學的文章與評論，涉及我在學界的主要身分——華美文學研究者——包括了報章短文、期刊書評和會議講評。這些文字固然針對特定的場合與議題，但也見證了某一作家、文本的藝術價值和歷史機緣。有關譚恩美的文章與講評呈現了國人面對這位暢銷華美作家的早期反應。發表有關嚴君玲《落葉歸根》的書評時，她的中文譯作只有香港版，如今已不只一本中文譯作在台灣出版。〈華美文學的多重面向〉則有意彰顯此一領域的繁複多樣。兩篇會議講評代表了國內學者對譚恩美和趙健秀這兩位各具代表性的華美作家的評論以及我的回應。這些文章和我的相關專書多少反映了台灣地區的學者與讀者自1990年代初期起對這個新興研究領域的高度興趣。

第四部分「在地觀察」表現了我對一些在地議題的關懷。有關文學史的短文將我對美國文學史學(historiography of the literary history of the United States)的觀察應用於台灣文學史與中國文學史，冀望借他山之石攻錯，直到最近閱讀張錦忠與黃錦樹為新近編選的《重寫台灣文學史》所寫的緒論，才知道有關台灣文學史的那篇短文在他們眼中竟是第一篇以「重寫」的觀點來看待這個議題的，完全出乎我的意料。有關《中外文學》月刊之文是以文化生產與文化建制的角度，表達對年近而立的這份刊物的崇敬與期許，只是由於學術生態的變遷，該刊後來改為純學術月刊，今年起又改為季刊，

遠離了原先的特色和多數人的認知，也出乎我這個「讀《中外文學》長大的人」的意料，不免有幾許失落——雖然這並不減我對它的支持。有關歐美所的文學研究以及台灣的英美文學研究的兩篇文章，多少呈現了英美文學流傳、旅行到台灣之後所出現的若干現象，顯示了此一學科的在地化，以及越界之後所產生的多樣化。若挪用薩依德有關「理論之旅行」的說法，這種現象或可稱為「學科之旅行」（traveling discipline），而旅行到異域之後的「在地風光」，以及與原本的異同，都值得觀察與思索。

第五部分「國際交流」的首篇〈亞洲的美國文學研究〉則將這個學科之旅行擴及亞洲其他地區學者的觀察與省思，著重於亞洲的美國文學學者之間的心得交流，其他四篇文字則是與歐美學界的互動，有關解構批評家米樂、德國領受美學（reception aesthetics）理論家伊哲（Wolfgang Iser）與後殖民理論家巴巴（Homi Bhabha）的介紹或評論，都涉及他們在台灣的學術與文化活動，相關論述後來都以中、英文在台灣出版，呈現了我國外文學界與國際的接軌、對話，致力將學術交流的成果化為本土的文化資產，迥異於蜻蜓點水式的邀訪。至於2005年赴美參加美國研究學會（American Studies Association）年會的見聞記，則是代表我國學界參與該項年度盛會的觀察所得，反映了在全球化時代裡，彼此努力尋求進一步的了解與合作，也指出可供國內學界借鏡之處。

第六部分「評介與解讀」中的文章，有的針對特定議題（歷史主義）；有的針對國人自認耳熟能詳、卻流於一偏之見的文學經典（《格理弗遊記》是我執行國科會經典譯注計畫的成果）；有關口述歷史的書評撰於1991年，是本書收錄的最早的文章，當時國內口述歷史的風氣仍亟待提倡，如今已不可同日而語；討論文化建制之文是從亞洲學者的發言位置，評論同是在亞洲舉行的國際會議及後來

於歐洲出版的書籍，先於美國學術期刊發表，再改寫成中文，可謂
多重的跨越邊界。比較特殊的大抵就是有關台灣紅極一時的電視影
集《虎膽妙算》(*Mission Impossible*)和《百戰天龍》(*MacGyver*)的
評論，透過本土報章解讀／解毒藉由好萊塢而流傳全球的大眾文
化、影視文化。而自高中時代觀看的台視黑白電視影集《虎膽妙算》，
到晚近電影《不可能的任務》一拍再拍，以及類似文化成品的生產、
複製、行銷、風行，在在印證了美國文化霸權之強勢、橫行，面對
其中挾帶的意識型態，有必要提高警覺，一再批判。至於胡衍南先
生對我的專訪，基本上呈現了個人的學術興趣與研究態度，附錄於
書末供讀者與先前各文對照、參考。

　　書名之所以取為「邊緣與中心」，除了文章伊始提到學術生態
的遞嬗之外，也因為就國內整體風氣而言，政治的對立、耗損以及
社會的功利取向，已使得學術更趨邊緣化。再就學術界本身而言，
綜觀近半世紀以來的台灣學術，可以看出在各方面都有長足的進
步，然而晚近的發展卻有不免令人憂心之處。以各項指標作為評量
標準固然促成了數據的增加，但未必保證品質與影響呈比例成長。
今日的學術界泰半失去了讓人從容思考、優遊涵泳的空間，取而代
之的是執行研究計畫和參與學術活動的各種壓力與時限／死線
(deadline)。大勢所趨，使得不少身陷其中的人淪為執行研究計畫、
斤斤計較於各項學術指標的「論文生產機器」。如此專業化的結果，
難以讓人從更宏觀的視野來觀照不同的面向與議題，造成學界與社
會之間更大的隔閡，以致更形邊緣化。

　　再就我隸屬的外文學門而言，由於學科的屬性及邊緣位置（是
非本土的「外」文學門），較難產生獨具特色、足以傲視國際的研究
成果。另一方面，這種屬性往往也使得相關學者較早接觸到國際思
潮，在引介新知、推動風氣上不時扮演著相當中心的角色，之前提

到的《中外文學》便是一例。我們難以想像缺少了外文學門這一區塊，台灣的文化景觀會是什麼模樣。如此說來，卻又不似那麼邊緣了。

相對於國際學界，尤其是英美文學界，在台灣從事英美文學研究也屬邊緣。然而這些年來我輩學者從主流與典律文學開始，研習的對象與方法漸趨多元，並試圖在全球化的今天找到自己的學術定位。我曾以「既相交又踰越的位置」來形容在台灣研究華美文學的處境，以「從邊緣到交集」來形容美國的華文文學的狀態，也曾試圖以更宏觀的角度來觀察並評析台灣的英美文學研究之歷史與文化政治，以及相對於亞洲與英美學界所佔有的獨特地位與意義。事實與經驗顯示，只要能明辨自己的處境，找出自己的利基(niche)，掌握自己的定位，善用手邊的資源，由特殊的發言位置深入探究，在強調全球化與多元化、在地化的今天，根據各自在不同脈絡裡的實質影響，自能取得一席之地，發出明晰清越的聲音。

我一向認為中心與邊緣的關係並非固定不變，甚至連中心也非確定不移。身為台灣的外文學者，在當前的知識體系下，處於中、外之間的中介位置與狀態，看似在二者的邊緣，但換個角度來看卻也是交集之所在。薩依德曾這麼描述流亡者(exile)：「大多數人主要知道一個文化、一個環境、一個家，流亡者至少知道兩個；這個雙重視野產生一種覺知：覺知同時並存的面向，而這種覺知——藉用音樂的術語來說——是**對位的**(*contrapuntal*)。……流亡是過著習以為常的秩序之外的生活。它是遊牧的、去中心的、對位的……」同理，具有雙語言、雙文化背景的台灣外文學者，游移／游離於不同的知識與文化體系之間，也具備了雙重視野，以及由此而來的遊牧的、去中心的、對位的覺知。這在強調多元文化的今日更形重要。薩依德曾在不同場合提到自己的比較文學背景，引以為豪。我的比

較文學訓練多年來教導我以更開闊的胸襟、更靈活的心智、更多元的觀照來面對一切，冀望開展出更寬宏的視野。身為「學者」的我，也時時以「學習者」自居，期盼學術與人生之路都能愈來愈寬廣。

自1982年我正式出版第一篇學術會議論文，1983年進入中研院，至今已有二十四、五個年頭。期間因緣際會，得以參與國內外文學門多種學術建制與活動，扮演著參與者與觀察者的雙重角色，既入乎其內，甚至參與規劃、執行，具有身在其中的體驗與領會，也出乎其外，有著旁觀的冷靜與清晰。這也是另一種意義的中心與邊緣。

本書收錄的文章涵括了我五分之三的學術生涯，其中除了一篇之外，都曾在不同場合發表，文末註明的原載時地多少能發揮繫年與定位的作用。在整理與校對文稿時，一篇篇都勾起當時的回憶，有如進入時光隧道，再度走過個人的知識軌跡，心中十分感念在不同時空下促成這些文章的人士，以及我服務的單位所提供的既邊緣又中心的位置。而從這個位置所抒發的，當然也就成了邊緣與中心的另類思索。

2007/3/10 台北南港

回應與討論

回應蕭高彥、高全喜對《全球化時代的文化認同》的兩篇書評

文化主體性的辯證法與歷史決定

張旭東

　　《全球化時代的文化認同》（2005年第1版）出版以來，在國內外學術界引起了興趣和討論。2006年夏天第2版出版，內容上有所擴充，但一直沒有機會對讀者做一個説明。2005年8月，華東師大中國現代思想文化研究所曾為這本書舉辦了一次討論會，現就藉著修改討論會發言的機會，對本書的主旨做進一步的闡發。特別需要提到的是，台灣《思想》雜誌第3期刊登高全喜、蕭高彥二位學者的書評*，是我在中文世界所讀到的對本書較為系統的分析和批評。下面這篇文章雖然沒有就具體的論點逐一辨駁，但兩篇書評提出的問題，仍然為進一步展開《全球化時代的文化認同》的基本思路提供了契機，僅此對兩位學者和《思想》的編輯表示感謝。這篇文章應《思想》編輯之約而作，縮減版曾刊登於《二十一世紀經濟報導》2006年年終專稿專號，特此説明。

---

*　即蕭高彥的〈文化政治的魅力與貧困〉與高全喜的〈文化政治與現代性問題之真偽〉，刊載於《思想》第3期。

普遍與特殊：主體性的重構

　　《全球化時代的文化認同》似乎在一些讀者當中造成這樣一種印象，即近代西方的普遍性論述可以被還原爲一系列特定的、個別的文化政治的自我確證和自我擴張，而只要把那些假普遍之名而行的東西視爲「特殊」，我們就可以把同樣是「特殊」的當代中國的文化自我意識視爲某種與當代西方平起平坐，乃至在不遠的將來某一天取而代之的價值。這種閱讀給這本書帶來的反響，無論是掌聲還是批評，都同它的主旨相去甚遠。在這個層面上出現的爭論，也往往流於單純的政治立場或意識型態傾向的分歧，如爲什麼談德國經驗而不談英美經驗，爲什麼談整體主義的文化政治而不談體制建設意義上的憲政或法制，或爲什麼要講當代中國的政治成熟和文化主體性而不是去進一步消解它們，向西方自由民主制度認同，等等。

　　但用心的讀者必定已經看到，這本書並不鼓吹用「特殊」去代替「普遍」，或僅僅把「普遍」簡單地視爲「特殊」的自我擴張，從而取消普遍性的概念，而是旨在重新提出特殊與普遍的辯證法，並把它確立在文化最根本的自我意識的展開過程中。這個展開在近代西方文化政治主體性的自我論述、自我再生產機制中表現得最爲充分，所以《全球化時代的文化認同》全書的大部分是在描述和分析近代西方自我意識內在的、必然的政治性及其表述策略。正是基於對這種政治性的認識，我把啓蒙以來的一些西方經典思想文本編織進了一個敘事性分析，其目的並不是觀念史意義上的梳理，而是考察當代全球化時代的主導話語型態背後的政治思維的譜系。這個譜系必然作爲構成性因素，內在於當代

占主導地位的主權、國家、文化和認同等概念之中。 面對這個龐大的、仍具有內在能量的話語體系，當代中國的文化—政治意識如何自我定位，如何在這個過程中參與普遍性問題的界定、把它包含在自身存在世界的具體性和個別性之中，才是這本書致力探討的核心問題。

在這個歷史前提和理論前提下，我們今天關注的問題就不能僅僅是抽象地、情緒化地貶斥「普遍」、高揚「特殊」，而是要歷史地分析當今世界占主導地位的普遍性話語是如何透過具體的步驟，在現實和想像、形而下和形而上兩個層面上，把一個特殊的生活世界和倫理世界，一步一步地展開、論述成普遍性，同時把這個普遍性強加於非西方世界的。對於這個普遍性論述，我們不能簡單化地說，它不過就是西方的文化特殊性或帝國主義霸權。這不是近代以來一代又一代中國人讀西方、向西方學習同時又抵抗西方的方法——後者是我們不能忘掉的傳統、是當代中國文化認同和主體意識不可缺少的組成部分。即便在相對充分地現代化了的今天，我們依舊沒有這個能力拒絕這些「西方的」東西，或爭辯說這其實是我們古已有之的東西。我們不能說那是你說的「自由」和「平等」，所以我們就偏愛專制和不平等；那是你說的「法」，所以我們只有選擇人治才算中國人。當然，我們也不能只把普遍和特殊的矛盾玩世不恭地還原為誰錢多、誰拳頭大就誰說了算，今天你做霸主，什麼時候我把你取而代之之類的機會主義和市儈哲學的立場。 真正對普遍與特殊的問題做出回答，只能是集體性的社會實踐的事情，也就是說，它只能交由歷史本身去完成。但在思辨領域，我們有責任為面對和思考這個問題做出理論上的準備，首先是清掃簡單化、僵化的意識型態教條，為更為開放、具有內在張力和現實性的思路打開話語的空間。

在這種意識視野裡的普遍性，一方面是一種抽象的觀念或理想，另一方面，又是種種差異、矛盾、衝突關係的現實的總體。但惟其具有一種未來指向，就必然要把當下占統治地位或主流地位的「普遍性」話語作爲有限的、個別的事物，把它們的合理性和不合理性都視爲現實的東西，包含在自己的文化理想和政治理想的視野之中。這種尚未充分展開和具體化的當代中國的文化理想、社會制度、價值體系本身的普遍性和眞理性也必然同時在這個過程中接受檢驗、挑戰、補充和修正。它的提出和論述不僅僅要表明一種歷史的辯證法的活躍狀態（而非所謂的「歷史終結」），而且也作爲特定的中國問題和中國意識而帶有自身的獨一無二性，更直接地講，即帶有作爲歷史主體的當代中國所具有的特殊欲望和對這種欲望的自我超越。無疑，這個問題不是一個經院哲學問題，而是與當前中國在全球化時代探索自身發展道路的種種社會性、政治性選擇和自我理解、自我定位的努力聯繫在一起。

這種主體性的重新出場與1980年代文化大討論時的「主體性」話語不同的地方在於，它不再是非自覺地藉助於文化閱讀和文化想像來進入現代性的基本問題，更不是把一種外在的現代化想像和「普遍秩序」作爲主體的內在秩序，而是試圖把主體作爲差異、對立、矛盾和衝突關係的總體來把握。舉一個具體的例子：許多當事人都還記得，1980年代的文化討論，背後其實有明顯的文化比較、社會比較的動機。無論在簡單的「比較現代化」層面上，還是在較爲複雜的現代性的差延問題領域，當時似乎沒有人去探討甚至懷疑「比較」和「可比性」邏輯的正當性或「普遍性」。用當時的語言，這種超越本土的問題意識或思想視野本身就以其「時代性」、「國際性」、「開放性」把自己置於一種超文化、

超政治的思維架構裡。但重溫近代西方「世界歷史」和「精神哲學」的譜系(比如它在黑格爾《歷史哲學》、《美學》或《法哲學原理》裡的表述)，我們會看到，所謂的「文化比較」或「社會比較」，其本身是隨著歐洲現代性自身的主體性建構而被「敘述」出來的，是從這個歐洲自我意識對時間、經驗、人類活動和不同的生活共同體之間的權力關係的組織中派生出來的。也就是說，從粗疏的遊記、文化史編纂，到現代社會科學的諸門類(社會學、人類學等等)種種「比較學」，其「內在性」無一不是決定於自我與他人的文化／政治衝突中，決定於對這種矛盾在時間—空間架構內的重新安排(東方／西方，傳統／現代，等等)。

在全球化和「後現代」的今天，經濟生產和文化生活領域裡的趨同化乃至標準化已經在相當程度上成爲事實，但惟其如此，認同的邏輯，或者說文化的政治性，就必須在一個更深的層次上，即在總體的層次上予以把握。不妨說，任何在普遍性的層面上確立「個別」和「特殊」的努力，都預示著一個新的歷史主體的到場。在今天，這種主體性意識的出現，無疑是當代中國在實踐中全面介入當代世界的實質性問題以及在概念上開始「返諸自身」的努力的雙重歷史過程的寫照。不過，在這種返諸自身的文化政治意識成爲具體的社會思想運動之前，我們還有必要致力於一些中間步驟。

把西方內在化，把中國對象化

任何針對自我的「整理混沌」的工作都有助於我們認識到，面對近代西方普遍主義話語的知識霸權和政治霸權，世上本並沒有什麼先驗的「中國主體性」決定自我認同和對異己力量之「抵

抗」的必然性；恰恰想反，自我認同和「抵抗」不過挑明了主體的歷史境遇和政治選擇，從而把主體及其歷史實質具體地生產出來。這就同魯迅說「世上本沒有路，走的人多了，於是就有了路」（魯迅，《故鄉》）是同一個邏輯。既然主體是這樣具體地、歷史地被給定、被構造出來，它的主觀內容和客觀真理就必然是政治性的——用盧卡契評論尼采哲學的話來說，就是它最終知道自己在捍衛什麼，反對什麼，為何而戰。這種絕對的歷史性和政治性，是文化主體同「真理性」的唯一紐帶，它不排斥「普遍」的概念，而是進入普遍性問題的具體道路。在這個問題意識的層面上，近代西方不是我們的外部，而是我們思考的一個必然的、內在的起點、前提和環境。我們透過這個西方，把自己的問題確立在一個普遍性的架構裡，但同時，又在對這種普遍意識的把握中分析和勾勒那個具體的、歷史的、政治性的西方，即作為我們自我的對立面、迫使我們抵抗的那個西方。這種雙重的思考的核心當然是一種自我肯定、自我言明的衝動；但捲入這個過程的西方，並不僅僅是一種外在的、異己的抵抗的對象，而恰恰是作為這個過程本身的例證和參照，參與了當代中國文化自我意識的內在構成。

　　本書處理的觀念史材料雖然極為複雜，但提問的方式其實簡單明瞭，基本上沿著自我—他人、內在與外在、普遍與特殊的矛盾對立展開。這一系列辯證關係是當代中國文化政治自我意識的對象，而這個對象的客觀的展開又規定了這種自我意識的內容和實質。在這個主客觀對立和互相認識、互相承認的過程中，當代中國的文化認同必然是以一種更高、更有涵蓋性和內在豐富性的「普遍性」概念作為自己的現實目標和精神目標，而不是相反。這種更高的普遍性並不是什麼神秘的、文化自我中心主義的東西。換句話說，它並不來自有關「中國」內在性的種種信心或想

像，而是來自作爲主體性的中國同它外部的關係，來自在這種關係中對自我—他人、內在—外在的把握——它取決於當代中國的文化和政治自我意識如何把「我」和「非我」同時理解爲「我」，理解爲自我的財富和內在矛盾。用黑格爾《邏輯學》的語言來講，眞正的同一性必須在它自身中包含同一性和非同一性。這個思考的使命要求我們首先處理他人的眞理性和自身非眞理性，而不是相反。沒有這種對自我之外的對立面的「承認」，我們自身的同一性或普遍性就只能是「我=我」，是缺乏內在矛盾、空洞、無意義的。這也就是《全球化時代的文化認同》何以大談自我認同，但在分析上卻是繼續在做「文化比較」的工作。後者的「比較」或「可比性」問題，作爲文化政治的外部的、直接的素材，是可以被吸收到政治哲學最爲內在的問題(一與多、存在與變、混亂與秩序、自我與他人，等等)中去的。

所以，這本書的核心問題不是要去證明，西方人所說的普遍，實際上僅僅是西方人說的，所以它只能是特殊的。這個問題在根本上講當然是不言自明的，雖然把它在話語層面上挑明，仍需要藉助知識上的論述、批判的分析，需要一個新的歷史敘述來打破種種流行的簡單化的話語。但問題的關鍵卻在於：近代西方的普遍性論述，正因爲它源自一個特殊的生活世界、源自其明確的自我意識，這種論述也就藉由一種自我的危機、自我的鬥爭、自我的認同、自我區分的譜系，形成了一種把「西方」的自我不斷地對象化，透過層出不窮的主與客、內與外、普遍與特殊的辯證矛盾，把主體的世界不斷生產出來的能力。

這種不斷地自我克服、自我區分、自我豐富的主觀性，必然把自己凌駕於其他文化、自我的生產方式之上，就是說，把自我與他人的差異性包含在其自我統一性的內在辯證法之中——黑

格爾的辯證法所講的自我認同或自我同一性，從來不是簡單的、無差別的同一性，而是同一性與差異性之間的同一。這樣的自我認同，貫通經濟領域、文化領域和政治領域（而不是像當前國內一些幼稚的自由主義者那樣強調它們的體制性區分和隔離），必然以其實質性力量而把自己的特殊性作爲「普遍」確立爲理性、自由和法。我在書中藉助尼采對古希臘帕德嫩神廟上那句「人，去認識你自己」（Man, Know Thyself）的發揮，提出了這個歐洲文化—政治一體化的自我認識問題。但其實黑格爾在著名的《精神現象學》序言裡就明明白白地講到，這裡的「認識你自己」並不是指瞭解自己的弱點和不足以便改進，而是把握自己存在的眞理性；而這裡的「人」不是個人，而是「人類全體」——換句話說，是近代歐洲「理性」所理解的人類全體。在當今經濟全球化和全球化文化衝突的時代，中國人對自己前途和命運的思考如果不能在「認識你自己」的過程中，透過對自身現代性經驗的反思和總結，把握關於「人類整體」的新的歷史實質，那麼我們的一切自我理解必然只能是陳腐、了無生氣的——也就是說，它沒有超出一個以往的歷史時代、一個業已成爲現實性的世界體系所規定的「普遍」。這種既定的「普遍」之所以成問題並不在於它碰巧是由他者（西方）規定的，而在於它相對於正在展開的種種活生生的、特殊的歷史矛盾時的空洞的自我同一性，即那種「我＝我」的邏輯。

　　《全球化時代的文化認同》反覆強調這種自我指涉、自我確證的邏輯在近代西方歷史上的強大的自我分延、自我超越的生產性。但在今天的全球化時代，這種西方中心論的自我生產的邏輯已經日益窒息在其自身的意識型態幻覺之中，其普世主義話語也日益失掉其普遍性實質，成爲一種特權的既成事實的辯護了。中

國作爲一個經濟力量和政治影響不斷上升的大國，在各個領域裡，每天都藉著各種各樣的摩擦、磨合與衝突，感受到那種「普遍秩序」本身的自由與禁錮、無限性和有限性。當代中國的文化—政治自我意識，就其樸素的歷史內容來說，必然是植根在這種具體的當代經驗裡面的、爲這種經驗所打磨、造就的。在這種歷史境遇中被構造出來的自我必然是一個政治主體，也就是說，它的認同問題歸根結底是一個生活世界的自我意識。這種自我意識的政治性並不僅僅是由捍衛自身的物質利益和價值認同而決定的；更重要的是，在對自我認同和自我肯定的追求中，那種富於生產性和自我超越能力的「我＝我＋非我」的辯證法能不能取代那種「我＝我」的簡單的主觀認同。「把他人內在化，把自我對象化」，就是這種辯證邏輯在全球化時代文化政治的語境裡的一種策略。應該看到，這種辯證邏輯歸根到底不是思辨領域的爭強好勝使然，而是一種積極地面對歷史的客觀而展開對思想世界之挑戰的基本態度和方法。

變與不變：倫理世界的自然—歷史性展開

這本書也激發了一些有關 「我們今天怎樣做中國人」的討論——嚴格講，是參與了這樣一個或隱或顯、正在成性形的公共討論。《全球化時代的文化認同》以此爲題的那篇序言是2002年《中華讀書報》的採訪，題目是採訪者加上去的，套用了魯迅的〈我們現在怎樣做父親〉。在今天的世界上，面對種種強勢的文化影響和社會領域的劇烈變化，「如何做中國人」的問題會一直困擾我們。但在學理上，「我們今天怎樣做中國人」是一個太大的問題，是我們今後50年甚至100年裡要面對的問題，當代中

國知識分子只能盡自己的所能，爲直面這個問題而預做準備。這個問題也不僅僅是一個思辨問題，而是需要透過集體社會經驗去回答、去解決。個人以思想生活的方式，只能在不同的方向上、不同的領域裡不斷地回到這個問題，也就是說，它是一個問題的起源。作爲一個起源性問題，它必將不斷出現，不斷重複，並在這種重複的韻律裡面把變與不變、新與舊、自我否定與自我認同、斷裂與連續性保持在一種思想的矛盾和張力中。

任何起源性的問題，都提出了一個生活世界最內在的「變」與「不變」的問題。近代以來的中國一直處在「變」的必然性的支配下，但在求「變」或不得不變的過程中，卻一直沒能對「不變」的範疇做出深入的思考。這裡的「不變」不是簡單的「同」，而是一種反覆、循環、一而再、再而三地回到源頭性的問題的歷史韻律。在這種韻律中，變和不變同時被包含在「反覆性」和「獨一性」的辯證法之中。這種辯證法對當代中國的變革提出了這樣的問題：沒有傳統，何以爲新？如果「新」與「舊」沒有內在的關聯，或者說，不在同一個反覆而獨一的源流之中，它的意義何在？爲何而新？新了之後又如何？新而又新之後，自我認同的重建如何開始？這種自我認同的基礎又在哪裡？最後，如果沒有變，不變又如何能維持下去？但如果沒有不變，變最終由是要變到哪裡去，變成什麼——變成連自己都不認識的東西，或變成一個現成的他人嗎？

這一系列問題超越了單純的歷史領域，而把歷史和自然的更大的內在張力暴露了出來。這裡的自然當然不是自然界，而是相對於在「變」的邏輯支配下的社會制度和技術更新過程的那個相對穩定的文化、心理、道德和習俗的系統。這類似黑格爾所描述的「倫理世界」。德文的「倫理」是Sitte，「倫理世界」是叫

Sittlichkeit。Sitte的意思，在老譯本裡——當代人可能不敢這麼譯了——老一代譯者賀麟、楊一之等就把它譯成「風俗習慣」、「情感」、「喜怒哀樂」。普通人風土人情、喜怒哀樂，他們活生生的、從祖輩那裡繼承下來的生活世界，就是「倫理世界」。這個倫理世界包括傳統、過去、習俗、家庭結構、男女關係，以及對這一切的習以爲常的態度和價值判斷。黑格爾所說的倫理世界包括很多基督教的東西，但也包含了鄉村社會向工商社會轉化過程中出現和形成的那個現代世界或市民生活世界的雛形。黑格爾在《法哲學原理》裡強調，理性的世界，包括法、國家以及精神生產領域，既是倫理世界之揚棄，又是以倫理世界作爲其歷史實質的唯一基礎。在黑格爾筆下，西方的實體性從來沒有離開過自己的倫理世界，而是它的倫理世界的展開。在今天看，近代中國遇到的最大的問題，除維護生存權（即張之洞所謂的「救國保種」）之外，始終就是「如何爲自己的倫理世界辯護」的問題。近代以來，這種辯護往往只能用別人的語言、在「變」的世界裡，藉由對「新」和「他人」的認同，做單純的自我否定。最後，當我們以爲把自己的倫理世界講清楚了，進入「新」和「普遍」的秩序了，卻發現一切已經不是自己的問題世界了，那是別人的概念世界，而這個世界的起源和根源性的韻律，對於我們仍然是陌生的、神秘的。

　　或許可以說，自近代以來，有關「如何做中國人」或「何以中國」的集體焦慮，正是那個起源性問題存在的方式，是我們探測當代中國文化政治的自然史源頭的入手之處。在此，「變」的本質不是把自己變成一個跟自己不同的東西，而是把自己對象化，把對象內在化，從在自我和他人、內在與外在、過去與未來的張力之中，在這種富於內在差異、衝突和矛盾的存在世界的總

體上，關照自己、重新確立自己。與此同時，不變的本質不是抱殘守闕、固步自封，或沉迷在種種自我中心的神話裡，而是積極地投入和推動「變」，在歷史世界裡把「自身之自然」確立為一種價值、一種道德、一種自我肯定的政治。

有一種更高的東西在不斷吸收局部的東西。那個東西叫「實體」，沒有進入這個實體的過程當中的自我只能作為對象存在，而不可能作為主體存在。而主體之所已成為主體，在於它在不斷更新和擴大自身的邊界的同時，又承認、保存、肯定和捍衛著這個邊界；在於它在不斷豐富自身，將自己的內部多元化的同時，具備將這種多元性統一於一種價值整體的力量。這種矛盾統一體的存在方式，既是歷史性的，又是非歷史性的；它既是變，又是不變。也就是說，循環在自身的根源性問題之中，把歷史存在的時間性的過程視為自身存在的源流的綿綿不斷的韻律，是一切作為實體和總體的主體的存在方式。對今天的中國人來說，實體性並不來自主觀自由——無論是它植根於「中國本質」的民族主義主觀臆想，還是「普遍人權」的自由主義主觀臆想。它只能存在於財產、所有權、制度、法律、價值和正當性領域的客觀衝突之中。這就是當代中國的倫理世界自我確證的具體環境，而這種自我確證的真理性，最終來自這個環境，而不是來自自我的內在性。

最後，我想指出，這種文化領域的自我確證和自我超越的辯證法，不僅僅在經典黑格爾意義上的「為承認的鬥爭」的領域裡展開，同時也必然在經典馬克思意義上的生產方式、以及人為克服自身異化和物的世界（特別是商品和商品生產的世界）之抽象化的鬥爭領域裡展開。換句話說，自我與他人之間的永恆衝突和鬥爭，如果離開人類生產活動（特別是以技術創新為核心的勞動工具的不斷完善）裡的活力和創造性、離開以爭取合理的社會制

度(特別是公正的財富分配制度)的集體努力,終將是空洞、狹隘、缺乏歷史內涵和普遍意義的。一切文化認同最終都是政治性的,但一切存在的政治,只要它遵循客觀、無情的政治邏輯,就會又一次將問題帶回到生產方式的範疇,帶回到人類勞動和價值創造的基本領域。這個問題的循環不會停止在其中任何一個範疇或環節,相反地,每一個瞬間好像只有在另一個範疇或環節裡才獲得自身的意義。但這只能是另一篇文章的內容了。

2006 年 12 月

於紐約—東京—上海旅途中

張旭東:1965年生於北京。現任紐約大學比較文學系教授,東亞研究系教授、系主任。主要研究和教學領域包括20世紀中國文學、電影和思想研究;批評理論、美學理論與文化理論;現代性理論和城市文化。中文著作包括《批評的蹤跡:文化理論與文化批評(1985-2002)》;《全球化時代的文化認同》;《紐約書簡》等。英文著作包括 Chinese Modernism in the Era of Reforms: Cultural Fever, Avant-Garde Fiction and New Chinese Cinema, Postsocialism and Cultural Politics,另編有 Postmodernism and China, Whither China? Intellectual Politics in the 1990s。進行中的著述計畫包括黑格爾研究(《精神現象學》、《美學》和《法哲學原理》),班雅明研究(《拱廊街計畫》),現代中國散文及文人研究,比較與可比性理論研究。

是文化也是政治

王琦濤

　　這兩篇書評*讓人感受到評論者對自由民主「憲政國家」建設的殷切期盼，也體會到不同理論主張的巨大差異：這裡既有臺灣學者對中國政經、社會與文化現狀的隔閡，也有大陸自由派學者對文化政治與現代性問題的輕視與誤讀。

爲何選擇德國思想家作爲研究對象？

　　高全喜的批評，近乎徹底否認現代性作爲一個學術問題的意義，因爲據說「在英美的主流思想家那裡，現代性並非一個眞問題」（那麼英國的紀登斯呢？）「甚至在古典的自由主義那裡，所謂現代性問題本身就是一個僞問題。」因爲「在他們看來，一個社會型態的形成與發育成熟，完全是一個自生自發的演化過程，在其中並不存在絕對的斷裂和革命的變遷。」據說：「在15至18

---

*　即蕭高彥的〈文化政治的魅力與貧困〉與高全喜的〈文化政治與現代性問題之眞僞〉，刊載於《思想》第3期。後文中引張旭東《全球化時代的文化認同》一書時，均簡稱《認同》。本文原文較長，限於《思想》篇幅限制，經作者精簡後發表於此。原文將於網站上刊載。

世紀以降的英國和美國社會政法思想，乃至在相應的法國思想中，德國人感受尤深的劇烈的現代性衝擊並不存在。」是否真的如此？

在這三者之中，美國開國至今才二百餘年，一來就是以資本主義起家。但南方奴隸制與北方工商業資本主義的矛盾激化也導致了南北戰爭。法國歷史最長，著名的古今之爭就是從法國發起，「法國大革命」導致了封建制的終結。英國的資本主義歷史最悠久，發展與海外擴張貿易密不可分。新的生產關係同封建專制制度的尖銳矛盾，導致了資產階級革命的爆發，英王查理一世也被推上了斷頭臺。這些過程沒有「斷裂和革命的變遷」嗎？「圈地運動」在歷史上被稱爲「羊吃人」的運動。「資本來到世間，每一滴毛孔都帶著血和骯髒的東西」，即使對馬克思主義敵視的學者，也承認馬克思著作中對這些原始資本主義早期殘酷剝削的指控，認可是下層抗爭使國家逐步調整政策，採取更人性化的措施。如何能說資本主義生產和生活方式都是「在符合人性需要的經濟、法律和文化的自發演變中逐漸形成的」？

德國歷史中是否實現過現代性「核心命題」暫且不論，就算德國的諸多理論是「英國社會經驗的觀念總結」，這並不意味著這些理論總結本身有問題。難道不正是它們奠定了今天相關論述的基礎？難道說觀念總結只有英國人所做才不是「理想修辭」？「德國思想與英（法）國社會之間」存在「緊張或隔膜」在哪裡？似乎爲了維護英美經驗的「正統」性，高文將非「正宗」的資本主義國家型態通通拒絕，將不合己意的理論徹底否定，而不管這些理論不但在英美廣受承認，而且構成了其法理學的基礎之一。

與高文的全面否定現代性問題的價值相比，蕭文謹慎得多。他承認德國文化是西方現代性重要資源之一，只認爲其不構成整

體，亦非西方普遍主義創造者。而且從俾斯麥到二戰是毀滅性過程，不足取法。

《認同》一書之所以選擇德國，如諸論者所指出，是因為它的後發現代性是非西方的基本處境，其歷史進程是國家統一，民族建構及資本主義同時發展的過程，故其立志學習英美強國的心路歷程與理論實踐均可借鑒。其後來變為法西斯主義國家，顯然並非線形發展的過程。兩位論者說德國何足取法，更不談在這段歷史中能汲取到什麼教訓。但《認同》是怎麼看待這兩方面問題的？

在對韋伯思想的解析中，它指出強國之間競爭時應該考慮的問題。韋伯佩服英美法市民階級政治上的成熟。但是德國作為其競爭者，民族自我政治教育很重要。基於在追趕過程中，後來者常有喪失自我的危險，他提出政治成熟的概念，要求領導階級把握本民族長遠的經濟政治權力利益。要求在任何情況下把這一利益置於其他考慮之上。由此本書進而考察德國思想家如何考慮整合國內力量，以實現強國目標：他們普遍感到「西方市場經濟、議會民主制、海外殖民的更成熟、更發達的型態」在階級利益的處理和協調過程中具有更大的能力。因此認識到為了要和英法競爭，德國必須實現國內的民主。

然而本書重點卻在於對西方普遍主義的歷史批判，主要是透過對德國思想家奠定的資產階級法權體系的剖析。它將康德和黑格爾把私有財產視為倫理世界的起點（既是自然的，又是理性的）加以歷史還原，指出「這是一種似是而非，邏輯上靠不住的前提」，不過是一個道德陳述和政治性陳述，是一種特殊性在以普遍性概念理解和表述自身，而不是普遍真理。與此相似，對憲政國家的政治和文化認同也是同一種「價值本體論意義上的自

信」，所以西方的歷史被看做是世界歷史的線性進程。但是「從私有財產到市民社會，從憲政國家、國際法到世界史……不過是西方政治和主體意識的自我演繹。」普遍性與特殊性的辨證在此突顯。

要全面考察現代性的歷史進程，當然英美經驗不可缺少。但這不是《認同》的主旨。雖然英美品牌的自由主義歷史和人性觀也是一種普遍話語，但在馬克思主義經典作家裡已經被完整剖析。而且本書考察的是普遍性話語的實質，沒必要再來論述。

是誰在反歷史？

高全喜批評認爲，德國思想中的路線之辨在《認同》中十分混亂。可是《認同》真的邏輯結構混亂嗎？確實，它並不依據所批判的「三種中的何種理論整合三派理論」，但是該書不但有貫穿始終的理論基礎，而且有嚴謹的結構。至於「爲什麼要批判，批判之後的建樹是什麼」，也有著明確的觀點。

正如它指出的「理論的思維是在不同的理論話語之間作仲介，發現彼此間事實上的關聯。」在書中我們可以看到各種批評方法的運用，如新歷史主義的批評，後殖民主義的批評，各種文化研究方法的運用、對結構主義後結構主義的論述、闡釋學的理論等，而統攝各種理論方法的，則是馬克思主義理論。具體而言，就是歷史唯物主義。

什麼是歷史唯物主義？簡單而言，就是「從人類社會（歷史）中尋找對發展變化的原因的解釋」[1]。比如市場經濟、議會民主

1　見維基百科全書，see http://en.wikipedia.org/wiki/Historical_materia-

不是從人腦子裡突然生出來的，而是由社會的政治經濟和文化狀況多元決定的。又如天賦人權是一定歷史階段的意識型態。蕭文理解為「當前被西方所壟斷的普遍主義宣稱，必須被解構、重新組合，還原到特殊的歷史與政治脈絡」沒有錯。但是這不是如蕭所說「我們所處的時代是對主體性、普遍性深切質疑的後現代」，是後結構主義式的「解構」和「重新組合」。《認同》不是那種什麼都可以來的無厘頭，而是把被神秘化、神聖化的教條還原、回歸到它們的歷史形成條件中去。它指出憲政國家、議會民主、市場經濟都是歷史現象，因而不是絕對真理，有在歷史中發展演化的過程，也有在不同社會經濟政治背景制約下的不同形式。

蕭文將該書的論斷「德國人……為整個現代西方市民階級作了精神和思想上的立法……成熟的資產階級體制在德國浪漫派那裡就有過一次精神上的操練或形式上的預演」說成是一種整體主義立場是，該書基本的方法論，大概是因為他認為這個論斷只是「根本預設」。然而它不是由預先假設再自我確證，而是基於歷史唯物主義指導下的總體論下分析得出的結果。

蕭氏的精神演繹現實的所謂「整體主義」，與馬克思主義的總體論毫無關係[2]。後者認為歷史是「總體」，而政治、經濟、文化雖然具有各自的「半自治性」，但這些不同的層面彼此有結構上的共通性。它們不僅是藉由它們的統一，而且是藉由相互的

(續)

lism.

2　蕭文還將張的觀點「一個非西方的社會文化主體意識，必然是一個總體性的主體意識」，說成是論述的出發點，是一種整體主義的思維。然而此「整體主義」是基於其本人的定義：馬克思主義從來沒有這種「整體主義」的。推斷他的「整體主義」觀點，大概是指「籠統的武斷和錯誤的出發點」的意思。

差異形成關係，構成作爲關係系統的整體：不是「文化歸文化，政治歸政治」的機械排他性，而是各種因素之間具相關性。任何事物現象的形成都是多元決定，而不能單從一個方面入手解釋，也不能從單一個方面入手解決問題。

馬克思主義的另一個重要概念是辨證法，歷史辯證法是其本質。通俗地說，就是任何歷史現象和事物都有它的兩面性。如資本主義的興起，有它的歷史進步性，也有它的道德上的殘酷性；即使它在上升階段爲自己安排了進一步發展的各種機制，但同時也包含了它的不可克服的基本矛盾。而不管是「否定之否定」的黑格爾式辯證法還是尼采「肯定之肯定」辨證法，該書都沒有對其做簡單的肯定或否定。所以書中既指出了德國各位思想家的理論思考上的優點，也無情地暴露出他們立場的弱點和自相矛盾。絕不是什麼簡單的值不值得效法的問題。

「自我和他者」的辯證法在此也得到討論。要認識自身，只能藉由對他者的認定來決定。如果你和「他」完全一樣，你無法認識你自身。西方向來是藉由對東方「他者」的認定來提升自己，鞏固自己的自身定位和權勢。這個辯證是本體論上的，想逃也逃不掉。當然這個以他者定義自身並不都是把他者醜化或浪漫化，「現代西方文化思想體系之所以具有活力，原因之一就是它不斷地把『他者』包容進來，不斷地讓『他者』來挑戰自己。」這正是我們需要學習的。

對於該書基本的理論立場，蕭文還斷言「張自述以後殖民理論爲出發點」。其實本書非但不是以後殖民理論爲出發點，且對其多處批評。比如書中說，「從『東亞模式』到西方『後殖民主義理論』的種種所謂『現代性替換方案』，說穿了不過是用文化和宗教特殊性爲地域性資本主義發展辯護，指望在全球資本主義

條件下建立一些具有『半自律性』或『主體性』的權利子系統或亞系統。」（頁61）同樣必須糾正的是他認為該書在「普遍性的自我調解」中，「透過尼采價值哲學的右翼詮釋來克服普遍主義」的看法。《認同》從不承認此普遍性，指其為特殊性的偽裝與僭妄；而對尼采價值哲學的詮釋是在批判中指出其普遍主義的實質：肯定自身的衝動。

反觀蕭、高二文的方法論取向。蕭文認為《認同》將「西方現代性的法或權利概念所代表的普遍性」還原為「市民階級對於私有財產、契約等法律政治地位的需求」，即「市民階級在不同歷史階段特殊的意識型態」，乃是「化約主義的反歷史傾向」。然而究竟是歷史唯物主義反歷史，還是「天賦人權、私有財產神聖」的觀念反歷史？後者是歷史的永恆，還是社會政治經濟一定階段的產物與觀念的敘述？

蕭文闡明了其心中正面的普遍性價值，並稱「在康德時代，西方普遍性已經從道德的願景發展出不同的社會想像，並且孕育了美國與法國兩大革命。」「而西方現代性的發展，乃是幾個宏觀社會想像之形構以及具體化的過程。」由此我們具體見到了他的立場和方法論，「想像之形構以及具體化」，道德的願景可以孕育革命。思想決定行動；意識決定存在。在共產主義「烏托邦」被自由主義者不遺餘力批判的現時代，我們見到了另類烏托邦具體實現的圖景。與此道德觀念決定政治現實的觀念相比，高文回歸了政治，但他認為政治制度之缺失是一切墮落與喪失之淵藪。

綜上所述，我將蕭及高的方法論定位為：反歷史的自由主義歷史觀、價值觀及制度決定論。我們所謂的蕭高二人的反歷史，是因為他們將西方現代性的歷史進程及其話語當做永恆普遍真理，是東西方必須同時擁有，而不論具體地域、傳統、歷史背景。

幾種普遍性理念／話語

《認同》提出了不少普遍性話語以供彼此參照，比如：

文明體系自身的普遍性話語。任何一種文明體系由於經歷幾千年的發展演化，作為一「生活世界」發展出自己本民族的具有永久意義的價值體系和理想追求；

西方現代性的「普遍理性、人權、理性或公共交往」話語，以及自由民主等觀念，以及資產階級法權體系（財產權等）。它們是「現代西方的自我認識和自我陳述……最終不是一種真理論述，而是一種價值論述，一種文化論述」；

西方理性的普遍性。這種觀念認為理性具有普遍性，但只有西方人才擁有，非西方人可以模仿但不能從自身價值和文化中自我創造；

「當代的跨國經濟規定的生活方式」被當做「普遍性」。這是指「一種被徹底納入資本主義生產和消費系統的生活方式的普遍性、相似性和標準化」；

實質民主作為「普遍性」。美國的傳統左派要求實質民主（財產分配等）。但這些人也「不承認西方或美國以外有價值和文化上的普遍性」。

西方普遍主義話語的實質，是西方現代性「面對其歷史進程所產生的矛盾時，通過更激進的自我批判來產生更強大的主體性之凝聚力，從而將西方現代性進一步提升為更高層次普遍性的辯證過程。」因此它們是特殊性的自我宣稱。本書不是如批評者所言「將西方與中國、普遍性與特殊性的位置互換」（此論斷預設了西方的普遍性），而是將中國自身的生活世界與倫理世界展

開，在「把西方內在化，把中國對象化」的富於生產性與超越能力的基礎上發展成普遍性話語體系。

此種努力是否是基於「特殊性若不力圖將自身表述為普遍性，則將喪失意義與實質性」的華夏自我中心對「先驗的中國主體性」的堅持？不可否認，主體性與普遍性有差別。在現實政治中，任何非西方的政治與文化實體都應該堅持主體性，但在哲學意義上，在統一的生活世界形成前，哲學意義上的「普遍性」與「特殊性」範疇大概只能用在個別文明內部，而不能用所有文明之上，因為這樣就會以全人類的所謂共同人性（universal humanity）作為單位，而這是反歷史、反現實的自由主義形而上學了。換言之，只有在統一的生活世界形成時，可比性才能真正成為問題[3]。

但在現實中，西方當今的普遍性話語之所以成問題，不在於它是西方的就不能為我所接受，而是在於「西方中心論的自我生產的邏輯已經日益窒息在其自身的意識型態幻覺之中，其普世主義話語也日益失掉其普遍性實質，成為一種特權的既成事實的辯護」，「在於它相對於正在展開的種種活生生的、特殊的歷史矛盾時的空洞的自我同一性，即那種「我＝我」的邏輯」。由此，當前中國文化的自我認同「不在於如何勘定同現代性和『西方文化』的邊界，而在於如何為界定普遍性文化和價值觀念的鬥爭注入新的因素」，形成更具有包容的普遍性。不是如批評者認為的簡單將中國的文化自我意識視為某種同西方平起平坐或取而代之的價值，而是將「非我」吸納入自我，將有益的「他者」包容

3　參張旭東，〈主體性意識的再出發〉，《21世紀經濟報導》2006年年終特刊。

入自我，從而更具涵蓋性。

蕭文質疑這種「總體性的主體意識」之承載者為何：「既然現代世界只有國家具有最高主權，這個問題的答案非常清楚：只能是國家（而不能只是文化傳統）。不僅如此，依照張旭東此處的邏輯，普遍價值的根源是普遍的法，法普遍性的根源是民族文化，民族文化的根源是國家。」

普遍價值的根源在於民族文化（實質上是文明），但民族文化的根源卻並不在於國家。現代國家在堅持民族主體性意識上確實是主要載體，但並非根源。在哲學意義上，普遍性的根源在於一個文明數千年歷史積澱的文化心理道德習俗的相對穩定系統。但在現實中，是否能展開自身的普遍性價值體系，是否能「真正對普遍與特殊的問題做出回答，只能是集體性的社會實踐的事情，也就是說，它只能交由歷史本身去完成。」這裡的關鍵在於：一個民族，一個文明政體是否既有吸納非我的魄力，又有對傳統與他者進行創造性轉化發展出新事物的歷史抱負，還是喪失自信，對既成制度「恭身領受」，亦步亦趨。

是否這樣「就沒有多元與寬容，並將導致政治決斷與實踐鬥爭」呢？換言之，何謂多元？

文化多元主義與政治、文化多元性

這裡也許需要對「文化多元（政策）」和「多元文化」或「價值多元」的概念做出區別。前者用於國內環境下的族群關係，後者指涉國家間及文明間的關係。西方超級大國並不承認有什麼價值多元，市民階級──基督教生活世界的歷史觀、宗教觀念在他們看來是唯一的真理，並時不時要把它擴展至全世界。所以他們也

在國際上提倡「文化多元」，但這在客觀上比以往粗暴對待或公開否認其他價值和生活方式有所進步外，不過是要讓其他國族的文化乃至文明體系「變成西方體系內部差異性格局中的一個品位」。變成如同「作為美國的少數民族來享受這種法律上的平等保護」，你必須服從它主導的「新秩序」。這種「文化多元」絲毫無損於中心力量（市民階級—基督教的生活世界及其價值觀念）的統治地位，所以才被容忍，並被提倡，因為這不但不威脅其主流生活方式，反而會加強中心的說服力、訓導力。但這其實是「貌似多元的單一性的思維」。這正是帝國的型態，在這裡無所謂不同的文明體系，大大小小的文化如同作為少數族群文化臣服於主流價值觀與秩序。

正是基於此考慮，《認同》提出了當代中國文化作為一個文明體系的自我定位問題：是定位於如西方國家國內「少數、弱勢、邊緣的文化」還是「中心的、強者的、主體性的、有世界歷史意味的文化？」這問題不僅是在觀察德國思想時得出的，更是因為意識到中國本身之作為文明體系的生活世界與倫理世界，有其自身的普遍性理念。

何為文化政治？

對於民族主義，書中採取的是葛爾納的「文化和政體合一」的定義。由於西方憲政國家的實踐與理論是以其文化為基礎，與中國的歷史傳統不符，作者是否在暗示要建立一種有異於西方憲政國家法理學的新的學術體系，作為中國作為「文明體—國家」的正當性根據呢？

下面這句話恐怕是《認同》一書最難為自由派接受的論斷之

一：「中國目前的文化政治和全球化、全球帝國，也就是英美代表的當代強勢文化，有一個歷史和結構上的衝突，根本原因之一，就在於現代中國的起源，有一個不同的法理基礎，一個不同的『理性』結構。」

由此說可見，中國的作為文明體—國家的正當性，不僅在於其5000年文明史決定的「文化只能是民族文化」，而更多在於其現代歷史提供的資源。而在當前又一場「革命」造成似乎再一次歷史斷裂的當口，首要的是重建「連續性」概念，「讓價值的、倫理的、日常生活世界的連續性按照自身的邏輯展開」，將「中國現代性歷史經驗的正面的、積極的、建設性和創造性價值」發揮出來。這種回顧承認「雖然這個過程中出現過很大的錯誤、彎路甚至倒退……但總體看來，其中存在著很大的合目的性與合理性。」這不是簡單地徹底肯定或徹底否定各段歷史。尋求不斷自我肯定的因素，目的是為了找到一個新的思路。

那麼，中國近代以來的歷史提供了什麼思路呢？對於這點，本書沒有提供任何成系統的體系——雖然這是我們一開始就應該做的。不過，遍覽該書，還是可以發現很多核心提示。但這裡要先談何謂「文化政治」。

文化在某種意義上就是政治，在我看來至少有這幾個方面：

第一、於「每一種文化，在其原初的自我認識上，都是普遍性文化」，因此作為一個集體性的社會存在，這一個生活世界及其自我認識必須在「在具體的歷史的現實關係中，將自己作為一種普遍的東西再一次表述出來。」由於西方強權不會輕易承認這一點，堅持自己文明的普遍性其實就是在政治上堅持主體性。

第二，《認同》指出，「普遍性表述的最佳型態不是審美意義上的文化，而是法。」（一個例證是「美國文化、美國生活方

式、美國民主和美國憲法是同一樣東西」）比如，「羅馬是通過
法來統治的，中國（古代）是通過文化來統治。」這不是說中國古
代沒有法律或法制，而是說儒家的道德規範和傳統在中國古代政
治的正當性和延續性中起到更多的作用。這也不是說今天我們可
以像古代那樣依靠道德傳統來維持社會秩序，而是說要思考如何
讓包括古代和現代的傳統在社會和政治制度的形成中發揮更大
的作用。沒有現成的制度可以抄襲，文化（包括現代傳統）和政體
如何協調一致，是值得思考的方向。

　　第三，詹明信認爲，後現代是「經濟變成了文化，文化變成
了經濟」。當代資本主義消費本身既是經濟行爲，又是文化行爲。
這種文化作爲生活方式不但是經濟，也是政治。這既是堅持對文
化的意識型態批判，也是對後現代、全球化文化話語與生活方式
的唯物主義理解。

　　由於文化與政治的總體性建立於歷史和價值的連續體之
上，文化政治因而是「一個民族，一個生活世界的最根本的自我
意識。」或者說，由於文化和政治都是一個民族「把自身理解爲
一種價值體系、一種人生的最高價值、理解爲自己的生活世界的
自我肯定的衝動」，文化政治的基礎由此確立。這裡不是以文化
「統領政治、化約政治、消解政治」，而是以文化引導政治、具
體化政治，實體化和建構政治。

　　如何做到呢？除了中華文明提供的普遍性架構，《認同》認
爲，中國的革命與社會主義實踐爲其提供了具體價值觀念。它指
出，中國曾經有「大眾革命、社會主義、共產主義，有一個非常
強大的國家，它的強大的社會組織、動員和意識型態控制和塑造
能力是許多西方先進國家都比不上的。」「這個新的歷史主體統
一了西方在自己的自我意識裡」。中國社會主義曾經在塑造人的

高尚道德，調動人的全部積極性建設國家方面取得卓著成就。它營造了積極向上的社會氛圍，創造了路不拾遺的社會風氣，使人民團結一致為建設強大的平等正義的社會主義國家而奉獻自己的青春熱血和生命。由此取得經濟的迅速恢復和發展，奠定了一個強大國家的工業基礎。社會平等、公平、正義的觀念深入人心。現代性的批判性意義不但沒有耗盡，而且在這裡取得了顯著發揮：中國社會主義思想本身就是吸納了西方啓蒙思想，在中國文化傳統的土壤上發育成長。它與「現代性條件相匹配，但同時又能超越它的社會局限性。」

但是為什麼今天我們「民族的內在統一，即價值上、文化上的政治性，卻還沒有成形？」「文革」的極左破壞是造成社會主義信仰淪落的重要原因。但是社會主義民主制度沒有有效建立，與其後的機會主義的經濟主義政策取向，更是造成災難的源頭。

當前中國社會思想的核心矛盾之一，在我看來，乃是執政黨在「讓一部分人先富起來」之後未能及時調整政策，向均富的民生目標(也是社會主義的原則)邁進，更是因為在改革過程中，以機會主義的短視漠視淡化社會主義意識型態的平等公正的要求，以物質利益為實際唯一刺激來激發積極性，更且背離乃至拋棄其階級基礎，無視社會主義的公平承諾，造成廣泛的對社會主義理想的懷疑和背棄，導致社會思想的大混亂。這才是造成普遍的道德淪喪的主因。在此方向沒有得到有效扭轉前，任何所謂的社會主義道德榮辱觀教育，只會給人緣木求魚和玩世不恭之感(因為在實踐中已經背棄其階級，背離其理想，言行不一，又何談教育人民？)任何所謂的「德治」也給人復辟封建統治形式的懷疑：沒有民主制約和監督，德治是靠不住的。以社會主義的公正平等理想(「德」)來衡量政策取向，才是當前中國政治的正當

性所在。

　　《認同》指出，韋伯強調「那種在通常情況下沉澱於大眾的無意識層次的價值衝動和政治本能，是一切領導階級的正當性根源。」什麼是當前中國「無意識層次的價值衝動和政治本能」？是曾經深入人心的社會主義的「普遍平等理想」。它「建立在對現實中的不平等的認識上，它的實踐原則不是抽象的自由主義平等觀念，而是在當代中國經濟和社會現實條件下，辨認政治領導權的基礎，塑造政治認同」，從而在「凝聚民族的政治意志，確立當代中國的國家形式。」這一集體性探索大概不但要呼喚不同於西方憲政的國家理論，或許也要求超越程序正義的實質正義的法理學體系。只有這樣，才既符合社會主義的原則，也遵循中國傳統文化的「和諧」和「公道」的普遍性理念／理想。

　　在高文看來，「三百年歷史中的最核心而關鍵但又可惜沒有真正解決的主題……是自由主義的憲政國家的建設。」但在我們看來，卻是社會主義民主政治的建設才是。因此，走向政治成熟的民族，是以社會主義革命實踐發展出的政治價值為基礎，與中華文明的普遍性體系相整合。

結語

　　《認同》和高文都提出今天怎樣做中國人的問題。在承認制度建設的必要性同時，我們還是要強調，做中國人既是文化問題，也是政治問題。因為做中國人而不是做美國人不是確立和他們一樣的制度就能達到。這關乎價值，「最終意義上的價值是一個文化政治的決斷……我是誰？我想成為什麼樣的人？我想要的生活是什麼樣的生活？我在什麼樣的地方才有幸福？我的幸

福是在什麼樣的生活世界和文化背景中確立和實現的？」是在美國式的市民階級——基督教的生活世界及其價值觀念——中尋找，還是在中國自身文明體系的生活世界和倫理世界中尋求？這個時刻就是「文化和政治」成爲問題的時刻。

觀察雙方立場的不同，正是在對於普遍性認定的問題上，雙方存在根本分歧。自由派認爲普遍的是西方式的憲政國家，議會民主，而《認同》在普遍／特殊的辨證中張揚既繼承又超越現代性歷史經驗的社會主義理念，並由此展開中華文明的普遍性架構。雖然對民主的呼籲是相同的，但是對民主的具體實現形式的構想有差異。對《認同》來說，沒有現成的可以抄襲，是在集體性實際中尋找「文化和政體相符合」的滿足大眾民主參與的形式。

最後不妨評論一下蕭文所述的表達對於大陸學界和知識分子感覺的陌生，認爲其危機意識過時，因爲中國已經國富民強在望。但在我們看來，危機意識是中國要有主體意識，要獨立自主決定自己的道路。同時，對於蕭文提出以「文化創造」來代替「文化政治」的建議，在尊重基於「個人興趣和能力」的個人選擇的同時，本文也要指出，「客觀的」「科學的」學術性工作，和作者的文化政治關懷並不相悖。

王琦濤：美國德州大學博士研究生，主要研究方向為批評理論與中國現當代文學與文化。

思想采風

張藝謀與賈樟柯的背後：

當代中國文化生產的第三隻手

成慶

　　2006年末，張藝謀的《滿城盡帶黃金甲》與賈樟柯的《三峽好人》在大陸電影市場同時公映，在首映會上，賈樟柯甚至帶有些許悲壯的隱喻語調說道，「我很好奇，我想看看在這樣一個崇拜黃金的時代，有誰還關心好人。」

　　隨後的事件發展超過眾人的預料，賈樟柯炮轟張藝謀藉助行政資源壟斷院線，實行不公平的電影市場競爭，並且認爲張藝謀的電影帶給中國公眾的是一種籠罩性的庸俗文化意識。而後「黃金甲」一片的製片人張偉平出來譏諷賈樟柯的票房低收入和《三峽好人》所獲得的威尼斯影展大獎。就在雙方激戰正酣的時候，廣電總局出面要求雙方緘口，而且禁止報紙繼續炒作雙方的爭論，這一次交鋒隨之也逐漸偃旗息鼓。

　　暫時的平靜並不能掩蓋這次爭論背後的深層內涵，事實上，賈樟柯在接受《中國青年報》的採訪中，已經詳細的表達了他對張藝謀和《滿城盡帶黃金甲》的看法。在他看來，他之所以在這個時刻如此尖銳的批評張藝謀，是爲了讓大眾認識到張藝謀所主導的電影生產機制與電影趣味問題。而更爲有趣的是，儘管《三峽好人》票房低落，但是卻好評如雲，尤其是知識界的人士，幾乎一面倒的批判張藝謀，而去褒揚賈樟柯以及他的《三峽好人》，而相反的是，

所有的娛樂報導卻是連篇累牘的跟蹤與「黃金甲」相關的細節。這背後所蘊涵的內容，已經超越了電影本身，而擁有極為豐富的時代診斷的意義，值得我們認真討論。

賈樟柯在爭論中所提到的其中一個主要問題，是張藝謀藉助行政力量，壟斷了大部分院線資源，而且賈樟柯認為，這些大片中所散發的價值觀也讓他非常擔憂，在他看來，「文化的作用就是帶給大眾一種思考的習慣，從而使這個國家人們的內心構成朝著一個健康的方向發展。」

這樣的評論已經將爭論帶入到一個更大的問題中，當代中國的文化生產機制和國家的關係到底是如何的？

如果我們稍微回顧一下，我們就會發現，張藝謀之所以依靠《紅高粱》等電影成名，乃是走的是一條曲線救國的路線。《紅高粱》這部電影充分展現了那一時期張藝謀的攝像技術，在1980年代的審美氛圍中，透過濃重的色調表現個性的張揚和英雄主義，在那個時代尤其是1980年代末期，改革正處在一個瓶頸時刻，《紅高粱》所表達出來的精神主題，正好切中當時的時代脈絡，從而獲得1988年的柏林金熊獎和一片好評。後來由於1990年代後的市場化，文化空間也越來越大，張藝謀雖然也拍出《秋菊打官司》等影片，但是他自己一直承認，他最終尋求的是觀眾的認可，因此當大陸影視生產越來越商業化的時候，他迅速轉到《英雄》、《十面埋伏》幾部大製作上，而且票房均獲得極大成功。這個過程其實說明，張藝謀電影題材的選擇，乃是根源於當代中國文化心理的劇烈轉化，因此你才可以想像，一個拍過《活著》的導演，會拍出情節敘述十分彆腳的《英雄》和《十面埋伏》。

如果僅從電影藝術本身角度來看，賈樟柯的批評無疑有其針對性，但是問題或許並沒有那麼簡單，大陸這20年的市場化過程，造

成了一個表面經濟市場化，但是在政治和文化控制方面卻仍然威權化的結構，這集中體現在中宣部以及管制影視生產的廣播電視總局等機構。而管制最為明顯的，乃是近年來網路時事以及文化思想論壇被紛紛叫停，在影視方面，仍然奉行的是嚴格的審查機制，近年來，廣電總局頻繁的封殺各類題材的影視作品。最近，廣電總局還下令，各電視台在黃金時段必須播放主旋律題材的電視劇。

但是問題在於，舊有的文化生產機制是依託在整合性的道德與政治話語之上的，個人與國家都必須符合所謂社會主義的道德規範，因此社會主義的道德主題成為了幾乎所有文藝作品的基本前提。衡量個人的標準不僅是道德的，而且還是政治性的。

這種整合性的意識型態在1980年代後受到很大的衝擊，逐漸被市場化拆解掉。新興的市場社會帶來的消費主義的土壤，也讓個人的私德不再從屬於某種宏大的公德範疇。1980年代個人的解放，最重要的意義是將個人道德最終納入到私人領域，從而與政治領域劃下界線。這也是1990年代如朱學勤，寫下《道德理想國的覆滅》來批判盧梭的「美德政治」的主要原因。

在這樣的背景下來看賈樟柯對張藝謀的批評，歸根結底在於他對於商業文化所帶來的一系列後果的批判。但是非常微妙的是，由於政治主流意識型態開始瓦解，宣傳及文化部門一直試圖以控制資源的方式來重新塑造「主旋律」意識型態，比如限制某些境外的電視節目的引進，或者在所有衛星電視台規定黃金時段的節目播出，但是由於沒有過去那套完整的文化意識型態作為思想資源，今天的「主旋律」的內容顯得非常支離破碎。如2002年禁播《流星花園》，就是以含糊的「不利於青少年身心健康」說辭作為理由。而在2004年，廣電總局就規定黃金時間不得播放「兇殺暴力涉案劇」、禁止網路遊戲類節目播出、「紅色經典」不許戲說。這些禁止令以「堵

防」爲策略，儘管有諸如中宣部組織的「五個一工程」這樣的生產主旋律文化的機制，但是這些作品基本很難獲得廣泛認同，只能成爲體制內運作的形式。

文化領域的商業化在今天因而具備了雙重意義，一方面它使得政治開始與個人道德分離，國家在涉及到私人領域的事務方面的干預失去了正當性，另一方面文化方面的市場化運作使得個人道德標準出現急速下滑，文化趣味也被大眾文化所主宰，這才出現商業電影的票房一路飆升的狀況。但是賈樟柯的批評卻沒有注意到他和張藝謀其實都面臨著廣電總局這樣掌握生死大權的審查機構，張藝謀的生存在於市場化的空間以及他對體制審查的妥協，但是文化體制同樣有重新塑造另外一套「主旋律」意識型態的衝動。比如近年來，以農村爲題材的電視劇就能在中央電視台優先得到播放的優待。現實題材如今成爲所謂反映改革開放巨大成就的一個主要影視作品來源，在這樣的背景下，注重當代中國轉型經驗的第六代導演自然成爲塑造主旋律電影的後備力量，就在最近召開的全國電影工作會議上，國家廣電總局已經決定對賈樟柯、陸川等新晉導演給予大力資助，有關的負責人還意味深長的解釋說，目前很多大片，「忽視人文關懷和文化底蘊。國產大片決不能單純追求投資和製作規模的宏大，要努力提高原創能力，提升精神內涵和思想文化品格。要爭取既贏得票房，又贏得觀眾。」

在這裡無疑可以看出，國家在文化生產與控制方面仍然存在強烈的衝動，而且賈樟柯對人文及道德的訴求也會很容易納入到「主旋律」話語之中，加以改造和重塑。事實上，根據圈內人的消息，賈樟柯極可能將脫離獨立導演的身分，進入上海電影製片廠這樣一個由國家把持的電影機構。雖然這並不說明賈樟柯本人失去獨立導演的藝術目標，但是在現有的中國電影生產機制和微妙的文化審查

機制下，賈樟柯瞄準了商業化這個目標，卻忽視了國家力圖透過威權的方式來控制文化生產的努力。

張藝謀獲得行政資源，絕非是他個人的一時僥倖，而是國家在不斷尋找文化代理人的結果。今天或許是張藝謀，明天或許是賈樟柯。這種尋找文化代理人的過程背後，是威權社會強烈的控制文化生產的衝動，其目標是塑造出一種冠冕堂皇的道德及政治話語，來爲政治尋找到道德上的正當性。賈樟柯的系列作品以反映當代中國經驗爲底本，在今天卻詭異的成爲可被體制利用的電影話語，這當中微妙的邏輯值得注意。

由此來看賈樟柯的批評，我們可以看到在當今文化生產中的兩個互相矛盾的傾向，一個是開始檢討市場化所帶來的文化商業化和低俗化的傾向，試圖以道德或嚴肅藝術的內容來改造娛樂文化；另一個傾向是繼續推進市場娛樂化的商業操作。這兩個傾向看起來互相衝突，但是背後卻有一個更高的文化審查和篩選機制在操作。賈樟柯對當下道德及嚴肅藝術的追求，如果在這樣一個畸形的架構下去追求，無非是利用體制力量壓制另外一套不同文化型態的模式。只要國家對文化生產控制的衝動不消除，文化審查機構不退場，任何藉助權力體制來訴諸的話語都可能是危險的，無論那種話語是娛樂性的還是道德性的，這或許才是賈樟柯與張藝謀真正面臨的困境。

成慶，1977年出生，現爲上海華東師範大學歷史系碩士研究生，攻讀民國政治思想史，曾長期擔任大陸思想網站「世紀中國論壇」版主。

巴柏教授來台演講

賴芸儀

　　班傑明・巴勃（Benjamin R. Barber）教授出生於1939年，1966年
取得博士學位，目前於美國馬里蘭大學任職。他關注的焦點爲民主
與公民資格理論，重要著作有《強勢民主：新時代的政治參與》
（1984）[1]、《聖戰與麥當勞世界的對抗》與《恐懼的帝國：戰爭、恐
怖主義與相互依存時代的民主》（2004）等，另有十數本政治領域相
關著作。目前正在撰寫《消費殆盡：市場如何腐化兒童、幼稚化成
人，以及吞噬公民整體》一書，預計於2007年3月出版。

　　除了學術研究外，巴勃對實際政治事務也投入甚多。他目前身
爲「公民世界」主席，以建立追求共同利益、權利與福祉的全球公
民社會爲目標。並擔任「人民」智庫資深研究員，也爲新澤西州州
長麥克格維（2001-　）、瑞典自由黨（2000）、美國前總統柯林頓
（1994-1999）、德國前總統赫佐格（1996）等提供諮詢。曾榮獲法國政
府頒發的棕櫚學術騎士獎章（2002）、柏林美國學會的柏林獎
（2001-2002）等。亦爲多家報刊、雜誌撰寫文章。

　　此外，巴勃也參與電視影集與戲劇腳本製作。諸如得獎影集《力

1　2004年出版20週年紀念版，附有新的序言。中譯本《強勢民主》，
　　彭斌、吳潤洲譯（長春：吉林人民出版社，2006）。

爭民主》(共10集，美國哥倫比亞廣播公司與公共電視網發行)、《希臘之火》影集(英國第四頻道)、《美國的允諾》(美國公共電視網發行)。他參與或撰寫的戲劇有喬治·昆西的歌劇《家與河》的歌詞、與其妻李·克洛伊采創作表演藝術《卡斯伯》，以及其他於外百老匯或地方劇院表演的音樂劇。也寫過名為「婚姻之聲」(1981)的小說。

　　巴勃的重要著作《強勢民主》，檢討批判當前民主社會中個人化、偏重權利、政治疏離感、政治參與度低等問題。他認為自由主義所運用的代議民主制度，本質上與民主原則(政治參與、自我作主、政治行動等)相衝突。因為在自由主義思想影響下，人屬於「公民」的一面不斷地受到「個人」的一面所侵蝕，使得民主政治出現危機，產生「弱勢民主」。而弱勢民主理論中蘊含的無政府傾向[2]、實在論傾向與極小論傾向，削弱政治生活中所應重視的「公民」、「社會性」與「公民身分」等概念。另一方面，社群主義強調集體、共識，卻也可能使公民的自由意志在社群的壓力下受到限制。針對上述狀況，巴勃提出，必須強調公民高度參與的強勢民主論述及其相關配套制度(諸如基層公民集會、全國性的創制與複決、電子投票等)，使公民達到充分參與和討論的公共空間，並在參與中產生真正的自由(周桂田，1996；郭秋永，1999)。

　　巴勃日前應台灣大學政治學系「施明德先生講座」之邀來台演講，其主題《消費殆盡：公民在資本主義勝利後的命運》(2006/12/06-08)，關注的即是強勢民主中公民身分與政治參與等面向。該主題分為3個講題：「公民在資本主義勝利後的命運：消費主義與童稚精神」、「新自由主義下的私有化以及公民精神分裂：市

2　「無政府論傾向」不等同於「無政府論」(郭秋永，1999：69)。

場如何吞噬民眾並極權控制其所有生活領域」，以及「抗拒消費主義：資本主義能否治好自己」。

巴勃認為當前資本主義的發展，對於民主政治的影響已不同於以往。過去資本主義所展現的企業家精神文化等內涵，有助於民主體制的建立以及公民意識的培養。然而今日的資本主義卻因為走向強調消費主義的一方，使得人們從公民的領域被壓縮到私人的領域。既忽略他們原本應負的政治責任，也在行銷策略影響下[3]，產生幼稚化、私有化等意識型態的傾向，使人民缺乏政治參與、公民德性、責任等健全民主社會所應具備的特質。

由於錯把「消費者的勝利等同公民的勝利」、「消費式資本主義視為通往自由之路」，引發當今民主政治與資本主義自身的危機。因為人們只看到私人的自由，以自由市場為理由壓抑政府，甚至抑制了公民自由。換言之，人民在消費主義之下，只認識到自己作為消費者、私有化、個體化的一面。在高喊"I want"（個人）的同時，忽略"we should"（公民）的部分，進而使人否認能實現公共自由那一部分的自我，造成一種公民精神分裂症。

如果說社會契約將個體凝聚為自由社群與自由民主公民社會，那麼一種將購物與自主性連結在一起，混淆私人與公共，產生以私有化的購物自由而非政治自由為訴求的社會，就巴勃看來是社會契約的反向操作——人們不再經由共同行動成為公民，獲得共同責任和保障，反而重新回到自然狀態，使社會走向強凌弱、無政府的狀態。

3　企業為了追求更高的利潤，不斷藉由各種傳播媒體、廣告或是電影等刺激人的消費慾望，結果消費不是為了滿足現實需求，而只是為了滿足過度的物慾。

故巴勃認為，雖然私有化打著自由與多元主義的名號，其實卻是個以私有化為意識型態，全面主宰人類生活、不折不扣的極權市場。此種消除個人與社會多樣性特質的市場，以5種支配形式呈現：無所不在（ubiquitous：空間上的分布，如到處都是廣告的戰場）、無時不在（omnipresent：隨時存在，並渴望充斥於所有時間，如各種24小時營業的商店或是新聞頻道）、成癮性（addictive：產生獨特型式的強制力，如購物成癮症）、自我重製（replicating：病毒般地傳播，如遍布全球的連鎖店）、完全正當（omni-legitimate：不斷將自我行為合理化、正當化，並侵蝕抗拒它的道德基礎，如各種鼓勵消費的標語）。

最後巴勃提出了該如何從消費主義中搶救資本主義，以及從顧客中救回公民這一問題。雖然目前在資本主義世界中已有人提出了幾種方案，例如普拉哈拉德提出的開發「消費者金字塔底部」策略、亞努斯推行的鄉村銀行（Grameen Bank），以及索托提出「找出掌握隱藏在窮人世界中的財富，以此對抗表面上的貧窮」的方案，給予沒有所有權的資產所有權，使窮人得以運用這份所有權參與資本主義世界。然而巴勃認為這些資本主義的自我改善方案多半忽略了「權力」這項常數。由於許多問題是全球性的，故治本之道在於跳脫國家主權的圈圍、推動全球化民主化。透過制度或新科技（網路等）來結合全球民主的正當性與權力，可控制全球市場中的無政府狀態和不正當的權力。以跨國性的公民社群，來對抗全球化的市場，克服公民精神分裂症，恢復公民與消費者角色的平衡[4]。

巴勃教授此行與台灣學界對話，陳述他對於資本主義發展議題與全球公民的主張。連續3天的演講，講題從當今資本主義的消費主

4　同時是一國之內，也是全球的。

義走向，及其對當今民主社會的影響，到如何重新建立公民體系，指出人民政治參與感低落、缺乏公民意識等情況的危機和解決之道。會談中他也表示對台灣當前政治發展情勢、台灣在全球化市場的處境，以及台灣在世界公民體系中所能扮演的角色感到關切。

參考資料：

班傑明·巴勃個人官方網頁：http://www.benjaminbarber.com/

「公民世界」官方網頁：http://www.interdependenceday2003.org/index.htm

周桂田：1996，〈自由主義、社群主義或強烈民主——簡介「強烈民主」〉，《台灣社會學刊》，第19期，頁219-228。

郭秋永：〈強勢民主：新時代的政治參與〉，《問題與研究》，第38卷，第6期，頁63-94。

賴芸儀，國立台灣大學政治學系博士生，主修政治思想。

法國思想家布希亞去世

鍾大智

法國思想家布希亞（Jean Baudrillard）[1]於今年3月6日逝世，消息是由他的出版商Galilee出版社所發布的。《紐約時報》與BBC[2]同一時間在3月7日做了報導。據報布希亞死於長年慢性疾病，享年77歲。他為學術界留下超過50部的著作。

1970年代時的布希亞，是最早將以生產為焦點的社會學轉向消費型社會研究的學者之一。他指出，維持對消費的投入與建構所「需要」的意識型態，跟控制勞動生產一樣，是資本主義再生產的關鍵，並且分析商品的符號屬性與規則體系，與消費作為建構意義與身分差異的社會過程。這些觀點已經融入今天社會學的基本語言。1980年代後，布希亞則以「擬像」的論述成為更具爭議性的作者。擬像並不一定指視像，而是以任何形式僭越真實的拷貝或「變造」。擬

1　關於布希亞的著作中譯本、網路資源與著作簡介可以參考國內學者與研究生所建立的「Baudrillard經典研讀」網站，網址http://www3.nccu.edu.tw/~hermes/2005/index.htm

2　"Jean Baudrillard, 77, Critic and Theorist of Hyperreality, Dies," *New York Times*, March 7, 2007. "French sociologist and philosopher Jean Baudrillard has died aged 77 at his home in Paris following a long illness," BBC, March 7, 2007.

布希亞

像超越表徵、虛構與實在間、符號與其意指間的區別，成為自我證實的、自我指涉的。螢幕上美麗端莊、台下讓人失望的新聞主播固然是擬像，迪士尼樂園的夢幻世界與理想美國街道、賭城拉斯維加斯的萬國風情也是一種自足的擬像世界，都有能力讓人忘記她與它只是美妙的變造。因為媒體與資訊科技推波助瀾，我們的社會被擬像淹沒，現實被僭越而使我們生活在擬像給予的超現實中。

儘管其著作有著法國大師一貫的艱澀風格，但是在議題性上，

布希亞就像美國的杭士基、桑塔格（Susan Sontag）這一類投入公共領域的知識分子，對當代的、及時的議題絲毫不忌諱地表達自己的立場。布希亞的特色還包括學術思維與公共議題評論間的高度一貫性，即使這些帶著後現代誇飾修辭的言論，幾乎要讓一般人跳腳。正因爲這個罕見的優點（知識人格的一致性），在波灣戰爭問題上，他那充滿超現實味道的立場，讓他成爲一個備受爭議的學者。就像美國一種民間的陰謀論認爲阿姆斯壯並沒有眞正登上過月球，一切支撐登月事件這個本體設定的文件與影像都是虛構的，布希亞透過更巧妙的手法，圍繞著我們所依賴的擬像去說服讀者：雖然投下了百萬噸的炸藥、雖然持槍搭乘裝甲車的士兵震撼地出現在衛星連線畫面上，在某種嚴肅的意義上我們所認定的「波灣戰爭」，海珊與盟軍的戰爭，並不存在。雖然海珊剛被絞死，我猜布希亞也能一貫的解釋，海珊的確死了，但絞死海珊的重點是那個不知道爲什麼流出來的行刑畫面──又是擬像。對某些人來說的布希亞最爭議的波灣戰爭評論，對我來說並不是那麼無厘頭的。有一種看法是，八二三砲戰作爲兩岸戰爭並不存在：這只是蔣介石與毛澤東逼正想抽腿的美國繼續介入台海局勢的一場「遊戲」。我們所看到、聽到的史上最激烈密集、但還可以約定砲擊節奏的八二三砲戰只是「一場戲」，像波灣戰爭一樣，一場給所有人看、象徵層次上的戰爭。

　　不過這種嚴肅的可爭議性，在上個世紀末卻漸漸成爲一種文化價值。比起其他得到世界廣泛推崇的法國思想家，布希亞的學術聲勢，跟德希達一樣，託了點美國人的福。1999年的《駭客任務》片中出現布希亞著作《擬仿物與擬像》（在電影中它被挖空用來裝磁片），讓布希亞的晦澀社會學思想隨著電影大賣，也成爲某種時尚新寵。對大眾，關於擬像的理論因爲擬像，或者嚴格說，一部讓擬像比眞實更眞實、讓擬像才有可能解放人類的擬像，變得更眞實了。

您說，這是因為理論達成自我確證（在創作文學作品時達成這種自我
確證、這種內部自足的真理原本就是目標）？還是，就像布希亞所
說，擬像（《駭客任務》）宰制我們的社會？如果布希亞的理論跟當
代社會的擬像一起構成一種自我確證的虛構，好比一本精彩的小
說，那似乎不是一種對布希亞有利的詮釋。但如果您寧願選擇後者，
說擬像宰制當代社會——你看看《駭客任務》產生多大的影響——
那就代表布希亞真的對了嗎？

　　讓我們來看看這個並不罕見的理論：像哈姆雷特這樣偉大的人
類文學（或者說是八點檔連續劇也無妨），其中的世界看起來比現實
世界更真，所以它會讓你在生活中進行思考智慧、記取教訓、撰寫
論文等這類很認真的事。你經過這些虛構的一番洗禮與感動，完全
同意這個理論。那麼，這是指我對了——偉大的戲劇超越虛構與現
實，它自足的人性社會真理真的能轉化觀眾的人生？或者這是指，
就像那些對莎士比亞與八點檔連續劇沒那麼感動的人會說的，這一
切不過是我們兩個都太入迷、太誇張了吧！把「偉大的戲劇」換成
「擬像」，我們就得到一種布希亞思想的最簡版，一種有悠久歷史、
關於審美世界的真理與粗俗現實間競爭關係的理論，只要它出現，
社會就分成兩種人。布希亞看起來是越來越正確了，但是我想永遠
都會有另一群人覺得，布希亞還有他的支持者也太入迷、太誇張了
點。這些人從來不認為台上美美的新聞主播台下一定是長得什麼德
行，迪士尼樂園或賭城拉斯維加斯也不過是存夠錢後在假日過著幾
天夢幻生活的地方。

　　對並非身處在法國知識界與文藝圈的我們，想多獲得一點關於
布希亞生前最後的擬像，如果不是還有《真實的布希亞》[3]這種十多

3　Mike Gane, 1993. *Baudrillard Live: Selected Interview*, London:

年前出版、標題又有點諷刺的訪談選錄，否則，《紐約客》記者Larissa
MacFarquhar前年底所提供的一次近身報導，現在聽起來還真讓人不
勝欷噓[4]。她生動地描寫了布希亞2005年在紐約發表新書《藝術的陰
謀》時的實況：他的穿著、神情、演說和現場互動。一名與會聽眾
問到「當某個人死了，我們會讀到訃文，像德希達去年死了，對所
有人都是重大損失。你希望別人怎麼說你？換句話說，你是誰？多
大年紀？……」。如MacFarquhar所說，布希亞眼中閃爍著高盧人的
光芒，他回答：「我是誰，我不知道……我是自己的擬像。」聽眾
仍堅持要知道他的年紀。他回答：「非常年輕」。當時，他75歲……。

　　幾乎在同一時間，他在《紐約時報》的專訪中留下了最後幽默
的身影[5]：右手插在黑色西裝的口袋中，三七步，左手伸到後腦勺撫
摸幾乎只佔據他腦殼三分之一區域的灰白頭髮，左腳些微騰空，好
像是在踩著節拍一樣，又好像有點在跳舞，透過厚重的玳瑁框眼鏡，
他用一種刻意的輕佻眼神斜視著你。如果亞倫・索卡（Allan Sokal）
這位點燃科學大戰、痛恨法國思想家的物理學家[6]聽到布希亞在新書
發表會上的回答，看到他的媒體照，只會更加確認法國佬真的是不
負責任、好耍嘴皮。但是，「我是自己的擬像」在這裡得到最好的
註解。布希亞同時是成功的攝影師，也是這項專業最好的詮釋者。
至少對我個人而言，這個最後擬像，正因為它矯造所產生的魅力，

（續）────────────

　　　Routledge.

4　www.newyorker.com/talk/content/articles/051128ta_talk_macfarquhar
　　很遺憾的這篇報導現在被刪除而無法在《紐約客》網站上查閱，目
　　前暫時還能藉著搜尋引擎的庫存網頁功能查閱歷史畫面。

5　*Continental Drift*, interviewed by Interview by Deborah Solomon.
　　New York Times, November 20, 2005.

6　《知識的騙局》，蔡佩君譯（台北：時報出版社，2001）。

好像剎那間正面地融合起一切有關布希亞的知識、傳言、判斷、回憶與感受。對我個人而言，正是我永遠不可能認識的布希亞，而不是還有可能認識的張雅琴、迪士尼或賭城，讓擬像理論作為一個經驗命題而得到一次驗證。

鍾大智，清華大學人類學碩士，著有 *The Possibility of Anthropological Fideism*（University Press of America, 2004）.

培里安德森論俄國的民主

陳子瑜

　　一般而言，民主體制因國情或意識型態不同，各有其特殊之處，如自由主義與社會主義的民主便有相當差異；又如利益團體般爭取支持的多黨制民主迥異於執政黨結合政(府)商的軍工複合體民主。這些林林總總的制度，吸引學者們的研究興趣。至於俄羅斯，1989終結共產主義體制以來，迄今亦不過短短十餘年，該國的轉型過程與成效，自是學術界的關注焦點[1]。而安德森(Perry Anderson)亦從左翼史觀的角度爲文參與討論。

　　現爲UCLA歷史系教授的安德森不但是英國左翼運動者，也是出色的歷史學家。他與湯普森(E. P. Thompson)等人主持《新左評論》，並擔任主編，出版關於歐洲歷史與西方馬克思主義、後現代等方面的專著[2]。深受葛蘭西與多依徹(Isaac Deutscher)影響的他，並不僅僅著眼於統治階層如政黨、商界、軍方、官僚等的分合與變革，尚能兼顧屬於被統治階層的次文化中所透露出的訊息，繪出一幅完整圖像，該文即爲一例。

1　如Danks, *Russian Politics And Society: An Introduction*（New York：Longman, 2001）.

2　如《絕對主義國家的系譜》、《後現代性的起源》、*English Question*、*The Modern Prince*等，參見http://0rz.tw/ff2qO

在這篇 "Russia`s Managed Democracy" 中，安德森從批評俄羅斯車臣政策的記者[3]遭槍殺而舉行的葬禮破題，剖析俄國轉型爲資本主義後到普丁執政的現在，該國的民主與社會情勢。大致可分爲三項主題：

一、轉型後的政經局勢。在葉爾辛的時代，俄國與美國合作，同時強迫產業私有化與維持非競爭選舉模式以維持民主體制。這段震盪時期導致經濟衰退，政府貪瀆事件亦時有所聞，根據1998年的統計，10年內俄國GDP幾乎減少了45％，而以西方勢力爲首的外援，在情感上嚴重打擊俄國人民自尊。普丁上台後，受到油價上漲的助益，經濟情況好轉，同時也撤除外國在經濟與外交上的監護，加上他是純俄羅斯血統的出身，不但重獲人民支持，俄國也再次成爲一個「獨立國家」。

普丁於1999被葉爾辛提名爲總理，並發兵車臣的反抗集團，藉由俄羅斯民族主義得到人民支持，贏得隔年的總統選舉。他得以出線，尚借重了葉爾辛時代因推行新自由主義經濟而產生的「近親集團」的擁護，這些集團與西方勢力及自由派知識分子，共同組成葉爾辛背後的權力基礎，他們希望普丁能繼續維護原有的特權。但對普丁來說，這些人因經濟勢力產生的政治影響力會威脅到他的權威，故藉由打擊權貴[4]，將他們排除於政治之外，並收回部分國營事業。俄羅斯的權力平衡便由原本的總統－權貴集團，回歸至傳統的總統－官僚集團。擴權之後，普丁並未如西方所擔心地破壞俄國經

3　波利柯傳斯卡亞(Anna Politkovskaya, 1958-2006)，以報導車臣戰爭知名，被譽爲「俄國媒體的良心」，於2006年10月7日在莫斯科遭殘酷暗殺。

4　三位最著名的人物，Berezovsky、Gusinsky、Potanin，分別流亡或遭送至勞改營。

濟自由化的道路，從高度遞減稅率、百萬富翁接續出現等方面看來，在在表示這個國家與西方沒什麼兩樣。

政黨政治方面，多黨的表象僅是宣布俄國不再是一黨專政的共產時代，然而作為裝飾用的反對黨，並無力與執政的統一俄羅斯黨抗衡，甚至是否真正反對亦未可知。只要普丁願意，修改憲法競選三連任也不是不可能的事情。

在國際政治上，普丁盡量大致上保持著親西方路線，藉由供應天然氣增加俄羅斯的國際實力。遇到西方世界內訌時，則左右逢源取得最大利益；面對原蘇聯的加盟共和國，則維持過去老大哥的態勢。安德森指出，俄羅斯之意圖加入歐盟，將面臨幾個重要問題：國土太過廣闊，遭他國質疑「俄羅斯是否一歐洲國家？」；西伯利亞人民懷疑自己能否算做歐洲人；必須加速發展自身的經濟以符合歐盟的入會標準；此外在俄羅斯重返大國地位之際，中國將是其強勁對手。

二、俄羅斯的歷史發展與意識型態鬥爭。面對俄羅斯改革後的未來，安德森引述俄國學者與記者的觀察，從他們的眼光分析可能的走向。瑪利拉（Martin Malia）認為這是俄羅斯「重返」因赤色革命而被吹離的西化進程[5]；他認為普丁將接續葉爾辛的腳步繼續前行，且如今的局面亦無法使他嘗試回到過去傳統的威權主義，俄羅斯今後除了要加強教育與吸引外國投資以便於國際競爭之外，對於人權等議題也必須嚴肅看待，特別是當人權遇上蘊含著「國家榮譽與領土完整」等民族主義氣息的車臣問題。派普斯（Richard Pipes）則指出俄國政治文化中長久以來的「專制傳統」，不僅只源於蘇聯，還可上溯至彼得大帝時期。由此觀之；在缺乏責任政治、財產權、社

5　*The Soviet Tragedy.*

會團結與民主等觀念的俄羅斯，普丁政權的行為對害怕動亂與無政府的俄國人民而言，是極其自然且應為的。

自由派與這樣的傳統格格不入，儘管自戈巴契夫以來俄國的向西方靠攏增加了他們的信心，但政治上的不自由使得以知識分子為主體的自由派對普丁懷抱敵意，並迅速擴散開來。然而敢於在公共論壇上發聲的人並不多；除了恐懼之外，為了生存而妥協亦是主因之一。另一方面，因市場化的影響，大學不再像蘇聯時期有國家的優渥補助，水準大跌[6]，許多教授失去以往的特權，繼而與其他過去的既得利益者形成一股新保守主義的勢力。

俄國的自由主義還必須面對的另一個強大對手是民族主義。儘管在蘇聯倒台的過程中，這兩股勢力是合作的，但面對兩次俄國對車臣的軍事行動，自由派立場的改變打斷了自己的道德腰桿，並且還將車臣與伊斯蘭的恐怖主義劃上等號，有些人主張「這不是車臣人民自決的問題，而是俄國人民是否應該被他們的政府保護的問題。」前副總理邱拜斯直截了當的說：「俄國在新世紀的目標是要成為一個『自由的帝國』」。目前看來，自由派是這個走向的助力。

三、民間的情形。俄羅斯擁抱資本主義之後，商品化現象迅速侵襲了新聞、學術、出版等各個層面。在新聞業方面，被普丁驅逐出政治圈的權貴們掌握住這一部分，間接影響著輿論，留下極小的新聞自由，凡是勇於揭露政府黑暗面的記者，都可能遭致同波利柯傅斯卡亞一樣的命運，且新聞界面對外國資本的挑戰，要留住本國優異的技術人才也是一個難題；至於出版界，蘇聯時期書籍集中化與階段分配的體系崩潰後，進入資本主義競爭與併購的軌道，最終

6　根據俄國教育部統計，高等教育機構僅有大約10%～20%還維持著蘇聯時期的水準。

產生幾間大型出版社，其中幾間藉此出版一些論壇型式的雜誌[7]，提供人民能進行公開辯論的場所。作家們一方面受到市場壓力，缺乏有深度的作品，另一方面亦藉由科幻小說預測俄國的未來或歷史小說藉古諷今；商品化現象也顛覆了歷史，列寧、格瓦拉、巴枯寧等反資本主義的人物紛紛被資本主義包裝在書籍、衣服與觀光景點，幫人民賺進現金，成了另一種的「爲人民服務」。

總結來說，安德森所下之"Managed Democracy"標題，乃是引述歷史學者傅爾曼(Dmitry Furman)的用語，其定義爲：有選舉，但結果已知；有司法，但判決服膺當局利益；有出版自由，但多數仰賴政府。這是如此令人熟悉，傅爾曼將列寧、史達林與葉爾辛、普丁的前後任關係進行對比，得出「亂─平循環」[8]的發展觀。不同之處在於葉爾辛與普丁必須要獲得更多人民的支持，面對2008的選舉，無論普丁是要推舉後繼者或修改憲法讓他自己連任，都必須面對民族主義、經濟發展、國際角色、社會秩序等等的問題，與統治結構中西方勢力、自由派知識分子與近親集團的相互衝突。但安德森指出，無論理想主義者與現實主義者之間的差距與爭論有多激烈，他們都忽略了社會的聲音，也就是人民的聲音。在參與改變俄羅斯──是繼續這種循環的發展，或另一條路──未來的道路上，人民還未挺身而出。

陳子瑜，目前就讀於臺灣大學政治學研究所。

7　如*Neprikosnovenny Zapas.*
8　傅爾曼認爲，列寧與葉爾辛同屬一個新時期的開創者，在其治下社會體制處於動盪中，而史達林與普丁則是其繼任者，穩定社會秩序並加以發展，故以「亂─平循環」稱之。

致讀者

　　「週年」——尤其是十、百整數的週年，往往是驚醒記憶的時刻，迫使人們正視歷史的延續與教訓。不過，某個年份，可能可以聯繫到多個歷史上的事件或者人物，構成多面向的週年。今年是二二八事件60週年，也是解嚴20週年；但是今年不也是十月革命90週年、國民黨清共80週年、對日抗戰70週年、反右運動50週年、中東戰爭40週年、鄉土文學論戰30週年以及香港回歸10週年嗎？甚麼週年應該紀念、甚麼週年無妨忽略遺忘，不是沒有客觀理由的，但也不是不帶著現實考量的。古為今用的本能，在週年的政治學上表現無遺。

　　本刊著重歷史意識的檢討，所以對於週年的複雜含意，感觸警惕並不局限在台灣史。去年是文化大革命的40週年，也是毛澤東去世的30週年，我們未能即時找到合適的文章來回顧反省，很是遺憾。但幸運地，如今蕭延中先生賜下大作，稍能彌補這份缺失。蕭先生借用美國思想史家史華慈教授的觀點，揭開文革以及毛澤東政治思想的深層結構，有助於理解這件牽動億萬人命運的20世紀史上的奇特運動。對於文革的檢討與認識，在中國大陸與海外都有人在努力，不過，就思想層面上的反思而言，本文介紹的視野是深刻獨特的。

　　吳乃德先生的〈轉型正義和歷史記憶：台灣民主化的未竟之業〉一文在本刊第2期發表後，引起各方矚目討論。值此二二八事件甲子週年之際，繼續認真而非工具性地探討轉型正義這個理

念，更具有嚴肅的含意。本期，江宜樺先生針對轉型正義的意義與做法，進一步提出細緻而全面的整理與檢討。江先生對於轉型正義作為一項理想，既肯定其價值、又強調其局限，正是思想性反思的辯證性格所在，請讀者三思。另一方面，陳芳明先生強調，由於轉型的獨特歷史脈絡使然，轉型正義在台灣應該特別強調和平與和解。這是一種從歷史提煉的倫理呼籲，也請讀者領會。

吳乃德文章的標題，已經指出轉型正義與歷史記憶有著緊密的關聯。但是由於記憶是痛苦的、由於必經過選擇，記憶不會是單純的「回到過去」；相反地，記憶難免受到各種人性的、時代的、政治的糾葛所左右。近年來，關於二二八事件以及1950年代白色恐怖的「性質」問題，引起過激烈的爭論，即涉及了記憶的政治面向。二二八事件是族群衝突、還是當時內戰陰影下的國家暴力？如果是族群衝突，那麼冷戰架構之下的「白色」恐怖，既然是針對「紅色」左派而發動的，與二二八事件又豈能歸於同一個範疇？這些爭論以統獨的鴻溝為背景，大概不會立即獲得結論。但是，只要面對台灣史，就不得不面對台灣左派的真實存在，不得不面對1950年代的鎮壓真相。藍博洲先生站在左／統的立場上，20年來做了大量的歷史工作，企圖重現50年前台灣左派的受難史。本期發表他有關張志忠的近作，願這位革命者及其妻兒，藉此也能得見一線歷史的天日。

相對於台灣的記憶景觀，他山之石可以攻錯。越戰是美國當代史的隱痛，猶太人大屠殺則是德國近代史的恥辱，兩國都在爭議聲中費力建造了紀念建築，企圖面對一段痛苦的記憶。單德興先生撰寫長文介紹越戰紀念碑，陳郴先生則介紹德國的猶太人紀念碑，兩國的經驗都有啟發意義。不過，德國的紀念建築面對了猶太人，越戰紀念碑上卻似乎不見越南的存在。其間對比，是不

是多少反映了猶太人「內在於」德國和中南半島「外在於」美國的赤裸裸的現實？越戰的道德爭議與大屠殺的道德爭議，顯然有著不同的脈絡，那麼我們豈能不問，今天台灣關於二二八的紀念與爭議，所依循的道德脈絡又是甚麼面貌？

如果台灣的歷史已經夠沈重，中國大陸60年來的歷史就更不堪負荷了。幾度的大風浪、大周轉，一次接一次地沖刷剝離近代中國原已崩塌的各項價值與理想。但如今的中國，既然還無法面對歷史，也就無法重拾歷史每個階段肯定過與糟蹋過的那些倫理秩序。本期陳贇先生和賀照田先生的文章，不約而同針對當代中國「精神史」的荒蕪與迷亂進行溯源。兩位的視野或許有異，可是兩位的問題意識與對現狀的診斷，共同指向一種針對「思想狀況」的關懷，相信本刊讀者會感到共鳴。

本期也發表張旭東和王琦濤兩位先生對前期蕭高彥、高全喜先生書評的回應。我們的篇幅雖然有限，但是作者之間的對話討論，永遠是我們最珍惜的思想交流契機。

最後，請各位注意本刊的求稿啟事、以及台灣哲學會／《思想》今年度的聯合徵稿啟事。歡迎您將思緒化為賜稿，讓這份刊物更豐富、更多樣。

編者
2007年初春

《思想》求稿啓事

1. 《思想》旨在透過論述與對話，呈現、梳理與檢討這個時代的思想狀況，針對廣義的文化創造、學術生產、社會動向、以及其他各類精神活動，建立自我認識，開拓前瞻的視野。

2. 《思想》的園地開放，面對各地以中文閱讀與寫作的知識分子，並盼望在各個華人社群之間建立交往，因此議題和稿源並無地區的限制。

3. 《思想》歡迎各類主題與文體，專論、評論、報導、書評、回應或者隨筆均可，但請言之有物，並於行文時盡量便利讀者的閱讀與理解。

4. 《思想》的文章，以明曉精簡爲佳，以不超過1萬字爲宜，以1萬5千字爲極限。文章中請盡量減少外文、引註、或其他妝點，但說明或討論性質的註釋不在此限。

5. 惠賜文章，由《思想》編委會決定是否刊登。一旦發表，敬致薄酬。

6. 來稿請寄：reflexion.linking@gmail.com，或郵遞110台北市忠孝東路四段561號4樓聯經出版公司《思想》編輯部收。

台灣哲學學會／《思想》季刊年度徵文啓事

2007年度主題：**真理**

　　任何知性的活動、任何學術工作，都以「真理」為追求的目標。但是哲學家所關心的並不是這樣那樣的真理，而是「真理」本身為何物、是否「可能」被人類掌握？因此哲學家要追問認知主體和實在的關係：實在是怎樣的存在，是否是思想或者知識可以企及的？抑或所謂「認知」乃是徒勞？「真理」其實並不涉及甚麼實在？哲學家企圖闡明「真理」這個概念，會牽涉到一系列的問題：

1. 真理是什麼？它是否蘊含了思想和某種客觀實在的關連，或只是在提供有利於溝通、表態、甚或支配的語意措施而已？
2. 從「信念」（或者「論述」）變成「真理」，需要滿足甚麼特定的條件（反映實在、彼此融貫、或具有效益等）？
3. 真理是否具有相對性？是否注定要相對於概念架構、論述領域及文化傳統、性別差異、社會階級等，並沒有甚麼絕對的真理可言？
4. 真理是否一定是人類能認識的？是否有些真理，完全沒有證據可言？真理是否一定可以用語言來表達？
5. 真理是一項值得追求的目標嗎？

　　這些問題，顯然並不是哲學家的禁臠；社會學家、科學史家、知識／權力的研究者，都提出了複雜的見解，也都假定自己有了

答案。在此，我們竭誠邀請大家從不同的傳統（無論東方西方、有神無神、現代後現代）、不同學科（哲學、自然或社會科學、歷史學、文化研究等）、不同的立場（女性主義、多元文化主義、後殖民研究等等）出發，來切入這個主題，為大家提供您的分析與見解。

注意事項：

1. 作者身分、專業、居住地不限。
2. 來稿請用中文撰寫，體例上請盡量避免外文、引文、註釋；我們期待來稿是作者獨立面對主題，動用您中意的理論資源進行思想的成果。
3. 請作者盡量針對上述五項問題（或其中一部分）發表意見，即使您的目的在於推翻或者修補我們對問題的界定方式。
4. 台灣哲學學會與《思想》將委請學者匿名評選，入選篇數由評選委員斟酌決定；入選作品將刊登於《思想》，由《思想》提供獎金新台幣一萬元，不另發稿費。
5. 來稿請另頁繕寫標題與作者個人資料。
6. 來稿字數限在5,000字至10,000字之間，請勿超過。

　　來稿請寄：willroxin@ms85.url.com.tw／g945302@oz.nthu.edu.tw 或（30013）新竹市光復路二段101號國立清華大學哲學所顏鳳同學收。

　　截稿日期：2007/08/31

第3期：天下、東亞、台灣（2006年10月出版）

魯迅與中國現代思想文化：去世70週年的回顧／錢理群
歷史與自然：劍橋紀／李淑珍
歷史意識的合理性／葉新雲
對民主與市場的反思：一個政治學者在21世紀開端的沉痛思考
　　／朱雲漢
台灣後殖民論綱：一個黨派性的觀點／吳叡人
19世紀中日韓的天下觀及甲午戰爭的爆發／劉青峰、金觀濤
東亞地域秩序：超越帝國，走向東亞共同體／白永瑞
日本關於「東亞」的思考／陳瑋芬
如何從台灣思考東亞／張崑將
「文化政治」的魅力與貧困／蕭高彥
文化政治與現代性問題之眞僞／高全喜
馬華人文思想的焦灼與孤寂／潘永強
危險的愉悅：從上海一場「八十年代」座談會說起／唐小兵
歧路、窮途、刺叢：略談當代思想和思想史，兼答幾位批評者
　　／王超華
從甘陽看大陸文化研究背後的政治思潮／成慶
歷史脈絡下的猶太大屠殺／魏楚陽
性、肉食、動物權：凱默勒評《肉食與色情》／黃宗慧
拉丁美洲的兩種左派／鍾大智
任意與流動：介紹沈恩新著《身分與暴力》／林曉欽
文化的誘拐／彭淮棟

第4期：台灣的七十年代(2007年1月出版)

被思想扭曲的小說靈魂：論果戈里／唐諾

公民不服從與自由民主：倒扁紅潮下的一些省思／陳宜中

何謂主體性？一個實踐哲學的考察／吳豐維

台灣的文藝復興年代：七十年代初期的思想狀況／鄭鴻生

七十年代的《夏潮》雜誌／郭紀舟

七十年代的「現代」來路：幾張素描／詹曜齊

威權統治下的國族認同：隱蔽與公開、連續與斷裂／蕭阿勤

從極權主義批判到共和民主政治：漢娜‧鄂蘭政治思想的遺產
　　／蔡英文

歷史‧知識論‧社會責任：高木羅納訪談錄／單德興

追尋中國醫學的激情：《生死之域》大陸版導言／李建民

來自哲學的啓發：《愛因斯坦1905》導讀／高涌泉

從《大國崛起》看改革意識型態的生成邏輯／張志強

知識分子診斷報告／南方朔

詮釋人類學大師格爾茲去世／鍾大智

量化實踐的運動觀：談《捍衛‧生命‧史匹拉》／黃宗潔

鄂蘭的洞見在紛擾的世界中迴響／陳毓麟

思想5
轉型正義與記憶政治

2007年4月初版　　　　　　　　　　　　　定價：新臺幣360元
有著作權・翻印必究
Printed in Taiwan.

編　　者	思 想 編 委 會
發 行 人	林　載　爵

出 版 者　　聯經出版事業股份有限公司　　　叢書主編　沙　淑　芬
台 北 市 忠 孝 東 路 四 段 5 5 5 號　　　校　　對　李　國　維
編 輯 部 地 址：台北市忠孝東路四段561號4樓　　封面設計　陳　玉　嵐
叢 書 主 編 電 話：(02)27634300轉5226
台 北 發 行 所 地 址：台北縣汐止市大同路一段367號
　　　　　　電　話：(02)26418661
台 北 忠 孝 門 市 地 址：台北市忠孝東路四段561號1-2樓
　　　　　　電　話：(02)27683708
台 北 新 生 門 市 地 址：台 北 市 新 生 南 路 三 段 9 4 號
　　　　　　電　話：(02)23620308
台 中 門 市 地 址：台 中 市 健 行 路 3 2 1 號
台 中 分 公 司 電 話：(04)22312023
高 雄 門 市 地 址：高 雄 市 成 功 一 路 3 6 3 號
　　　　　　電　話：(07)2412802
郵 政 劃 撥 帳 戶 第 0 1 0 0 5 5 9 - 3 號
郵　撥　電　話：2 6 4 1 8 6 6 2
印 刷 者　　世 和 印 製 企 業 有 限 公 司

行政院新聞局出版事業登記證局版臺業字第0130號

本書如有缺頁，破損，倒裝請寄回發行所更換。　ISBN　13：978-957-08-3143-6（平裝）
聯經網址：www.linkingbooks.com.tw
電子信箱：linking@udngroup.com

國家圖書館出版品預行編目資料

轉型正義與記憶政治/思想編委會編著 .
初版 . 臺北市：聯經，2007 年（民 96）
328 面；14.8×21 公分 .（思想：5）

ISBN　978-957-08-3143-6（平裝）

1.哲學-期刊

105　　　　　　　　　　　　　96005732